WITHDRAWN

D1713548

10.55
N

SOVIETICA

ABHANDLUNGEN DES OSTEUROPA-INSTITUTS

UNIVERSITÄT FREIBURG / SCHWEIZ

Herausgegeben von

J. M. BOCHEŃSKI

DIE SOWJETISCHE ERKENNTNISMETAPHYSIK

UND IHR VERHÄLTNIS ZU HEGEL

KARL G. BALLESTREM

DIE SOWJETISCHE ERKENNTNISMETAPHYSIK UND IHR VERHÄLTNIS ZU HEGEL

D. REIDEL PUBLISHING COMPANY / DORDRECHT-HOLLAND

216908

B
2948
B36
1968

© 1968 D. Reidel Publishing Company, Dordrecht, Holland
No part of this book may be reproduced in any form, by print, photoprint,
microfilm, or any other means, without permission from the publisher

Printed in The Netherlands by D. Reidel, Dordrecht

VORWORT

Im Verlauf vieler Diskussionen über die sowjetische Philosophie am Osteuropa Institut der Universität von Fribourg wurden immer wieder zwei Probleme berührt. Erstens die Schwierigkeiten, denen der sowjetische Diamat bei der Beantwortung der sogenannten 'Grundfrage der Philosophie' begegnet. Zweitens das Problem der Abhängigkeit der sowjetischen Philosophie von vorausgehenden Philosophien in der Geschichte: man kann in der heutigen sowjetischen Philosophie vor allem hegelianische und aristotelische Tendenzen unterscheiden.

Diese Diskussionen wurden zur direkten Anregung für die vorliegende Arbeit. Zunächst wollte ich vor allem die aristotelischen Tendenzen in der sowjetischen Philosophie untersuchen. Beim Studium der sowjetischen Literatur über die 'Grundfrage' wurde es aber immer klarer, daß gerade die neuere sowjetische Philosophie auf diesem Gebiet unter einem so starken Einfluß Hegels steht, daß die aristotelischen Tendenzen verschwindend klein sind. Daher wurde die Arbeit zur Untersuchung dieses sehr grundlegenden Teils der sowjetischen Philosophie unter dem Gesichtspunkt der Abhängigkeit von und Ähnlichkeit mit Hegel.

Für die in vielen Diskussionen erhaltenen Anregungen möchte ich den Mitgliedern des Instituts danken. Mein ganz besonderer Dank gilt Professor J. M. Bocheński, unter dessen Leitung diese Arbeit entstanden ist. Nicht nur was das Verständnis der sowjetischen Philosophie, sondern auch besonders was die Interpretation Hegels betrifft, verdanke ich ihm viel mehr, als durch direkte Bezugnahmen im Text ausgedrückt werden konnte. Professor M. D. Philippe möchte ich für viele Anregungen und Ratschläge danken, die ich auch für diese Arbeit von ihm erhalten habe. Wolfhart F. von Boeselager, MBA, möchte ich wegen seiner dauernden großen Unterstützung bei der Fertigstellung dieser Untersuchung besonders herzlich danken. Daß er jederzeit bereit war, die Manuskripte der einzelnen Kapitel zu lesen und durch Kritik und Anregungen zu verbessern, war eine unschätzbare Hilfe.

K. G. BALLESTREM

V

INHALTSVERZEICHNIS

EINLEITUNG   1

A. Erklärung des Themas   1
B. Einteilung der Arbeit   3
C. Bemerkungen zur Methode   5

KAPITEL I: HEGEL   6

A. Ausgangspunkt der Philosophie Hegels   6
B. Die Selbstverwirklichung der Idee   8
   1. Die Idee an sich   8
   2. Die Dialektik als Seins- und Entwicklungsgesetz der Idee   9
      a. Möglichkeit und Wirklichkeit   12
      b. Teleologie   12
      c. Widerspruch   13
   3. Die Entwicklungsstufen der Idee bis zum Geist   15
      a. Allgemeinheit   16
      b. Unendlichkeit   17
      c. Idee   18
C. Der Geist   18
   1. Allgemeines   18
   2. Erkennen und Denken   20
   3. Der subjektive Geist   22
   4. Der objektive Geist   25
   5. Der absolute Geist   31
      a. Allgemeines   31
      b. Wahrheit   34
      c. Gottesbegriff   37
D. Zusammenfassung   37

KAPITEL II: DIE 'KLASSIKER': MARX, ENGELS, LENIN   51

A. Marx   52
   1. Allgemeines   52

2. Philosophische Ansichten   56
    a. Mensch und Natur   56
    b. Erkenntnis   58
    c. Praxis   61
3. Zusammenfassende Beurteilung der Stellung Marx' zu
    Hegel   64
B. Engels   65
    1. Allgemeines   65
    2. Der Begriff der Dialektik   66
    3. Objektive Dialektik   67
    4. Die Grundfrage der Philosophie   68
    5. Realismus und Wahrheitsbegriff   70
    6. Praxis   73
    7. Zusammenfassende Beurteilung der Stellung Engels' zu
      Marx und Hegel   76
C. Lenin   77
    1. Allgemeines   77
    2. Die Grundfrage der Philosophie   78
    3. Dialektik   82
    4. Erkenntnis: Entwicklung zur absoluten Wahrheit   86
      a. Die Wahrheit als Prozeß   88
      b. Relative bzw. absolute Wahrheit   88
      c. Die Wahrheit ist konkret   89
    5. Zusammenfassende Beurteilung der Stellung Lenins zu
      Engels, Marx, und Hegel   92

KAPITEL III: DIE UNTERBRECHUNG DER TRADITION: STALIN   106

A. Die Entstehung des sowjetischen Hegelianismus   106
B. Stalin   109
C. Nach Stalins Tod   112

KAPITEL IV: NEUERE SOWJETISCHE ERKENNTNISMETAPHYSIK   118

A. Die Problematik   118
B. Die ontologische Seite der 'Grundfrage der Philosophie'   120
C. Die erkenntnistheoretische Seite der 'Grundfrage der
    Philosophie'   130
    1. Geschichte und allgemeine Bestimmung   131

2. Die relationalistische Erklärung der Erkenntnis   136
3. Die evolutionistische Erklärung der Erkenntnis   140
4. Wahrheit   147
5. Praxis   153
6. Modifizierung des Realismus   158
D. Die sowjetische Erkenntnismetaphysik in ihrem Verhältnis zu Hegel   161

KAPITEL V: KRITIK   172

A. Die Möglichkeiten der Kritik   172
    1. Die methodologische Kritik   172
    2. Die inhaltliche Kritik   173
    3. Die historische Kritik   173
    4. Die systematische Kritik   174
B. Die historische Reduktion   174
C. Die systematische Kritik   176

NAMENVERZEICHNIS   187

EINLEITUNG

Die 'Grundfrage der Philosophie' ist die Frage nach dem Verhältnis zwischen Materie und Bewußtsein, zwischen Sein und Denken. Sie ist die Frage des dialektischen Materialismus nach dem Wesen des Geistigen überhaupt und insbesondere nach dem Wesen der Erkenntnis.

Von Engels erstmals als solche formuliert, gehören die 'Grundfrage' und ihre Beantwortung inzwischen zu den Kernstücken des sowjetischen Diamat. Sie hat zwei Seiten oder Aspekte, die auch in Darstellungen getrennt behandelt werden. Zunächst geht es darum, wem die Priorität zukommt, dem Bewußtsein oder der Materie. Dann stellt sich die Frage, ob das Bewußtsein die Materie erkennen oder widerspiegeln kann und auf welche Weisen sich diese Erkenntnis vollzieht.

Die Theorien welche die 'Klassiker' des Marxismus-Leninismus und die sowjetische Philosophie zur Beantwortung der 'Grundfrage' entwickelt haben, gehören zum Bereich der Geistes- oder Erkenntnismetaphysik. Da die Frage nach dem Wesen des Geistigen oder des Bewußtseins in der sowjetischen Philosophie nie von der Frage nach dem Wesen der Erkenntnis getrennt wird, kann man in diesem Zusammenhang von der Erkenntnismetaphysik der sowjetischen Philosophie sprechen.

Die sowjetische Philosophie würde selbst niemals den Ausdruck 'Erkenntnismetaphysik' verwenden. Bekanntlich gebrauchen die 'Klassiker' und die sowjetische Philosophie den Ausdruck 'Metaphysik' im Sinne Hegels. Nach Hegel betrachtet die 'Metaphysik' (oder 'Verstandesmetaphysik') – im Gegensatz zur 'Dialektik' – die Wirklichkeit statisch und in ihren isolierten Teilen, ohne ihre Selbstbewegung und ihren inneren Zusammenhang zu erkennen.

Wir sprechen hier jedoch von 'Metaphysik' und 'Erkenntnismetaphysik' nicht in diesem anti-dialektischen Sinne. Für uns bedeutet 'Erkenntnismetaphysik' einen Teil der allgemeinen Erkenntnistheorie, neben dem es noch die Erkenntnis*kritik* und die Erkenntnis*psychologie* gibt. Die Er-

1

kenntniskritik untersucht die Bedingungen der Möglichkeit jedes Erkennens; sie stellt die Frage *ob* es überhaupt wahres Erkennen geben
kann. Die Erkenntnispsychologie untersucht *wie* unser Erkennen sich
tatsächlich vollzieht, also die verschiedenen Stufen des sinnlichen und
rationalen Erkennens, ohne die Frage nach der objektiven Gültigkeit zu
stellen. Die Erkenntnismetaphysik erklärt das Wesen des Erkennens in
seiner Beziehung auf das Sein, bzw. das Wesen des Bewußtseins in seiner
Beziehung zur Materie.

Die sowjetische Philosophie besitzt keine Erkenntniskritik, etwa im
Sinne Kants. Obwohl sie oft so spricht, als ob sie die grundsätzliche
Wahrheit des menschlichen Erkennens beweisen wolle und könne, geht
sie doch immer von der Überzeugung des gesunden Menschenverstandes
aus, daß es objektiv gültiges Erkennen gebe. In der sowjetischen Philosophie gibt es dagegen eine ziemlich entwickelte Erkenntnispsychologie.

Die Erkenntnismetaphysik wird als Antwort auf die 'Grundfrage der
Philosophie' formuliert. Als Antwort auf die erste Seite der 'Grundfrage'
vertritt die sowjetische Philosophie die Priorität der Materie gegenüber
dem Bewußtsein. Das bedeutet vor allem, daß die Materie das Bewußtsein
dialektisch aus sich hervorgebracht hat (*proisxoždenie soznanija*). Als
Antwort auf die zweite Seite der 'Grundfrage' lehrt die Sowjetphilosophie
die vollständige Erkennbarkeit der Welt und die Widerspiegelung der
objektiven materiellen Wirklichkeit im Bewußtsein (*dialektika poznanija*).
Die beiden Seiten gehören notwendig zusammen, bzw. die Beantwortung
der zweiten Seite folgt aus der Beantwortung der ersten Seite der 'Grundfrage'.

Hiermit zeigt sich bereits der Umfang des durch die 'Grundfrage' er-
faßten Gebiets. Diese Frage ist einerseits für die Ontologie, andererseits
für die gesamte Erkenntnistheorie von grundlegender Bedeutung. Es zeigen sich auch schon die Schwierigkeiten die einer solchen Fragestellung
anhaften. Denn einerseits wird das Bewußtsein als eine Seinsweise der
Materie als anderer Seinsweise *ontologisch* gegenübergestellt. Andererseits
wird *kosmologisch* das Hervorgehen des Bewußtseins aus der Materie beschrieben. Zugleich geht es um das Bewußtsein als *Erkenntnis* in seiner
Beziehung zur Materie als erkennbarer Wirklichkeit. Die Lösung welche
der Diamat vorschlägt, wird in jedem Fall 'Materialismus' genannt.

Besteht damit in der sowjetischen Behandlung der 'Grundfrage' ein
recht unklarer Zusammenhang zwischen Ontologie, Kosmologie und Er-

kenntnistheorie, so zeigt sich hierbei auch schon, in welch speziellem Sinne man nur von einer sowjetischen Erkenntnismetaphysik sprechen kann. Die Beziehung der Erkenntnis auf das Sein wird hier nämlich durch die Priorität der Materie gegenüber dem Bewußtsein erklärt, was vor allem eine genetische Abhängigkeit ist. Die erkenntnistheoretische Betrachtung wird von dieser genetischen Erklärung abhängig gemacht. Dennoch scheint – im Unterschied zur Erkenntniskritik und Erkenntnispsychologie – 'Erkenntnismetaphysik' hier das geeignetste Wort zu sein.

Eine weitere Schwierigkeit, welche zugleich das eigentliche Interesse unserer Arbeit ausmacht, besteht darin, daß die sowjetische Philosophie gerade bei der Beantwortung der 'Grundfrage' zu einer 'Umkehrung' Hegels zu kommen glaubt. Die Auseinandersetzung mit Hegel hat bereits die 'Klassiker' sehr beschäftigt und findet sich – implizit und explizit – in der heutigen sowjetischen Philosophie wieder. Durch seine materialistische Lösung der 'Grundfrage' glaubt der Diamat seit Engels zu einer endgültigen Umkehrung und damit Überwindung Hegels gekommen zu sein. Der Diamat will Hegel nicht einfach ablehnen, sondern umkehren, weil er die Grundgedanken der Hegelschen Dialektik übernimmt. Er will Hegel trotzdem überwinden, indem er den dialektischen Idealismus in einen dialektischen Materialismus verwandelt: die Dialektik wird vom Seins- und Entwicklungsgesetz der Idee zum Seins- und Entwicklungsgesetz der Materie. Der Diamat will Hegel ebenfalls in der Erkenntnistheorie überwinden, indem er mit seiner Widerspiegelungstheorie einer ganz entschiedenen Realismus vertritt. Daß dem dialektischen Materialismus dennoch eine Umkehrung Hegels nicht oder nur sehr beschränkt gelungen ist, soll in dieser Arbeit gezeigt werden.

Wir wollen an dieser Stelle nicht dem eigentlichen Inhalt der Untersuchung vorgreifen. Hier soll nur das Thema erklärt werden. Es geht also um die sowjetische Erkenntnismetaphysik in ihrem Verhältnis zu Hegel. Nach dem bisher Gesagten kann das auch so ausgedrückt werden: es geht um die *Umkehrung Hegels, welche die sowjetische Philosophie bei der Beantwortung der 'Grundfrage der Philosophie' zu erreichen sucht.*

B. EINTEILUNG DER ARBEIT

Die Darstellung der sowjetischen Erkenntnismetaphysik in ihrem Verhältnis zu Hegel ist *historisch* gegliedert.

3

Das erste Kapitel gibt eine zusammenfassende Darstellung einiger grundlegender Theorien der Philosophie Hegels. Obwohl diese Erklärung der Philosophie Hegels sehr allgemein ist, versucht sie doch Hegel so darzustellen, daß die späteren Versuche, ihn durch eine materialistische Lösung der 'Grundfrage' zu überwinden, verständlich werden.

Im zweiten Kapitel geht es um die Philosophie der 'Klassiker' des Marxismus-Leninismus. Das Kapitel hat drei Teile, von denen jeder über einen der 'Klassiker' handelt. Die Darstellung konzentriert sich auf die Probleme der Erkenntnismetaphysik und die Auseinandersetzung mit Hegel.

Das dritte Kapitel ist eine kurze Zusammenfassung der Philosophie zur Zeit Stalins. Dabei soll erklärt werden, daß jene Zeit eine gewisse Unterbrechung der hegelianischen Tradition in der sowjetischen Philosophie darstellt. Durch die Philosophie der 'Klassiker' und vor allem Lenins waren nämlich trotz des Versuches einer Umkehrung viele hegelianische Thesen in den Diamat gekommen. Diese wurden – von anderen hegelianischen Einflüssen in der russischen Philosophie bestärkt – zunächst unter dem Einfluß der Deborinisten in der sowjetischen Philosophie weiterentwickelt; davon handelt der erste Teil dieses Kapitels. Durch Stalin kam es zu einer Verurteilung der Deborinisten und der hegelianischen Tendenzen in der sowjetischen Philosophie; hiervon handelt der zweite Teil dieses Kapitels. Kurz nach Stalins Tod kam es jedoch zu einem Wiederaufleben der hegelianischen, d.h. der eigentlich dialektischen Seite des Diamat und besonders zur Anwendung der Dialektik auf die Erkenntnistheorie. Darüber berichtet der dritte Teil des Kapitels.

Im vierten Kapitel kommt es schließlich zur Darstellung der neueren sowjetischen Erkenntnismetaphysik und ihrer Versuche einer Umkehrung Hegels. Dabei wird besonders hervorgehoben, daß der innere Gegensatz zwischen Materialismus und Dialektik in der sowjetischen Philosophie neuerdings zu einer stärkeren Betonung der Dialektik geführt hat. Das zeigte sich besonders an einer vielfach hegelianischen Lösung der beiden Seiten der 'Grundfrage', wodurch es zu grundlegenden Modifizierungen des Materialismus und Realismus kam.

Das fünfte Kapitel ist eine kurze Kritik. Nach einigen Überlegungen über die Möglichkeiten einer Kritik der sowjetischen Philosophie im allgemeinen, wird eine zusammenfassende Darstellung der in unserer Arbeit enthaltenen historischen Kritik, und schließlich eine kurze systematische Kritik geboten.

4

C. BEMERKUNGEN ZUR METHODE

Wir verfolgen in unserer Darstellung eine Reihe von Gedanken in ihrer historischen Entwicklung. Um diese Entwicklung wiederzugeben, war eine recht eingehende Untersuchung der vor-sowjetischen Philosophie erforderlich. Dennoch liegt die Betonung unserer Arbeit auf der sowjetischen Philosophie. Um das zu verstehen muß man an die Rolle denken, welche die 'Klassiker' in der heutigen sowjetischen Philosophie spielen. Was über die Erkenntnismetaphysik der 'Klassiker' und ihre Auseinandersetzung mit Hegel gesagt wird ist von prinzipieller Bedeutung für die heutige sowjetische Erkenntnismetaphysik.

Der hier untersuchte Fragenbereich der sowjetischen Philosophie gehört zu den zentralsten und damit am meisten dogmatisch bindenden. Man muß daher den sowjetischen Diamat in dieser Hinsicht zunächst als eine Einheit betrachten. Unterschiede der Interpretation, verschiedene Gruppen von Denkern oder einzelne originelle Philosophen lassen sich erst von diesem einheitlichen Hintergrund aus verstehen. Unsere Darstellung der sowjetischen Philosophie ist daher nicht von vornherein um bestimmte Autoren geordnet. Erst am Ende der Untersuchung wird auf die Eigenart bestimmter sowjetischer Philosophen – gerade hinsichtlich ihrer Stellung zu Hegel – eingegangen werden.

Eine letzte Bemerkung: wir hielten es nicht für erforderlich, eine eigene Bibliographie anzufügen. Die sowjetische Literatur sowohl zur ontologischen, als auch zur erkenntnistheoretischen Seite unserer Frage, wurde kürzlich in den folgenden Büchern zusammengestellt: H. Fleischer, *Die Ontologie im Dialektischen Materialismus*, Berlin 1964 (Man.), SS. 385–402; T. J. Blakeley, *Soviet Theory of Knowledge*, Dordrecht 1964, SS. 146–193. Auf die Werke, auf welche unsere Untersuchung sich ganz besonders stützte und z.T. auch auf neueste Veröffentlichungen, welche in den obigen Bibliographien noch nicht enthalten sind, wird in den Anmerkungen verwiesen.

KAPITEL I

HEGEL

Das vorliegende Kapitel verfolgt einen Hauptzweck: eine Darstellung verschiedener, grundlegender Aspekte der Philosophie Hegels zu geben, mit deren Hilfe die Erkenntnismetaphysik der 'Klassiker' des Kommunismus und vor allem des heutigen Diamat größere Verständlichkeit erhält. Im Zusammenhang dieser Arbeit hat also die Darstellung Hegels eine untergeordnete Bedeutung.

Daraus ergibt sich eine doppelte Beschränkung, des Inhalts und der Methode. Von Hegels Philosophie soll hauptsächlich das besprochen werden, was besondere Bedeutung für den Diamat hat. Die Darstellung soll kurz sein und nur in wenige Einzelheiten der Erklärung und Dokumentation gehen. Denn wenn wir auch gerade den *hegelianischen* Charakter des Diamat erklären wollen, so ist es doch vor allem die Interpretation der *sowjetischen* Philosophie, um die es hier geht.

Wir wollen Hegels Philosophie in diesem Kapitel unhistorisch, immanent und kritiklos darstellen. Man muß ja die inneren Zusammenhänge dieser Philosophie erfaßt haben, um ihre Einflüsse bis zum heutigen sowjetischen Diamat verfolgen zu können. Wir versuchen daher, Hegels Philosophie von innen her zu beschreiben, und geben nur in wenigen Fällen parallele bzw. gegensätzliche Theorien anderer Philosophien an. Eine kurze Kritik erfolgt erst im fünften Kapitel dieser Arbeit.

A. AUSGANGSPUNKT DER PHILOSOPHIE HEGELS

Hegels Philosophie ist ein komplexes Ganzes, bestehend aus vielen, einander zugeordneten Teilen. Einen sich klar anbietenden Anfangspunkt der Erklärung gibt es nicht. Man könnte an vielen Stellen des Systems ansetzen, um von da zum Ganzen vorzudringen.

Hegel hatte ein starkes Bewußtsein der philosophischen Tradition. Besonders mit Kant, seinem direkten Vorgänger, setzte er sich immer wieder auseinander.[1] Vielleicht verdankt er Spinoza ebenso viel wie Kant, doch gibt er darüber viel weniger Rechenschaft.[2] Hegels Stellung zu

6

Kant scheint ein guter Ausgangspunkt zur Erfassung seines Systems.[3] Hegel hält Kant für den wichtigsten Erneuerer der Philosophie und erklärt sich in vielem mit ihm einverstanden. Das gilt vor allem für den Standpunkt, der davon ausgeht, daß das Erkennen nur Erkenntnismäßiges, das Denken nur Gedanken erfasse. Doch Hegel sagt, daß Kant, von dieser richtigen Voraussetzung ausgehend, den Gedanken nur seiner *Form* nach untersucht habe und daher zum subjektiven Idealismus gekommen sei.[4] Er selbst möchte die *inhaltlichen* Bestimmungen des Denkens untersuchen. Das Denken soll seinen objektiven Wert behalten.

Ist damit nicht der Standpunkt aufgegeben, der gerade davon ausging, daß das Denken nur den Gedanken erreicht? Nein, meint Hegel; die inhaltliche Bestimmtheit des Denkens ist kein das Denken transzendierendes Ansich. Ein solches Ansich ist auch für Hegel undenkbar. Im Gegensatz zu Kant ist ein solches Ansich für Hegel aber überhaupt unmöglich und zwar wegen der folgenden Theorie, mit der er Kant korrigieren will: es besteht eine ursprüngliche Einheit von Denken und Sein, alles Seiende ist zugleich Gedanke und anderes gibt es nicht.

Der Gedanke von dem hier die Rede ist, kann freilich nicht das Produkt des Denkens eines einzelnen Denkers sein. Er ist diesem vorgegeben. Daher Hegels Kritik an Fichte, der mit der Analyse des Selbstbewußtseins beginnt und Kants Ansich in der Subjektivität auflöst.[5]

Der Gedanke der hier gemeint ist, kann aber auch nicht etwa der Gedanke eines transzendenten Schöpfergottes sein, in dessen Vollkommenheit Denken und Sein identisch wären. Ein solches Transzendentes und ursprünglich Vollkommenes gibt es für Hegel nicht.

Die Einheit von Denken und Sein nennt Hegel die *Idee*. Sie ist die eine, alles umfassende und durchdringende Grundwirklichkeit. Da bei Hegel alles Seiende sich im Werden verwirklicht, ist das Ursprüngliche nur Möglichkeit, allerdings Möglichkeit der Selbstverwirklichung. Diese Möglichkeit nennt Hegel das *Ansich*. Die ursprüngliche Einheit von Denken und Sein ist also nicht etwa die Einheit des vollkommensten Denkens mit dem vollkommensten Sein, sondern die Einheit der Möglichkeiten, die allem Denken und allem Sein zugrunde liegen. Diese Einheit nennt Hegel die *Idee in ihrem Ansichsein*.[6]

Somit sind wir – sehr vereinfachend – zu einer ersten Formulierung der Hegelschen Identitätsthese gekommen. Ohne diese kann man nichts an Hegel verstehen, weil der Schlüssel zur Klärung der 'systematischen Zweideutigkeit' fehlt, die das ganze System durchzieht, nämlich daß alles Gedankliche wirklich und alles Wirkliche gedanklich ist. Alles Seiende ist Selbstverwirklichung der Idee; oder, weil die Entwicklung von ihrem Ende her Sinn und Bestimmung erhält: alles Seiende ist Selbstverwirklichung der Vernunft, des Geistes oder des Absoluten.

Ihrer Entwicklungsstruktur gemäß verwirklicht sich die Idee oder das Absolute in drei Hauptstufen. Von ihrem Ansichsein geht die Idee über in ihr Anderssein, die Natur, und von da zu ihrem (An-und-) Für-sich-sein, dem Geist. Entsprechend teilt sich Hegels Philosophie in die Logik, die Philosophie der Natur, und die Philosophie des Geistes.[7]

B. DIE SELBSTVERWIRKLICHUNG DER IDEE

1. *Die Idee an sich*

In einer vorläufigen Erklärung ist uns die Idee als die eine Grundwirklichkeit erschienen. Sie verwirklicht sich selbst in der Entwicklung zu immer größerer Vollkommenheit. Ihre größte Vollkommenheit wird sein, wenn sie als Geist die Einheit von Denken und Sein, die sie zunächst unbewußt, unmittelbar an sich hat, bewußt wissen und vollziehen wird. Das ist das innere Ziel der Entwicklung.

Hier aber sind wir am Anfang. Wie sieht der Anfang der Entwicklung aus? Hegel sagt: "In betreff nun der Entwicklung als solcher müssen wir zweierlei – sozusagen zwei Zustände – unterscheiden: die Anlage, das Vermögen, das Ansichsein (potentia, dynamis) und das Fürsichsein, die Wirklichkeit (actus, enérgeia)."[8] Das *Ansichsein als Möglichkeit* ist also der Ausgangspunkt jeder Entwicklung.

In einem weiteren Text erklärt Hegel, daß das Ansichsein, der Ausgangspunkt jeder Entwicklung, keine *Wirklichkeit*, sondern *Möglichkeit* sei ("aber die reale Möglichkeit, nicht so eine oberflächliche Möglichkeit überhaupt"). Es sei noch nicht *konkret*, sondern *abstrakt*. Es habe keine *Wahrheit*, sondern nur die Anlage zur Wahrheit. Es sei die noch nicht entfaltete *Einfachheit*, der Keim der *Entwicklung*.[9] Von der genaueren Bedeutung dieser Ausdrücke bei Hegel wird später in diesem Kapitel die Rede sein.[10]

Was über das Ansichsein im allgemeinen gesagt wird, gilt auch von der Idee in ihrem Ansichsein. Im besonderen sagt Hegel von der Idee in ihrem Ansichsein, am Anfang ihrer Entwicklung, sie sei "die allgemeine und *eine*

Idee welche als *urteilend* sich zum *System* der bestimmten Ideen besondert...". Daher ist die Idee zunächst "nur die eine allgemeine Substanz", die erst später, als "entwickelte wahrhafte Wirklichkeit ... als Subjekt und so als Geist ist".[11] Somit ist die Idee an sich die *eine allgemeine Substanz*, welche sich dann *ur-teilt* oder *besondert*.

Bevor wir den Gang der Selbstverwirklichung der Idee verfolgen, können wir die Frage stellen, ob das Ansichsein den Zustand des Anfangs, der zeitlich vor den verschiedenen Stufen der Selbstverwirklichung liegt, bedeutet. Beim Ansichsein der Idee handelt es sich um ein Vorgegebensein, aber nicht um ein zeitliches, sondern ein strukturelles, oder wesentliches.[12] Das Ansichsein ist das ewige, unzeitliche Wesen der Idee. Das Ansichsein ist ja nur Möglichkeit, die Zeitlichkeit dagegen eine Bestimmung des Konkret-Wirklichen. Aber das Unzeitliche ist im Zeitlichen verwirklicht.

Die Darstellung der Idee in ihrem Ansichsein gibt Hegel in seiner Logik. Das Ansichsein der Idee ist selbst vielfältig und strukturiert, was in der Vielfalt der Kategorien zum Ausdruck kommt. Im Bereich der logischen Kategorien spricht Hegel bereits von 'Entwicklung', um ihre gegenseitige Abhängigkeit zu bezeichnen. Aber 'Entwicklung' bedeutet hier mehr Hierarchie als Abfolge. Die Kategorien der Logik haben Geltung und werden angewandt in Natur und Geist. Hegels Logik ist somit eine Ontologie.[13]

2. *Die Dialektik als Seins- und Entwicklungsgesetz der Idee*

Die Entwicklung der Idee ist die *Verwirklichung* dessen was nur möglich war, die *Setzung* dessen was nur Anlage war, die *Konkretisierung* des Abstrakten, d.h. zugleich die *Besonderung* des Allgemeinen, die *Differenzierung* des Einfachen. Sie ist Entwicklung zur *Wahrheit*, zum *Fürsichsein* dessen was nur an sich war.

In diesen Worten beschreibt Hegel immer wieder den Gang der Selbstverwirklichung der Idee. Um ihren vollen Sinn zu verstehen, muß man zunächst die allgemeinste Form oder das Gesetz kennen, unter dem Sein und Werden der Idee stehen. Dieses Gesetz nennt Hegel die *Dialektik*. Sie beherrscht sowohl das Ansich der Idee (die Kategorien der Logik), als auch ihre konkreten Seinsweisen.

Worum handelt es sich dabei? Gehen wir zurück zum Ansichsein, dem Ausgangspunkt der Entwicklung im allgemeinen und jeder besonderen

Entwicklung. Wie wir gesehen haben, ist dieses nie *reine* Möglichkeit, ist also nie ganz bestimmungslos. So steht am Anfang der Logik die allgemeinste Bestimmung des Seins. Am Anfang jeder Entwicklung steht eine Bestimmung. Wenn man nun eine solche Bestimmung untersucht, so sieht man daß sie *von ihrem Gegensatz abgegrenzt* und *dadurch selbst bestimmt* ist. Sie *ist* ihr Gegensatz, ihr Anderssein.

In diesem nun immer wiederholten Schema der Negation als Bestimmung folgt Hegel bewußt dem 'determinatio est negatio' von Spinoza.[14] Zugleich erklärt Hegel, daß es sich hier nicht um eine formelle oder reine Negation handelt, sondern um *dialektische Negation*. In dieser ist das Negierende, das Andere der ursprünglichen Bestimmung, selbst eine positive Bestimmung; außerdem ist das Negierte im Negierenden auch aufbewahrt.[15]

Nun ist aber das Negierende der ersten Bestimmung selbst durch sein Anderes, seine Negation bestimmt. Es kommt zur *Negation der Negation*, selbst eine neue Bestimmung, in welcher die ursprüngliche Bestimmung und ihre Negation *aufgehoben* sind (nach dem doppelten Sinn von 'Aufhebung').[16]

In der Entwicklung, welche von Negation zu Negation fortschreitet, kommt es somit zu immer neuen Bestimmungen, in denen jeweils viele andere Bestimmungen aufgehoben sind. Je mehr Inhalte eine Bestimmung in dieser Weise enthält, desto *konkreter* ist sie in Hegels Terminologie. Eine konkrete Bestimmung nennt er *Begriff*.[17]

Ein anderer Aspekt der Entwicklung, den Hegel öfters betont, ist, daß es quantitative und qualitative Veränderungen gibt. Qualität ist für Hegel überhaupt das Wesentliche, Quantität demgegenüber das Äußerliche oder Sekundäre. Quantitative Veränderungen sind somit sekundär, qualitative sind konstitutiv oder wesentlich. Nun geht es in der Entwicklung so, daß nach einer Reihe oder Anhäufung von bloß quantitativen Veränderungen plötzlich, *sprunghaft* eine *qualitative Veränderung* eintritt und die Entwicklung auf ein neues Niveau stellt. Die Negation eines Ansich oder einer Negation stellt also unter gewissen Umständen eine qualitativ neue Stufe der Entwicklung dar.[18]

Hegel beschreibt die Dialektik als Entwicklungsgesetz in einem konkreteren Zusammenhang noch etwas anders. In der Einfachheit des Ansich befindet sich eine Vielfalt von Möglichkeiten, wie im Keim einer Pflanze. Diese 'widerstreben' oder 'widersprechen' sich sowohl gegenseitig, als auch jede selbst in sich, denn jede Möglichkeit ist zugleich Ansich und strebt doch zur Verwirklichung. Diese inneren Widersprüche sind die Triebkraft der Entwicklung, welche immer wieder dadurch zustande kommt, daß ein *Ansich* ins *Dasein* gesetzt wird.[19]

Nur was an sich war, kann ins Dasein gesetzt werden. Das Ansich, die Möglichkeit der Entwicklung, setzt zugleich deren Richtung und Grenze.[20] Das Daseiende, welches einerseits als vom Ansich unterschieden erscheint, zeigt sich somit als eins mit dem Ansich. Diese Einheit des Ansichseins und des Daseins nennt Hegel das *Fürsichsein*.[21] Es ist selbst wieder das Ansichsein einer nächsten Stufe der Entwicklung.[22]

Die Selbstverwirklichung der Idee geht auch in diesem Zusammenhang aus vom inneren Widerspruch als Triebkraft der Entwicklung, zur Negation des Ansich, ins Dasein, was aber nur als das Ansich in neuer Form erscheint, als Fürsichsein. Das Fürsichsein ist die Negation der Negation, in welcher der Widerspruch von Dasein und Ansich aufgehoben ist.[23]

Auch bei Hegel ist somit die *triadische Struktur* ein wichtiges Kennzeichen der Dialektik. Er gebraucht nicht die Ausdrücke 'These–Antithese–Synthese', wie Fichte und Schelling, sondern eine eigene, vielfältige Terminologie, von der wir in der obigen Darstellung nur einige Beispiele geben konnten. Aber mehr oder weniger offen, mehr oder weniger streng ist der Dreischritt von Ansich–Negation–Negation der Negation, von Ansich–Dasein–Fürsichsein usw. im größten Teil des Hegelschen Systems vorhanden.[24]

Aus dem Entwicklungsschema, wie wir es bisher gesehen haben, wird noch eine wichtige Grundeigenschaft der Hegelschen Philosophie erklärbar. Jedes Seiende oder jeder Inhalt ist durch seine Negation bestimmt und in ihr aufgehoben; jeder negierende Inhalt ist selbst bestimmt durch das was er negiert und das was ihn negiert. Das bedeutet, daß Inhalte sich nur gegenseitig bestimmen, nur in der Beziehung aufeinander etwas sind. Darin zeigt sich Hegels *Relationalismus*. Er bedeutet: (1) Die Auflösung der gesamten Seinsordnung in das was die Scholastik 'transzendentale Relationen' nannte: Leugnung des 'esse proprium' für alle Seienden. Aus selbständigen Seienden wird ein System konstitutiver Relationen, die alle miteinander verbunden sind. (2) Die allgemeinste Leugnung jeder Transzendenz, denn alle Verhältnisse sind umkehrbar. Von zwei Inhalten, die zueinander gehören, kann der eine nicht vom andern grundsätzlich unabhängig sein, ihn transzendieren. Relativität und Absolutheit, Endlichkeit und Unendlichkeit, Möglichkeit und Wirklichkeit, usw., hängen voneinander ab und sind nur als gegenseitiges Verhältnis etwas.

Dabei muß man sich der Identitätsthese erinnern: so wie etwas gedacht wird, so ist es auch. Dadurch fällt der Unterschied zwischen Substanz und Wesen, zwischen realen Akzidentien und abstrakten Merkmalen, zwischen konkreten und formalen Begriffen beiseite. Für Hegel gibt es keinen Unterschied zwischen dem Absoluten und der Absolutheit, zwischen dem Unendlichen und der Unendlichkeit, zwischen dem Wahren und der Wahrheit, usw. Sie sind alle Inhalte, die nur als Verhältnis gedacht werden können. Und was nur als Verhältnis gedacht werden kann, kann auch nur so sein. Darin besteht Hegels *allgemeiner konstitutiver Relationalismus.*[25]

Am Ende dieser Darstellung der Dialektik sind noch drei Probleme kurz zu erwähnen. Sie stehen in direktem Zusammenhang mit Hegels Dialektik und Relationalismus und erlangen später im Diamat wieder neue Bedeutung.

a. *Möglichkeit und Wirklichkeit*

Aus Texten in Hegels 'System und Geschichte der Philosophie' ist ersichtlich, daß Hegel die Entwicklung als Verwirklichung von Möglichkeiten auffaßt und sich dabei auf Aristoteles beruft.[26] Daß der Verweis auf Aristoteles in diesem Zusammenhang ziemlich unberechtigt ist, darauf werden wir später eingehen.[27] Hegel kennt nur die reale Möglichkeit, die innere Tendenz zur Selbstverwirklichung eines bereits 'verhüllt' Vorhandenen. Eine 'reine Möglichkeit', welche ganz unbestimmt und passiv wäre und zu ihrer Verwirklichung eines von ihr unabhängigen und zu ihr hinzukommenden Prinzips bedürfte, nennt Hegel 'oberflächlich'.[28] Diese Anschauung folgt aus dem allgemeinen Relationalismus, wie er oben kurz skizziert wurde. Dieser erlaubt es nicht, einen Akt der nur Akt, eine Potenz die nur Potenz wäre, anzunehmen. Akt und Potenz können nur zusammen gedacht werden, als sich gegenseitig Bestimmende; es wäre ein Unding, zwei verschiedene Prinzipien anzunehmen.

b. *Teleologie*

Nach G. Lasson ist einer der wesentlichen Unterschiede zwischen der Entwicklung bei Hegel und in der 'modernen Evolutionstheorie' der, daß sich bei Hegel alles *teleologisch* entwickle. Dagegen sei die Entwicklung im 'modernen Evolutionismus' ein mechanisches Hervorgehen aus einer unverständlichen Ursubstanz.[29]

Tatsächlich ist Hegels Denken in einer Art grundsätzlich teleologisch. Ohne sich dessen bewußt zu sein, kann man kaum einen Hegelschen Text mit Verständnis lesen. Jede Stufe der Selbstverwirklichung der Idee beschreibt Hegel auch von ihrem Ziel her, als Tätigkeit des Geistes, der Vernunft, des Absoluten, Gottes. Genauer ist es der menschliche Geist, der in seiner höchsten Blüte, dem absoluten Geist, das Ziel der Entwicklung ist und als solches in aller Verwirklichung wirkt.[30]

Bei Hegel gibt es nur innere Teleologie. Ziel oder Zweck sind also nicht als ein relativ Vollkommenes und Fertiges dem sich Entwickelnden vorgegeben. Sie sind der Entwicklung immanent, verwirklichen sich selbst in der Entwicklung.[31] Der Zweck bei Hegel entspricht also in etwa der 'entelecheia' bei Aristoteles, insoweit sie inneres Lebensprinzip ist, welches als die spezifische Endursache im Bereich des Lebens gilt.[32] Tatsächlich orientiert sich Hegel in seiner Teleologie ganz speziell am Begriff des Lebens und des Organismus.[33] Den Organismus definiert er, wie Kant, als ein Ganzes, dessen Glieder für einander sowohl Zweck als Mittel sind.[34] Die allgemeine Umkehrbarkeit des Verhältnisses von Ursache und Wirkung, die wohl in der Betrachtung des Organismus ihren Ursprung hat, findet im Begriff der *Wechselwirkung* ihren Ausdruck.[35] Auch das Verhältnis von Zweck und Mittel wird zu Wechselwirkung.

Zwischen Hegels Relationalismus und seiner Teleologie besteht ein direkter Zusammenhang. Es gibt keinen Inhalt, der seinen Gegensatz grundsätzlich transzendieren könnte. Ein Zweck, der dem, was er auf sich hinordnet, als Vollkommenes und Fertiges vorgegeben wäre, ist somit ein Unding. Er ist selbst Mittel seiner Verwirklichung und ist nur als immanentes Prinzip der Entwicklung.

c. *Widerspruch*

Die Frage nach dem Widerspruch in der Dialektik überhaupt und speziell in der Dialektik der Bewegung ist unvermeidlich, wenn man Hegel verstehen will. Ohne eigentlich in dieses umstrittene Gebiet der Hegel-Interpretation tiefer einzudringen, wollen wir es doch kurz erwähnen, denn die Frage erhält im Diamat wieder neue Bedeutung.

Der Identifizierung eines Inhalts mit seinem Gegensatz, oder seinem 'Anderen' begegnet man in Hegels Dialektik dauernd. Diese Identifizierung gehört ja, wie wir oben gesehen haben, zum Wesen der Dialektik. So erweist sich am Anfang der *Logik* das Sein als Nichts, in der *Phäno-menologie* ist das Jetzt der sinnlichen Gewißheit "eben dieses, indem es ist, schon nicht mehr zu sein".[36] Oder man denke nur an die Stellen über Widerspruch und Bewegung in der Logik.[37]

Ebenso klar aber sagt Hegel: "Was sich widerspricht, ist nichts."[38] Es ist typisch für das undialektische, das unspekulative Denken, den Ver-stand, Inhalte abstrakt (d.h. isoliert) zu betrachten und sich dadurch un-bewußt in unauflösbare Widersprüche zu verstricken. Dagegen zeigt die Vernunft, "daß nämlich das Subjektive, das nur subjektiv ... keine Wahr-heit hat, sich widerspricht und in sein Gegenteil übergeht, womit dies Übergehen und die Einheit, in welcher die Extreme als aufgehobene ... sind, sich als ihre Wahrheit offenbart."[39] Somit besteht in der Auflösung der Widersprüche die Wahrheit.

Wird damit der Widerspruch zur reinen Methode, zur äußeren, sub-jektiven Betrachtungsweise? Sicher nicht. Der Widerspruch ist in den Dingen selbst.[40] Was bedeutet also die Theorie der Widersprüchlichkeit bei Hegel?

Wir können in diesem Zusammenhang keine ausführliche Textanalyse durchführen und schließen uns daher den Forschungsergebnissen von F. Grégoire zu diesem Thema an. Unserer Meinung nach gibt dieser gründ-liche und analytische moderne Hegelinterpret den Gedanken Hegels sehr gut wieder.[41] Er läßt sich folgendermaßen zusammenfassen: (a) Jede wirk-liche Wesenheit fordert die Verwirklichung ihres *Gegenteils*. (b) Alles *kämpft* mit seinem Gegenteil. (c) Alles ist *konstitutiv* aufeinander bezogen. (d) *Isoliert*, auf sich gestellt, wäre jedes Seiende *unmöglich* und *wider-sprüchlich* (z.B. das Kontingente ohne das Notwendige, und umgekehrt).

Eigentlich widersprüchlich wären somit nur die selbständigen und iso-lierten Dinge oder Inhalte. Die konstitutive Relation überwindet den Gegensatz, indem sie die selbständigen Inhalte in einer reinen Beziehung auflöst. Somit fällt sie auch nicht unter die eigentliche logische Kontra-diktion.[42] Grégoire meint, daß auch in der Theorie der Bewegung bei Hegel nicht das Kontradiktionsprinzip verletzt werde.[43]

Zwei abschließende Bemerkungen:

(1) Die Dialektik ist für Hegel das *objektive* Entwicklungsgesetz der Idee, auf keinen Fall etwas Subjektives, reine Methode, oder gar Apriori des endlichen Verstandes.[44]

14

(2) Hegel unterscheidet zwischen dem *dialektischen* Vorgehen und dem der Verstandesmetaphysik, oder der Metaphysik überhaupt.[45] Die Metaphysik betrachtet ihre Gegenstände statisch und isoliert, nicht in ihrer dialektischen Entwicklung.

Unsere Darstellung der Dialektik als dem Seins- und Entwicklungsgesetz der Idee kann so zusammengefaßt werden: Im Schoße jeder Entwicklung, dem Ansichsein, befinden sich Gegensätze oder Widersprüche; diese sind Quelle und Triebkraft der Entwicklung; sie führen zur Verwirklichung eines Neuen im Dasein; das Neue, oft eine neue Qualität, tritt dem Alten als Gegensatz gegenüber; doch erweist sich das Neue als das Alte in anderer Form; dadurch ist der Gegensatz aufgehoben.

Diesen Fortgang beschreibt Hegel u.a. als den vom *Ansich* zur *Negation* zur *Negation der Negation*; oder vom *Ansich* zum *Dasein* zum *Fürsichsein*.[46]

Die Theorie der *dialektischen Negation* führt zu Hegels allgemeinem konstitutiven *Relationalismus*.

Dieser beeinflußt oder bestimmt: die Anschauung der *Möglichkeit* als realer Möglichkeit der Selbstverwirklichung; die *Teleologie* als innere Zweckmäßigkeit; die Theorie des immer zu überwindenden *Widerspruchs*.

3. *Die Entwicklungsstufen der Idee bis zum Geist*

Zur Erklärung der Selbstverwirklichung der Idee haben wir bisher zwei Hauptprobleme behandelt: (a) die Idee in ihrem Ansichsein, und (b) die Dialektik als das allgemeine Seins- und Entwicklungsgesetz der Idee. Wir kommen jetzt zur Beschreibung der einzelnen Stufen, in denen sich die Verwirklichung der Idee bis zum Geist vollzieht.

Bereits in der Idee an sich gibt es eine immanente Bewegung in Stufen, oder eine Hierarchie. Sie bildet die allgemeinste Struktur der Intelligibilität, welche sich in allen konkreten Daseinsweisen der Idee wiederfindet. Ihre Hauptmomente sind: das *Sein*, das *Wesen*, und der *Begriff*. Der Begriff erscheint zuletzt als die *absolute Idee*, die Synthese aller Momente, in welche sich die Idee an sich dialektisch verzweigt.

Am Ende der Logik erweist sich die absolute Idee als ihr Anderssein, die *Natur*. Darin ist die Idee nicht aufgelöst, denn der Übergang in die Natur geschieht so, "daß die Idee sich selbst *frei entläßt*, ihrer absolut sicher und in sich ruhend".[47] Die Idee bleibt in ihrem Anderssein erhalten.[48]

Im Bereich der Natur gibt es für Hegel einerseits keine wirkliche Entwicklung, andererseits aber ist die Natur nicht entwicklungslos. Die Natur zeigt – in G. Lassons Worten – nur "stufenweisen Fortschritt in dem Nebeneinander ihrer Gebilde".[49] Der Akzent liegt auf *Nebeneinander*: während im Bereich des Geistes und auch der Idee an sich jede Stufe der Entwicklung alle vorigen in sich integriert, laufen die Bewegungen der Natur nebeneinander, ohne ein einziges, sich entwickelndes Ganzes zu bilden. Außerdem vollziehen sich die Prozeße der Natur mit reiner *Notwendigkeit*, während die Idee an sich und der Geist das Reich der *Freiheit* bilden.

Und doch entwickelt sich die Natur von den ersten Grundgegebenheiten des Raumes und der Zeit bis zum Leben.[50] Hegel verwirft die Idee einer Evolution innerhalb der unbelebten Natur, etwa als Entwicklung des Universums aus einem Urnebel.[51] Aber die Natur selbst bringt das Leben hervor. Zwar glaubt Hegel nicht an eine Umformung und Evolution der Arten, doch wird jede Lebensform spontan von der Natur hervorgebracht.[52]

Ohne auf Hegels Lehre von der unbelebten Natur einzugehen, welche sehr zeitbedingt und daher später einflußlos war, wollen wir versuchen Hegels Begriff des Lebens zu erfassen. Wir haben oben bereits den Zusammenhang erwähnt, der zwischen *Leben* und *Zweckmäßigkeit* besteht. Der innere Zweck ist das Wesensmerkmal des Lebendigen, als die Einheit der Unterschiedenen, welche zugleich Bewegung und Entwicklung ist. Das Leben findet daher seinen höchsten Ausdruck im tierischen Organismus, dieser geordneten und sich entwickelnden Einheit in der Verschiedenheit ihrer Glieder.

Drei wichtige Begriffe stehen in direktem Zusammenhang mit Hegels Begriff des Lebens:

a. *Allgemeinheit*

Wegen der ursprünglichen Einheit von Denken und Sein stellt sich das Problem des Allgemeinen bei Hegel zugleich als Problem der Erkenntnis und der Wirklichkeit. Jeder Gedanke, d.h. jeder intelligible oder aber bewußte Inhalt, ist an sich allgemein. Allgemeinheit ist jede beziehungslose Bestimmung oder Qualität. Aber das *Allgemeine dirimiert* oder *besondert sich*: aus Tier wird Säugetier, usw. Das Besondere ist das Andere des Allgemeinen, der Inhalt, der das Allgemeine als solches negiert und zum Abstrakten macht. Aber das Allgemeine, welches sich selbst in seinen Inhalten besondert oder bestimmt hat und damit deren Einheit wird, ist

16

konkret, oder ist *Begriff*.[53] Es ist zugleich einzeln und allgemein, oder das *konkrete Allgemeine*.[54]

Der Zusammenhang zwischen dem Begriff des konkreten Allgemeinen und dem des Organismus fällt sofort auf: in beiden Fällen geht es um das Ganze, wie es in seinen Teilen oder Gliedern wirkt. Tatsächlich bestimmt das Ganze des Organismus sowohl das was den einzelnen Gliedern *gemeinsam* ist, sie zusammenhält, wie auch das was sie *differenziert*, indem jedem einzelnen vom Ganzen her seine bestimmte Funktion zukommt. Somit hat der Organismus gegenüber seinen Teilen sowohl die Allgemeinheit einer Gattung, als auch die Konkretheit eines Kollektivs.

Tatsächlich spricht Hegel vom Allgemeinen als der Einheit des Gedankens in seinen Bestimmungen als *lebendig*: es ist "der Gedanke in seiner Lebendigkeit und Tätigkeit". Der Gedanke ist "konkret geworden, d.h. zusammengewachsen".[55] Dieses wahre Allgemeine, das konkrete Allgemeine, wird ein Ausdruck für das Leben und den inneren Zweck, das Wesensmerkmal des Lebens.[56]

b. *Unendlichkeit*

"Der Satz, daß das *Endliche ideell* ist, macht den *Idealismus* aus. Der Idealismus der Philosophie besteht in nichts Anderem als darin, das Endliche nicht als ein wahrhaft Seiendes anzuerkennen. Jede Philosophie ist wesentlich Idealismus...."[57] Die Erkenntnis des Unendlichen stellt somit die Hauptaufgabe des Idealismus und der Philosophie überhaupt dar.

Hegels dialektische Erklärung des *Unendlichen* verläuft folgendermaßen: Das Unendliche ist zunächst einfache positive Bestimmung. Doch damit schließt es das Endliche aus. Dadurch ist das Endliche als solches gesetzt, welches seinerseits das Unendliche ausschließt. Unendliches und Endliches bestimmen sich gegenseitig. Dagegen: "Das Sich-aufheben dieses Unendlichen wie des Endlichen als *Ein* Prozeß – ist das wahrhafte Unendliche."[58]

Die zweite Vorstellung, in der Endliches und Unendliches sich relativ selbständig gegenüberstehen, nennt Hegel die des *Schlecht-Unendlichen*. Es ist das Unendliche des *Verstandes*, gegenüber dem der *Vernunft*. In ihm wird das Unendliche als *Jenseits* abgesondert von dem Endlichen begriffen. Die Wechselbeziehung zwischen Endlichem und Unendlichem wird dort als *Progreß* ins Unendliche verstanden. Das Bild dieser Unendlichkeit ist die *gerade Linie*.[59]

Demgegenüber ist das *wahrhaft Unendliche* die Beziehung der Endlichen aufeinander und ihre Einheit. Es ist ein in sich geschlossenes *Ganzes*, dessen Bild der *Kreis* ist. Doch dieses Ganze entwickelt und verwirklicht sich im Werden, es ist wesentlich *Prozeß*.[60]

Zwischen den Bedeutungen von 'Unendlichkeit' und 'Leben' besteht also eine große Ähnlichkeit. J. Hyppolite, der den Begriff des Lebens besonders in Hegels frühen Werken untersucht hat, ist der Ansicht, daß die beiden Ausdrücke bei Hegel das Gleiche bedeuten.[61]

Oben hieß es: "Der Satz, daß das *Endliche ideell* ist, macht den Idealismus aus." Die Idealität des Endlichen ist also seine Auflösung in Beziehungen zu anderen Endlichen und zum Ganzen, in dem es sich befindet. Diese Beziehungen sind das wahre Unendliche. Eine Folgerung hieraus ist, daß der *Relationalismus* die Haupteigenschaft des *Idealismus* ist.[62]

c. *Idee*

Die Idee selbst ist oben als die Einheit in der Verschiedenheit bestimmt worden.[63] Die Idee verwirklicht sich nach innerer Zweckmäßigkeit. Somit besteht ein enger Zusammenhang zwischen den Begriffen des Lebens und der Idee. Der junge Hegel gebrauchte 'Leben' statt 'Idee'.[64] Bis zuletzt stellt Hegel die beiden Worte als gleichbedeutend nebeneinander.

In Hegels Philosophie erscheint zuweilen das Leben, wie die Idee, als die eine Grundwirklichkeit. In einem weitesten Sinn des Wortes ist das Leben die Quelle alles Wirklichen. Hegels Philosophie trägt panpsychistische Züge.[65]

Die Begriffe der Allgemeinheit, der Unendlichkeit und der Idee stehen somit in engem Zusammenhang mit dem Hegelschen Begriff des Lebens. Andererseits kann man sagen, daß die Idee sich auf der Stufe des Lebens erstmals in ihrer konkreten Allgemeinheit und Unendlichkeit verwirklicht.

Die nächste Stufe der Selbstverwirklichung der Idee ist der *Geist*. Für Hegel ist die Idee des Geistes aus der des Lebens hervorgegangen. Der Geist erweist sich als die *Wahrheit* des Lebens.[66]

C. DER GEIST

1. *Allgemeines*

Die Vollendung der Selbstverwirklichung der Idee ist der *Geist*. Die Idee, welche in der Natur in ihr Anderssein und ins Dasein übergegangen ist,

kommt im Geist zu sich zurück, als *Fürsichsein*. Als erkennende und
wollende begreift und realisiert die Idee nun die Einheit von Denken und
Sein, von Subjektivität und Objektivität, die sie bereits ursprünglich unmittelbar und unbewußt an sich hatte.[67] Genauso aber kann man sagen,
daß es der Geist ist, der die Einheit von Denken und Sein begreift und
realisiert, die er schon ursprünglich an sich hatte. Denn die eine sich
verwirklichende Grundwirklichkeit kann sowohl Idee wie Geist genannt
werden: die Idee ist der Aspekt der Grundlage, der Geist der Aspekt
der Vollendung oder des Zieles. Doch ist der Geist kein äußeres Ziel:
er ist ja nur die Erkenntnis und Verwirklichung dessen, was die Idee an
sich ist.[68]

Als das Stadium der *Vollendung* der Idee ist der Geist ein besonderer
Bereich, mit eigenen Eigenschaften und Gesetzmäßigkeiten. Z.B. ist die
Geschichtlichkeit ein Proprium des Geistes. Aber als *inneres Ziel* der Idee
ist der Geist in allen Stufen der Entwicklung, auch in der Natur.[69] So
kann N. Hartmann zur Erklärung Hegels sagen, die Mannigfaltigkeit der
Welt sei nicht dualistisch aufgeteilt und die Intelligenz setze schon weit
unterhalb des Bewußtseins in der Natur ein.[70]

Hegel spricht in den allermeisten Fällen von *dem* Geist, nicht von
einzelnen Geistern oder geistigen Wesen. Genauso spricht er in den
meisten Fällen von *der* Idee, nicht von einzelnen Ideen oder ideellen
Wesen. Meint er damit die Eigenschaft der Geistigkeit bzw. der Idealität,
welche allen einzelnen Seienden zukommt? Oder meint er tatsächlich, daß
Geist bzw. Idee ein einziges existierendes Ganzes sind?

Die Frage hat in dieser Alternativform für Hegel keinen Sinn. Aus der
ursprünglichen Einheit von Seiendem und Gedanklichem ergibt sich, daß
jedes Seiende zugleich intelligibler oder bewußter Inhalt ist, und umgekehrt. Jeder kategoriale Monismus (hier der Idee bzw. des Geistes) ist
auch existentieller Monismus. Das Einzige, hier der Geist, ist dann zugleich
das Allgemeinste. Es ist das konkrete Allgemeine, dessen Besonderungen
nur als Relationen untereinander und aufs Ganze etwas sind.

Der Bereich des *Geistes* und der des *Menschen* sind derselbe. Auch wo
Hegel von dem einen Geist, vom absoluten Geist oder von Gott spricht
ist kein den Menschen transzendierender Bereich gemeint. Davon wird
unter die Rede sein.[71]

Die Tätigkeiten des Geistes sind das *Erkennen* und das *Wollen*. Im
Erkennen verwirklicht der Geist die *Wahrheit*, durch das Wollen das

Gute.[72] Im folgenden untersuchen wir vor allem den Geist als erkennenden, auf dem Weg zur absoluten Wahrheit, durch die verschiedenen Stufen seiner Entwicklung.

2. *Erkennen und Denken* [73]

Um einen Zugang zu Hegels Lehre von der Erkenntnis und dem Denken zu gewinnen, wollen wir zunächst an einigen Punkten untersuchen, was seine Erkenntnistheorie nicht ist, um von daher zu sehen, was sie ist.

Hegels Erkenntnistheorie ist keine Erkenntnis*kritik*. Es geht nicht um die Bedingungen der Möglichkeit jedes Erkennens. Gegenüber der kritischen Philosophie stellt Hegel die Identitätsthese an den Anfang seines Systems. Das Denken gehört bereits ursprünglich zum Sein: "Das Denken ist das Innerste von Allem."[74] Dieses ursprüngliche Denken findet sich in jedem bestimmten Denken wieder; es ist der "reine Begriff, der das Innerste der Gegenstände, ihr einfacher Lebenspuls, wie selbst des subjektiven Denkens derselben, ist".[75] Das Denken ist somit in allem Wirklichen mitgegeben, zunächst noch als reale Möglichkeit, die sich immer mehr realisiert. Ihren ersten Ausdruck findet diese Identität bereits in der üblichen Vorstellung, daß die gegenständliche Welt allgemeinen Gesetzen unterworfen ist. Gesetze aber sind Denkbestimmungen und als wirkende sind sie die Vernunft in der Wirklichkeit.[76] Hegel nimmt also einen grundsätzlich unkritischen Standpunkt ein, der sich aber als Überwindung der Erkenntniskritik ausgibt.[77]

Hegels Erkenntnistheorie ist keine Erkenntnis*psychologie*. Es geht ihm nicht um die Entstehung und Entwicklung des Erkennens in der Immanenz des menschlichen Subjekts. Erkenntnis und Denken haben im menschlichen Subjekt weder ihren *Ursprung*, noch ihre *Vollendung*. Die ursprüngliche Einheit von Denken und Sein macht die Entstehung des subjektiven Denkens möglich. In der Vollendung des Geistes ist das subjektive Denken aufgehoben. Dazwischen ist das subjektive Denken eine notwendige Stufe der Entwicklung des Geistes. Diese Stufe findet in der Lehre vom subjektiven Geist ihre Darstellung. Die Psychologie gehört zur Lehre vom subjektiven Geist. Keineswegs aber ließe sich Hegels ganze Erkenntnistheorie als Erkenntnispsychologie bezeichnen.

Hegels Erkenntnistheorie ist keine Erkenntnis*metaphysik*, wenigstens nicht im Sinne einer traditionellen Lehre von der Natur des Erkennens

20

und seiner Beziehung zum Sein. Seine Erkenntnistheorie ist die Lehre von der Entwicklung der Idee in ihren besonderen Bestimmungen oder Gedanken. Hegels Erkenntnistheorie ist in einem sehr weiten Sinne Geschichtsschreibung des Denkens. Aber sowohl die Entwicklung der Idee an sich, als die Entwicklung des konkreten Geistes ist Geschichte des einen Denkens oder Gedankens.[78] Darin besteht die These von der *Einheit des Logischen und Historischen,* welche besagt, "daß die Aufeinanderfolge der Systeme der Philosophie in der Geschichte dieselbe ist, als die Aufeinanderfolge in der logischen Ableitung der Begriffsbestimmungen der Idee".[79]

Daraus folgt nun, daß die Erkenntnistheorie bei Hegel *keine eigene Disziplin* ist. Denn die geschichtliche Betrachtung des Denkens verfolgt dasselbe sowohl im inneren Ablauf seiner Wesensbestimmungen, als in den Formen des subjektiven Denkens, als auch in der Entwicklung der Systeme des Wissens. Die Erkenntnistheorie ist damit auf die Logik, auf die Philosophie des Geistes und sogar die Naturphilosophie verstreut, insofern selbst die niedrigsten Daseinsformen der Natur Begriffe sind. Sie betrachtet diese Gebiete unter dem Aspekt, daß in ihnen der Geist sich denkend zu immer größerer Vollendung entwickelt.[80] Man kann sagen, daß sich Hegels ganze Philosophie auf die Erkenntnistheorie reduzieren läßt, wenn diese als die Geschichtsschreibung des Denkens im obigen Sinne verstanden wird.

Das bisher Gesagte genügt uns, um eine vorläufige allgemeine Bestimmung des Denkens und Erkennens bei Hegel zu versuchen. Eine solche Bestimmung jetzt zu geben, bevor die einzelnen Stufen der Verwirklichung des Geistes erklärt sind, ist zwar eine ganz un-hegelianische Anordnung des Stoffes. Doch empfiehlt sie sich, um gerade vom Ende der Selbstverwirklichung des Geistes her die einzelnen Stufen der Entwicklung zu begreifen.

Wir haben gesehen, daß die Idee sich selbst denkend verwirklicht, denn das Denken ist das Innerste von allem. Das ist die allgemeinste Bedeutung von 'Denken'. Im besonderen ist aber das Denken ein Proprium des *Geistes* als *Subjekt.* Die Idee ist ursprünglich die allgemeine eine Substanz, die allem zugrunde liegt und aus der alles hervorgeht. Am Ende ihrer Entwicklung, in ihrer 'Wahrheit', nennt Hegel sie Geist und Subjekt.[81]

Am Ende ihrer Entwicklung ist die Idee zu sich selbst zurückgekehrt und erfaßt all das, was sie dialektisch aus sich heraussetzte, als ihr eigenes

Sein. Dieser Zustand ist das eigentliche Erkennen und Denken des Geistes: alles was ihm als selbständiger Gegenstand gegolten hat, erfaßt er jetzt als sein eigenes, als geistiges Sein.[82] Der Geist denkt sich selbst, sein eigenes Denken.[83] Oder: der Geist erfaßt die Einheit der Denk- und Seinsgesetze.[84] Hegel beschreibt diesen vollkommensten Zustand des Geistes als denkenden mit den Worten des Aristoteles über den sich selbst denkenden Gott.[85]

Die Entwicklung innerhalb des Geistes, um zu diesem vollkommensten Zustand zu gelangen, geschieht in drei Stufen: subjektiver Geist – objektiver Geist – absoluter Geist. Wie bei der Entwicklung der Idee im allgemeinen ist hier zu beachten, daß es sich bei diesen drei Stufen nicht um einen zeitlichen Ablauf handelt. In der konkreten Wirklichkeit gibt es für Hegel keine dieser Stufen ohne die anderen. Sie sind die Wesensmomente des einen Geistes.

3. Der subjektive Geist

In Hegels Lehre vom subjektiven Geist geht es um das Subjektsein im allgemeinen, welches allen Individuen zukommt; oder: es geht um das "allgemeine Individuum", wie N. Hartmann sagt.[86] Die vielen geistigen Individuen, welche alle die Eigenschaft der Subjektivität besitzen, erscheinen "in der philosophischen Ansicht des Geistes" nicht als selbständige Seiende, die Träger von Eigenschaften und Relationen wären. Vielmehr sind sie nur Momente des "Sich-zu-sich-selbst-Hervorbringens" des einen Geistes.[87] Doch im Subjektsein, in den vielen Individuen, wirkt und verwirklicht sich der Geist.

Die Lehre vom subjektiven Geist teilt sich in die Anthropologie, die Phänomenologie des Geistes und die Psychologie.[88] Uns interessiert vor allem die Phänomenologie, welche als *Bewußtseinslehre* eine besondere Bedeutung für Hegels Erkenntnistheorie hat.

Die Phänomenologie erfüllt bei Hegel eine doppelte Aufgabe. Einmal ist sie Hinführung des Denkens zum System, Propädeutik. Als solche entwickelt sie die verschiedenen Stufen des Bewußtseins bis zum Ende, welches der Ansatzpunkt der Logik ist. Zugleich aber ist sie allgemeine Erkenntnistheorie, denn sie erklärt den Zusammenhang zwischen erkennendem Subjekt und erkanntem Objekt. Dabei geht sie davon aus, daß zwischen dem Subjekt in seinen Wandlungen und dem Objekt in seinen Wandlungen eine Einheit besteht.[89]

Die Phänomenologie ist Bewußtseinslehre. 'Bewußtsein' scheint in

22

Hegels frühen Schriften ein Synonym von 'Erkenntnis' zu sein.[90] Aber auch später bleibt das Bewußtsein eine Wesenseigenschaft der Erkenntnis.[91] Die Einheit von Subjekt und Objekt ist das Wesen des Bewußtseins, wie der Erkenntnis überhaupt.[92] Doch diese Einheit ist nicht einfach und unmittelbar, sondern verwirklicht sich in Stufen.

Vor oder unterhalb des Bewußtseins liegt die *Empfindung*. Dem empfindenden Subjekt gilt das empfundene Objekt als das nur Andere, dessen Zusammenhang mit sich selbst es nicht begreift. Daher ist das Subjekt in der Empfindung reines Subjekt, ohne Einheit mit dem Gegenstand.[93] Obwohl die Empfindung somit "die Form des dumpfen Webens des Geistes in seiner bewußt- und verstandlosen Individualität" ist[94], hat das Bewußtsein doch die Empfindung als seinen Ursprung. Alles Erkennen kommt aus der Empfindung; das Bewußtsein hat "sich unmittelbar aus der Empfindung erhoben".[95] Die Empfindung hat der Mensch mit dem Tier gemeinsam. Doch hat Hegel hinsichtlich des tierischen Organismus eine eigene Terminologie. Er spricht von *Sensibilität, Irritabilität,* und *Reproduktion*, als den ersten organischen Eigenschaften. Sensibilität bedeutet den Begriff der organischen Reflexion in sich; Irritabilität ist die Eigenschaft der organischen Elastizität, "sich in der Reflexion zugleich reagierend zu verhalten".[96] Es ist interessant, daß für Hegel "das Bewußtsein als sein Begriff ... sich unmittelbar aus der tierischen Organisation erhoben" hat.[97]

Das eigentliche Bewußtsein beginnt mit der *sinnlichen Gewißheit* oder dem *sinnlichen Bewußtsein*.[98] Darin ist das Subjekt *unmittelbar* auf den Gegenstand als *Seienden* und Einzelnen bezogen.[99]

Dagegen ist die *Wahrnehmung mittelbare* Beziehung des Subjekts auf den Gegenstand als *komplexen* und *allgemeinen*. Die Identität mit dem Gegenstand drückt sich hier nicht mehr in der *abstrakten Gewißheit* des sinnlichen Bewußtseins, sondern im *bestimmten Wissen* aus.[100]

Statt sinnlichem Bewußtsein und Wahrnehmung sagt Hegel an parallelen Stellen auch *sinnliche Anschauung* und *Vorstellung*.[101] Der Übergang zum nächsten Moment des Bewußtseins, dem Denken und speziell dem Verstand, bilden *Gedächtnis* und *Sprache*. Das Wesen des Gedächtnisses ist, "daß es das, was wir sinnliche Anschauung genannt haben, zur Gedächtnissache, zu einem Gedachten macht...".[102] Die Sprache zeigt bereits in der Artikuliertheit ihrer Laute, noch mehr in den grammatischen Beziehungen, den *Verstand*.[103]

Die Verstandeserkenntnis unterscheidet an ihrem Gegenstand zwischen dem *Innen* und den *mannigfaltigen Erscheinungen.* Im Vergleich zur Sinneserkenntnis erkennt sie das Innen oder das Wesentliche in den Erscheinungen. Ihr Ausdruck ist daher das *Reich der Gesetze.*[104]

Aber der Verstand wird von Hegel meist negativ bestimmt. Seine Gesetze sind nur *formal* und *abstrakt.* Er erkennt nur den Gegenstand als statischen, erreicht nicht dessen wahres Wesen und innere Entwicklung. Das Verstandesdenken ist undialektisch und kommt nur zur endlichen Wahrheit.[105]

Als nur formales Denken fällt die *formale Logik* speziell in den Bereich des Verstandes. Hegel zeigt deutlich seine Verachtung für diese Wissenschaft. Indem sie sich nur um bloße Formen, ohne deren Inhalte, kümmere, könne sie die volle Wahrheit nicht fassen. Ihre Kenntnis überlasse die gesunde Vernunft "dem Gebiete einer Schullogik und Schulmetaphysik".[106]

Als *abstraktes* Denken soll der Verstand nur zu isolierten Bestimmungen kommen. Aber nur als konkretes Ganzes, d.h. als die Vielfalt voneinander abhängiger Bestimmungen, kann ein Gegenstand wahrhaft erfaßt werden. Der Verstand erweist sich als anti-relationalistisches Denken.

Nach der Untersuchung der verschiedenen Methoden des Verstandesdenkens kommt Hegel zu dem Schluß: "daß diese Methoden ... für das philosophische Erkennen unbrauchbar sind erhellt von selbst...".[107]

Im Verstand erreicht das Bewußtsein als solches seine größte Vollkommenheit. Die Bewußtseinslehre zeigt an den verschiedenen Stufen der Sinneserkenntnis und des Verstandes die verschiedenen Beziehungen zwischen erkennendem Subjekt und erkanntem Objekt. Obwohl in diesen, wie in allen anderen Erkenntnisarten eine jeweils bestimmte Einheit von Subjekt und Gegenstand besteht, ist es für Hegel eine Eigenheit der Sinneserkenntnis und des Verstandes, daß der Gegenstand als vom Subjekt verschieden, selbständig aufgefaßt wird. Selbst in der vollkommensten Bewußtseinsform des subjektiven Geistes, dem Verstande, wird der Gegenstand nur sehr äußerlich erfaßt und ist die Einheit von Subjekt und Objekt daher eine sehr unvollkommene. Man spricht deshalb mit Recht von Hegels *Realismus der Sinneserkenntnis und des Verstandes.*[108]

In der Darstellung des subjektiven Geistes folgt nun die Lehre vom *Selbstbewußtsein.*[109] Zu jedem Bewußtseinsakt gehört auch Selbstbewußtsein. Das Selbstbewußtsein hat als solches keine *Realität,* denn zwischen dem Selbst und seinem Gegenstand ist hier nur *abstrakte Identität.* Jedes

24

Selbstbewußtsein ist nur anderen ebensolchen gegenüber wirklich. Die Untersuchung der verschiedenen Arten von Beziehungen zwischen den 'Selbstbewußtseinen' endet mit der Setzung des *allgemeinen Selbstbewußtseins*, welches als "das affirmative Wissen seiner selbst im andern Selbst" bezeichnet wird.[110]

In der *Vernunft*, der dialektischen Synthese aus Bewußtsein und Selbstbewußtsein, kommt es zur Überwindung des Gegensatzes von Subjekt und Objekt. Die Vernunft ist "die einfache *Identität* der *Subjektivität* des Begriffs und seiner *Objektivität* und Allgemeinheit".[111] Als Vernunft hat der Geist somit "die Gewißheit, daß seine Bestimmungen ebensosehr gegenständlich, Bestimmungen des Wesens der Dinge, als seine eigenen Gedanken sind...".[112] Hierin besteht auch der eigentliche Schritt von der Idee, als *absoluter Substanz*, zum Geist, als der *wissenden Wahrheit*.[113]

Im Ablauf der Formen des subjektiven Geistes ist Hegel somit zu einer neuen Formulierung der Identitätsthese gelangt. Hier jedoch ist die Identität von Sein und Denken, von Objektivem und Subjektivem nicht mehr vorgegeben, sondern gewußt.

Die Vernunft, welche aus der Dialektik des subjektiven Geistes hervorging, übersteigt selbst den Bereich des subjektiven Geistes bei weitem. Denn der subjektive Geist als solcher ist beschränkt und endlich. Somit steht er überhaupt, nicht nur als Sinneserkenntnis und Verstand, auf dem Standpunkt des Realismus. Er befindet sich einer von ihm unabhängigen Wirklichkeit gegenüber, deren Inhalte er rein passiv aufnimmt.[114] Das Wissen um die Identität von Sein und Denken ist aber die höchste Vollkommenheit des Geistes überhaupt. Deshalb nennt N. Hartmann die Vernunft "das Durchbrechen des Absoluten im endlichen Verstande".[115]

4. *Der objektive Geist*

Die erste Stufe der Selbstverwirklichung des Geistes als solchen (gegenüber der Idee) war die der Subjektivität, oder waren – konkret – die einzelnen erkennenden und bewußten Individuen. Die Beschränkung und Endlichkeit des einzelnen erkennenden Subjekts erfordert den Fortschritt des Geistes auf eine überindividuelle Stufe. Die überindividuellen Formen des Geistes faßt Hegel unter dem Titel des *objektiven Geistes* zusammen.

Der objektive Geist ist nicht mehr die Seinsweise des einzelnen erkennenden Individuums, sondern er ist der Geist als "hervorzubringende

Wirklichkeit".[116] Diese Objektivität des Geistes bedeutet zunächst ein zweifaches Überschreiten des Individuellen: erstens geht es nicht mehr um den einzelnen geistigen *Akt* (des Erkennens oder Wollens), sondern um den *Inhalt* oder das *Produkt* solcher Akte; zweitens bedeutet die Objektivität des Geistes ein Überschreiten des Einzelnen in das *Gemeinschaftliche*: der Geist ist stets Geist einer Gruppe oder der Menschheit überhaupt.

Als gemeinschaftliche Wirklichkeit heißt der Geist bei Hegel *Volksgeist*.[117] In der *Philosophie des Geistes* von 1803/04 wird sogar alles, was den objektiven Geist betrifft, unter dem Titel 'Volksgeist' abgehandelt.[118] Er ist das allgemeine, den Einzelnen vorgegebene Milieu, "der Äther, der alle einzelnen Bewußtseine in sich verschlungen hat".[119] Obwohl er vom Leben der Einzelnen abhängig ist, hat er doch sein eigenes Leben. Er ist selbst den Einzelnen gegenüber "tätige Substanz" und "die erscheinende Mitte der Entgegengesetzten".[120] "Sein Leben ist Ein- und Ausatmen" ist eine der poetischen Ausdrucksweisen Hegels in diesem Zusammenhang.[121] Gemeint ist, daß der Volksgeist den Einzelnen gegenüber der eine Organismus ist, in dem diese als Selbständige 'verschlungen' sind, aber als seine Glieder Funktionen erfüllen und das Ganze tragen. Dieser Gedanke wird von Hegel explizit ausgesprochen.[122]

In der *Encyclopädie* heißt es, daß der eine Volksgeist sich in Personen vereinzelt, "von deren Selbständigkeit er die innere Macht und Notwendigkeit ist".[123] Die einzelne Person aber ist nicht einfaches Akzidenz, sondern sie weiß den Volksgeist als "ihr eigenes Wesen" und als "ihren absoluten Endzweck" und hat dadurch "in dieser Notwendigkeit sich selbst und ihre wirkliche Freiheit".[124]

Es ist ein besonderes Verdienst N. Hartmanns, Hegels Theorie des objektiven Geistes auf eine nicht nur für Hegelianer verständliche Weise dargestellt zu haben. Er beschreibt den objektiven Geist zunächst als "jenes allgemeine Etwas, das wir in Kultur, Sitte, Sprache, Denkformen, Vorurteilen, herrschenden Wertungen als überindividuelle und dennoch reale Macht kennen, gegen das der einzelne nahezu ... wehrlos dasteht, weil es sein eigenes Wesen ebenso durchdringt, trägt und prägt, wie das Wesen aller Anderen".[125]

In seiner allgemeinsten Form erscheint der objektive Geist als *Geschichte* der Menschheit. Das Substrat der Weltgeschichte ist der objektive Geist, und als solcher heißt er *Weltgeist*. Alle Geschichte ist Selbstverwirklichung

26

des Geistes und daher vernünftig. Aber alle Geschichte übersteigt das einzelne Individuum bei weitem. Denn dieses kann die Geschichte weder in ihrer Zeit umfassen, noch in ihrer Vernünftigkeit begreifen. In seiner Geschichte ist der Geist daher nur überindividuell zu begreifen.[126]

Eine andere allgemeine Erscheinungsform des objektiven Geistes ist das *Wissen der Menschheit.* Zu jedem Zeitpunkt befindet sich die Menschheit auf einem bestimmten Stand des Wissens. Auch die größten Genies können dieses Wissen nicht umfassen. Aber jedem gegenüber ist es der Maßstab, an dem der Einzelne sich lernend ausrichtet und den er vielleicht in einem bestimmten Punkt zu erweitern sucht.[127]

Aber nicht nur das allgemeine System des Menschheitswissens, sondern *Sprache, Verstand* und *Vernunft* überhaupt existieren bei Hegel nur als Formen des objektiven Geistes. Nur als solche sind sie letzlich begriffen. "Die Sprache ist nur als Sprache eines Volkes, ebenso Verstand und Vernunft", sagt Hegel.[128] Damit meint Hegel einerseits, daß sie dem Einzelnen gegenüber das Allgemeine sind, das "an sich Anerkannte, im Bewußtsein aller auf dieselbe Weise Widerhallende", welches "als ideelle Welt" in der Erziehung angeeignet bzw. übermittelt werden muß.[129] Andererseits besteht aber in der obigen Formulierung auch eine Beschränkung, denn sie nennt Sprache, Verstand und Vernunft nur Formen des Geistes *eines* Volkes, also jeweils einer bestimmten Gruppe der Menschheit. Sprechen und Denken sind also für Hegel jeweils an ein bestimmtes Volk gebunden.

Die eigentlichen und spezifischen Erscheinungsformen des Geistes als objektiven sind für Hegel die allgemeinen *Normen des Handelns,* wie sie in den konkreten Institutionen einer Kultur ihren Ausdruck finden. Er behandelt sie unter den Überschriften von *Recht, Moralität,* und *Sittlichkeit.* Sie sind die allgemeinen Normen, denen gemäß sich der Einzelne im Rechtsleben, in der Moral und überhaupt im gesellschaftlichen Leben zu verhalten hat. Besondere Bedeutung haben die drei Grundformen des gesellschaftlichen Lebens: *Familie, bürgerliche Gesellschaft,* und *Staat.*[130]

Aber auch hier – wie überhaupt in der Beziehung zwischen subjektivem und objektivem Geist – herrscht ein Verhältnis der Wechselwirkung. Nicht nur muß sich der Einzelne den existierenden Normen anpassen, sondern er muß die wirkliche Welt hervorbringen, in welcher diese Normen verwirklicht sind. Doch auch das tut der Einzelne nicht als Einzelner, sondern in der Gemeinschaft, als Funktion des objektiven Geistes.

Somit muß also der objektive Geist, oder der Geist des Volkes "sich ewig zum Werke werden".[131] Hier zeigt sich Hegels Lehre von der *Praxis*. G. R. G. Mure betrachtet diese als so wichtig für das Verständnis des objektiven Geistes, daß er den objektiven Geist überhaupt die Ebene der Praxis nennt.[132] Diese Identifizierung hat, auch wenn sie von Hegel nicht explizit ausgesprochen wird, einen echt hegelianischen Sinn. Denn in der Praxis geht es um die Verwirklichung einer, dem Einzelnen gegenüber objektiven, menschlichen Welt (Natur und Gesellschaft) durch den Menschen als gesellschaftliches Wesen.

Das praktische Verhalten (Handeln, Tun, Arbeit) gehört, wie das theoretische Erkennen, für Hegel zum Wesen des Geistes. Es ist eines der Unterscheidungsmerkmale gegenüber dem Tier: "Die Arbeit ist nicht ein *Instinkt*, sondern eine Vernünftigkeit. . ."[133] Es gehört zum Geist wie er in einzelnen Subjekten verwirklicht ist, denn Tätigkeit ist stets die eines Einzelnen. Aber es geht dabei nicht um den Einzelnen als Einzelnen, sondern als Gesellschaftswesen. Denn wenn auch der Einzelne zur Befriedigung seiner eigenen Bedürfnisse arbeitet, so ist er doch in seiner speziellen Geschicklichkeit unfähig, alle eigenen Bedürfnisse zu befriedigen. Andererseits bedürfen viele andere seiner speziellen Arbeit, wie sie selbst ihm durch ihre Arbeit nützen. So zeigt sich gerade in der Arbeit das Wesen des Geistes als Gesellschaft. Diesen Aspekt der Arbeit zeigt Hegel vor allem in der *Philosophie des Geistes* von 1803/04.[134] Auch später, in der *Phänomenologie des Geistes*, erscheint die Arbeit als Verhaltensweise eines Individuums oder Selbstbewußtseins zu anderen. Dort arbeitet der *Knecht* für den *Herrn*, welcher dadurch zum *Genuß* kommt.

Aber worin besteht eigentlich die Arbeit oder das praktische Verhalten? Um diese Frage mit Hegel zu beantworten, geht man am besten auf das Gegenteil der Praxis, auf das theoretische Erkennen zurück. Hegel beschreibt das theoretische Erkennen als das rein passive Verhalten des bestimmungslosen Subjekts. Wir haben bereits gesehen, daß Hegel einen Realismus des subjektiven Geistes als solchen vertritt. Das einzelne erkennende Subjekt nimmt die Inhalte der ihm äußerlichen Wirklichkeit rein passiv in sich auf. Es ist als solches ganz bestimmungslos und in 'leerer Allgemeinheit'. Gerade darin besteht sein theoretisches Verhalten. Das theoretische Erkennen kann als solches nicht zur Wahrheit kommen, denn in ihm ist das Subjekt bestimmungslos, unwirklich und daher dem Objekt unangemessen.[135]

28

Das Praktische steht bei Hegel nicht im Gegensatz zum Erkennen überhaupt, sondern nur zum theoretischen Erkennen. Auch das Handeln ist eine erkenntnismäßige Verhaltensweise.[136] Aber als handelndes ist das Subjekt eine bestimmte Wirklichkeit gegenüber der gegenständlichen Wirklichkeit. Es ist sogar darauf aus, die gegenständliche Wirklichkeit aufzuheben und seine eigene innere Bestimmtheit als äußere Wirklichkeit zu setzen.[137]

Ist die Vollkommenheit der Erkenntnis die Wahrheit, so ist das *Gute* die Vollkommenheit des Wollens oder des Handelns. Das Gute ist Eigenschaft des Subjekts als wirklichen und aktiven.[138] Das Gute ist für Hegel eine höhere Vollkommenheit, als die Wahrheit des *theoretischen* Erkennens. Die Praxis steht über der Theorie, "denn sie hat nicht nur die Würde des Allgemeinen, sondern auch des schlechthin Wirklichen".[139]

Worauf bezieht sich das Handeln oder Arbeiten? Was ist der Gegenstand der Praxis? Das handelnde Subjekt befindet sich einer, von ihm unabhängigen Wirklichkeit gegenüber. Diese Wirklichkeit hat, nach Hegel, zwei Aspekte für das handelnde Subjekt. Einerseits gilt sie ihm als "nichtig", als nur "Schein", als reine "Äußerlichkeit" und als solche möchte es sie "aufheben", sie neu "bestimmen" und "bilden", seine eigene Innerlichkeit als äußere Wirklichkeit setzen.[140] Vor allem möchte das handelnde Subjekt seine subjektiven Zwecke in der objektiven Wirklichkeit realisieren.[141] Andererseits aber hat die Wirklichkeit ihre Selbständigkeit, ihr Eigenleben und folgt ihren eigenen Gesetzen. Sie setzt dem Arbeitenden Widerstand entgegen und stellt ihn oft sogar vor die Unmöglichkeit, seine Zwecke zu verwirklichen.[142] Somit wird die Wirklichkeit für Hegel "eine *entzwei gebrochene Wirklichkeit*, welche nur einerseits an sich nichtig, andererseits aber auch eine geheiligte *Welt* ist...".[143]

Dieser doppelte Aspekt der Wirklichkeit überträgt sich auch auf das arbeitende Subjekt oder Selbstbewußtsein. Einerseits findet es in der Arbeit zu sich selbst, weil es darin eine wirkliche Einheit zwischen Subjekt und Objekt schafft, indem es die Wirklichkeit aufhebt und nach seinen eigenen Zwecken bestimmt und umformt. Andererseits verliert er sich selbst in der Arbeit und wird zum *unglücklichen Selbstbewußtsein*, indem es aus seiner Subjektivität herausgeht, sich *vergegenständlicht* und selbst zur äußerlichen Wirklichkeit wird.[144]

Es muß beiläufig bemerkt werden, daß weder die Praxis, von der hier die Rede ist, für Hegel nur oder speziell *geistige Tätigkeit* wäre, noch die Wirklichkeit, als Gegenstand der Praxis, nur oder speziell *geistige Wirklichkeit*. Im Gegenteil scheint es so, als gehe es Hegel hier – nicht nur, aber besonders – um konkretes Einwirken auf eine konkrete Wirklichkeit und speziell auch auf die Natur. Diesen Eindruck erhält man sowohl in der *Phänomenologie*, in den Kapiteln über *Herr und Knecht* und über das *unglückliche Selbstbewußtsein*, als auch vor allem in der *Philosophie des Geistes* von 1803/04. Dort untersucht Hegel die Arbeit in ihrer gesellschaftlich-ökonomischen Bedeutung und beschreibt die Probleme welche durch Werkzeug und Maschine in die menschliche Arbeit kommen.[145] Allerdings betont Hegel auch, daß die Natur ohne den handelnden Menschen ein reines Ansich ist "gegen das Tun, worin sie erst ihre Realität hat...".[146] Die wirkliche Natur hängt also immer mit dem Menschen zusammen, der auf sie einwirkt.

Wir haben gesehen, daß das menschliche Handeln, welches zunächst das Aneignen der Wirklichkeit ist, sich dann als die Vergegenständlichung des Subjekts in der Wirklichkeit zeigt. Aber das Handeln, welches zur Vergegenständlichung des Subjekts führt, ist das vom Erkennen getrennte Handeln, die Praxis ohne Theorie. Dieser Gegensatz von Theorie und Praxis, von Wahrheit und Gutsein muß aufgehoben werden. "Die Idee des Guten kann daher ihre Ergänzung allein in der Idee des Wahren finden."[147] In der *Logik* beschreibt Hegel, wie sich aus der "Idee des Handelns" selbst die Bestimmungen ergeben, welche die Synthese von Theorie und Praxis ermöglichen. Hegel nennt diesen Weg zur Synthese den "Schluß des Handelns".[148]

Die Synthese zwischen Theorie und Praxis ist die *absolute Idee*, oder konkret der *absolute Geist*. Darin ist "das Erkennen hergestellt, und mit der praktischen Idee vereinigt...".[149] Die Idee, welche sich so bestimmt hat, ist der Geist, der als denkender wirkt und als wirkender denkt. Oder es ist "die objektive Welt, deren innerer Grund und wirkliches Bestehen der Begriff ist".[150]

Wir haben gesehen, daß die Praxis eine Erscheinungsform des *objektiven Geistes* ist; oder besser, daß der objektive Geist sich durch die Praxis verwirklicht. Gegenüber dem subjektiven Geist, dem Geist in der Immanenz des einzelnen Individuums, steht der objektive Geist als übersubjektive und dadurch bewußtlose Wirklichkeit. Die Auflösung und Synthese auch dieses Gegensatzes ist der *absolute Geist*.

5. *Der absolute Geist*

a. *Allgemeines*

Was allgemein über die Idee, das Leben und den Geist gesagt wurde, gilt in besonderer Weise vom Absoluten. Denn wie bereits im ersten Abschnitt dieses Kapitels angedeutet wurde, ist die Entwicklung der Idee letztlich die Selbstverwirklichung des Absoluten. Hegels Namen für das Absolute sind: absolute Idee, absolutes Wissen, Vernunft, absoluter Geist, Gott.

Das Absolute ist der innere, sich selbst verwirklichende *Zweck* der Entwicklung aller Wirklichkeit. Im Absoluten sind alle *Widersprüche* überwunden. Das Absolute ist das *Allgemeinste* und zugleich *Konkreteste*. Das Absolute ist das *Unendliche* in allem *Endlichen*. Die Eigenschaften der Idee bzw. des Lebens sind somit in höchstem Maße auch Eigenschaften des Absoluten.

Die Idee ist schon ursprünglich die Einheit von Denken und Sein. Daran liegt es, daß für Hegel alles Wirkliche vernünftig und alles Vernünftige wirklich ist.[151] Als Vernunft wirkt so das Absolute in der Entwicklung der Wirklichkeit. Aber diese Einheit von Wirklichem und Vernünftigem findet sich nicht in jedem Einzelnen; nicht jedes Existierende ist dadurch, daß es existiert, schon Ausdruck des Absoluten. Das Absolute zeigt sich nur in den großen Linien der Entwicklung und Geschichte. Das Einzelne als solches ist nur Schein, nicht Wirklichkeit, und hat daher nicht an der Vernunft teil.[152]

Das Absolute ist vor allem *Geist*.[153] Im Geist kommt die Idee zu ihrem Fürsichsein. Die ursprüngliche Einheit von Denken und Sein, von Subjektivem und Objektivem wird hier gewußt. Das Absolute verwirklicht sich in den verschiedenen Stufen der Entwicklung des Geistes als subjektiven und objektiven.

Aber das Absolute ist ganz besonders das vollkommene *Resultat* der Entwicklung des Geistes. Wir haben gesehen, wie sich in der Entwicklung des Geistes Gegensätze zeigen; subjektives Bewußtsein und Theorie einerseits, objektive Wirklichkeit und vergegenständlichte Praxis andererseits ließen sich nicht vereinen. Im absoluten Geist sind diese Gegensätze aufgehoben: er ist *Bewußtsein*, aber kein subjektives, einzelnes, sondern *allgemeines*; er ist *Denken*, aber indem er denkt, *wirkt* er auch.

Worin sieht nun Hegel diesen absoluten Geist in der Wirklichkeit? Der absolute Geist lebt in *Kunst, Religion,* und *Philosophie*. Die höchste Vollkommenheit erreicht der absolute Geist in der Philosophie. Diese stellt in ihren verschiedenen Formen die höchste Entwicklung des einen Menschheitswissens in der Geschichte dar.[154] Wir können somit den absoluten Geist vorläufig mit dem vollkommensten Menschheitswissen identifizieren.

Man kann die Frage stellen, ob es sich im absoluten Geist um *einen* Geist, oder um eine Vielzahl von geistigen Wesen handelt. Denn auch unsere vorläufige Definition des absoluten Geistes als Menschheitswissen läßt diese Frage offen, sind es doch viele Menschen, deren Kenntnisse das Menschheitswissen ausmachen.

Wir haben bereits darauf hingewiesen[155], daß es für Hegel der *eine* Geist ist, welcher sich in den verschiedenen Formen des subjektiven und objektiven Geistes verwirklicht. Dieser eine Geist ist eben letztlich der absolute Geist. Aber sind es nicht doch die einzelnen Individuen, welche erkennen und denken und dadurch den einen Geist konstituieren? Die Beantwortung dieser Frage ist wesentlich, um zu wissen, ob es für Hegel nur ein einziges gnoseologisches Subjekt gibt, welches der alleinige Träger der Wahrheit wäre.

Für den konsequenten Idealismus, welcher von der ursprünglichen Einheit von Denken und Sein ausgeht, kann es nur *ein* erkennendes Subjekt geben.[156] Kant gegenüber, der noch eine vom Denken unabhängige Wirklichkeit gelten ließ, hat der konsequente Idealismus alles Wirkliche auf Gedankliches reduziert. Das Denken eines denkenden Subjekts ist damit Schöpfer und konstitutiver Grund aller Wirklichkeit. Denn für dieses Denken ist jede Wirklichkeit, deren es gewahr wird, sein Gedankeninhalt. Alles andere ist entweder noch nicht gedacht und damit noch nicht wirklich, oder überhaupt undenkbar und damit unmöglich. Auch andere denkende Subjekte sind für dies eine denkende Subjekt entweder seine eigenen Gedanken oder nichts.[157]

Gibt es also für den konsequenten Idealismus nur ein erkennendes Subjekt, so stellt sich nun die Frage, wie dieses Subjekt näher bestimmt oder identifiziert werden kann. V. I. Kuiper nennt die folgenden drei Möglichkeiten: das einzige erkennende Subjekt ist entweder das *empirische Ich*, oder *Gott*, oder das *transzendentale Subjekt*.[158] Der erste Standpunkt führt zum primitiven Solipsismus, der zweite zum radikalen Pantheismus. Dagegen wäre das transzendentale Subjekt das eine, aber überindividuelle Denken, das in jedem einzelnen Denken wirkt, und auch nur als solches ist. Bei diesem letzteren Standpunkt ist die Reduktion des Seins auf das

32

Denken am radikalsten, denn das eine Subjekt, welches alles Wirkliche begründet, wird nicht mehr mit einem bestimmten Seienden identifiziert, sondern ist selbst nur noch ein Bündel, oder System gedanklicher Relationen.

Untersucht man, welche der genannten Alternativen für Hegel zutrifft, so sieht man, daß er sich für die dritte entscheidet. Denn der eine Geist, das einzige Subjekt, ist für ihn überindividuelle Wirklichkeit, welche sich im Denken der Einzelnen verwirklicht. Wir haben das Verhältnis zwischen dem einen Geist und den einzelnen Individuen bereits im Zusammenhang mit dem objektiven Geist untersucht. Dort hieß es, daß der eine Geist sich in Personen "vereinzelt", deren "innere Macht und Notwendigkeit" und deren "absoluter Endzweck" er ist.[159]

Tatsächlich ist der absolute Geist für Hegel nichts anderes als der objektive Geist in seinem *Fürsichsein*, oder als *allgemeines* und *absolutes Bewußtsein*.[160] Das absolute Bewußtsein ist "die allgemeine Einheit und absolute Mitte" der Einzelnen, worin diese aufgehoben sind. Aber in diesem Aufgehobensein sind sie "für sie selbst".[161] Das absolute Bewußtsein erfährt seinen Gegenstand als sich selbst und kann als solches "reales Bewußtsein" sein [162]

N. Hartmann hat sich besonders darum bemüht, das Verhältnis des absoluten Geistes zum subjektiven und objektiven Geist zu klären. Für ihn steht fest: "Auch der absolute Geist ist durchaus objektiver Geist."[163] Doch kommt im absoluten Geist das Fürsichsein dessen, was der objektive Geist an sich ist, hinzu. "Das ist sein konkretes, anschauliches Wissen seiner selbst."[164]

Ist der absolute Geist somit Wissen seiner selbst, so ist er doch gleichzeitig geschichtliche Wirklichkeit. "Darum auch sind Kunst, Religion und Philosophie selbst wiederum geschichtlich reale Mächte und haben ihren Werdegang in der Zeit. ... In seiner Geschichte erweist sich der absolute Geist als gleichfalls objektiver Geist."[165]

N. Hartmann erklärt auch, wie der absolute Geist die einzelnen erkennenden Subjekte bei weitem übersteigt und dennoch nur im Menschen, als menschliches Bewußtsein existiert.[166]

Wir können jetzt die oben vorläufig gegebene Definition ergänzen. Der absolute Geist ist das *allgemeine Bewußtsein*. Er ist das eine, sich geschichtlich entwickelnde *Menschheitswissen*, zu dem jedes einzelne Erkennen beiträgt und an dem es teilhat. Er ist nicht nur theoretisches, sondern *wirkendes*, Natur und Gesellschaft bestimmendes Wissen. In ihm ist der Gegensatz von Subjektivem und Objektivem aufgehoben. Er zeigt sich in Kunst, Religion und Philosophie. Er ist ein *System* von Gedanken-inhalten und vor allem in seiner höchsten Form, der Philosophie, *Wissenschaft*. Er ist die *Wahrheit* von allem und entwickelt sich zur absoluten Wahrheit.

b. *Wahrheit*

Hegel sagt, das Absolute oder Gott sei allein die Wahrheit.[167] Aber wie das Absolute sich durch alle Stufen des Wirklichen hindurch realisiert, so auch die Wahrheit. Man findet daher das Wort 'Wahrheit' in allen möglichen Zusammenhängen der Hegelschen Philosophie. Gegenüber dem Schein, dem Vorläufigen, bedeutet es zunächst ganz allgemein das Wirkliche, das Beständige, oder das was sich in der Entwicklung durchsetzt.

Hegel unterscheidet den 'philosophischen' scharf vom 'gewöhnlichen' Wahrheitsbegriff. Während gewöhnlich unter Wahrheit die "Übereinstimmung eines Gegenstandes mit unserer Vorstellung" verstanden wird, geht es in der Philosophie um die 'Übereinstimmung eines Inhalts mit sich selbst".[168] Genauer handelt es sich darum, daß etwas Seiendes wahr genannt wird, wenn es so ist wie es 'an und für sich' sein sollte, oder wenn es seinem 'Begriff' entspricht. So verweist Hegel in diesem Zusammenhang auf den "wahren Freund" und das "wahre Kunstwerk".[169]

Wahrheit ist dann die Verwirklichung eines Wertes und ist somit in dieser allgemeinen Bedeutung mit Gutsein identisch. "Unwahr heißt dann so viel als schlecht, in sich selbst unangemessen ... und das Schlechte und Unwahre überhaupt besteht in dem Widerspruch, der zwischen der Bestimmung oder dem Begriff und der Existenz eines Gegenstandes stattfindet."[170]

Die Wahrheit in der gewöhnlichen Vorstellung bezeichnet Hegel als *Richtigkeit*. Sie bezieht sich nur auf das subjektive Erkennen von äußeren Objekten. Eine solche Erkenntnis kann für Hegel zugleich richtig und unwahr sein. Dagegen gehört die eigentliche Wahrheit zur Idee als solchen.[171] Hegels Wahrheitsbegriff ist damit grundsätzlich *ontologisch*. Er bezieht sich auf die Wirklichkeit überhaupt, insofern sich die eine Idee in ihr verwirklicht.

Wie in der Idee, so gibt es auch in der Wahrheit für Hegel Grade der Entwicklung und Vollkommenheit. Je vollkommener die Idee, desto größer ist auch ihre Wahrheit. Deshalb ist vor allem der erkennende Geist, in allen Stufen seiner Entwicklung, Träger von Wahrheit. Diese *logische* Wahrheit bildet keinen Gegensatz gegenüber der ontologischen, denn der Geist ist ja selbst eine Daseinsweise der Idee. Auch hier geht es Hegel nicht um Abbildung, bloße Richtigkeit, sondern daß der Geist sich so verwirkliche, daß er seinem Ideal, letztlich dem absoluten Geist entspricht.

Der Geist kommt also in allen Stufen seiner Verwirklichung zur Wahrheit. Dabei erscheint die höhere Stufe jeweils als die Wahrheit der niedrigeren. Z.B. hat für Hegel auch die Sinneserkenntnis in ihrer niedrigsten Form, der *sinnlichen Gewißheit*, ihre Wahrheit.[172] Doch gegenüber der *Wahrnehmung* ist die sinnliche Gewißheit unwahr; die Wahrnehmung ist die Wahrheit der sinnlichen Gewißheit.[173] Aber die *geistige Erkenntnis*, die "übersinnliche Welt" ist über aller Sinnlichkeit die "wahre Welt".[174] Insbesondere kommt darüber hinaus dem *theoretischen Erkennen*, dem Wissen, die Wahrheit zu.[175] Aber auch das theoretische Erkennen, welches Hegel mit subjektivem Erkennen gleichsetzt, kommt nicht zur endgültigen Wahrheit. Das Theoretische geht in das *Praktische* und in die Formen des *objektiven Geistes* über.[176] Und letzlich kommt nur dem *Absoluten* die Wahrheit zu.[177]

Die Entwicklung der einen Wahrheit durch die verschiedenen Stufen des Geistes zeigt gut, warum für Hegel die Wahrheit selbst ein *Prozeß* ist. Die Wahrheit ist eine Eigenschaft der Idee, aber die "Idee ist wesentlich Prozeß".[178] Hegel sagt, daß gerade dieser Prozeß, diese dialektische Bewegung, die Wahrheit der Idee oder des Geistes ausmacht. In dieser Bewegung hat auch das Negative und Verschwindende seine Wahrheit, das "was das Falsche genannt werden würde".[179] Hegel meint damit, daß sich im allgemeinen dialektischen Werden die eine Wahrheit immer weiter entwickle.[180]

Die Wahrheit ist Prozeß und entwickelt sich zu immer größerer Vollkommenheit. Wenn die Wahrheit Stufen zuläßt, dann muß sie grundsätzlich in *relative* oder *endliche* und *absolute* oder *unendliche* eingeteilt werden. Oft spricht Hegel von dem endlichen Erkennen, z.B. des Verstandes, welchem nur endliche Wahrheit zukommt. Die Wahrheit ist in sich unendlich.[181] In ihrer größten Vollkommenheit kommt sie nur dem Absoluten zu, ist sie absolute Wahrheit. In diesem Sinn sagt Hegel, das Absolute sei wesentlich *Resultat* und erst am Ende das, was es in Wahrheit ist.[182]

Die Idee, der Geist und das Erkennen entwickeln sich nicht nur nach 'oben', sondern auch in die 'Breite'. Sie entwickeln sich zu einer Vielfalt von Bestimmungen oder Gedanken, von denen die einen die andern dialektisch aufheben. Eine Gedanke, in dem andere aufgehoben sind, heißt bei Hegel 'Begriff' und ist 'konkret'. *Konkretheit* bedeutet also den dialektischen Zusammenhang, *Abstraktheit* bedeutet Isoliertsein. Für Hegel ist die Wahrheit notwendig *konkret*. *Abstraktes* Erkennen ist falsches Erkennen.[183] In diesem Sinn ist Hegels Wort zu verstehen: "Das Wahre ist das Ganze."[184] Dabei ist das Ganze eben nicht nur das Resultat der Entwicklung, sondern das Resultat "zusammen mit seinem Werden".[185]

Was hier allgemein über die Wahrheit als Prozeß und als konkrete gesagt wurde, gilt besonders von der Wahrheit des absoluten Geistes, d.h. des Menschheitswissens, vor allem in seiner höchsten Form, der Philosophie. Die Konkretheit der Wahrheit zeigt sich hier darin, daß das Menschheitswissen notwendig *Systemcharakter* hat, *Wissenschaft* sein muß, um wahr zu sein.[186]

Das Menschheitswissen als System entfaltet sich in der Geschichte, es ist nur *ein* System, dessen Teile sich ständig modifizieren. Das zeigt Hegel am Beispiel der Geschichte der Philosophie, worin "nur eine Philosophie auf verschiedenen Ausbildungsstufen" auftrete. Die besonderen Philosophien seien *"nur Zweige eines und desselben Ganzen"*. "Die der Zeit nach letzte Philosophie ist das Resultat aller vorhergehenden Philosophien und muß daher die Prinzipien aller enthalten; sie ist darum ... die entfalteste, reichste und konkreteste."[187]

Hier stellt sich die Frage, worin die Wahrheit einer *einzelnen* Erkenntnis, Aussage, Theorie oder Philosophie besteht und wie man diese entscheidet? Sicher besteht die Wahrheit für Hegel nie in der Übereinstimmung eines subjektiven Gedankens mit der objektiven Wirklichkeit. Denn obwohl das einzelne erkennende Subjekt äußere Gegenstände als Erkenntnisobjekt hat, so ist es doch letztlich der eine allgemeine Geist, der in den einzelnen denkt. Für diesen aber gibt es nichts was nicht gedanklich ist, und zum System seiner Denkbestimmungen gehört.[188]

Daher kann die Wahrheit einer Erkenntnis, Theorie usw. nur im *Zusammenhang mit dem Ganzen* bestehen und nur durch diesen Zusammenhang entschieden werden. Das Ganze ist das System des Menschheitswissens in seiner Geschichte. Eine Erkenntnis ist dann wahr, wenn sie einen Platz hat im System und eine Stufe in der Entwicklung des Geistes zu seiner höchsten Vollkommenheit ist. Ein Gedanke ist falsch, wenn er nicht in den Zusammenhang des Systems paßt (Widersprüche hervorruft, die sich nicht auflösen) und in der Entwicklung des Geistes überholt ist. Man kann daher sagen, daß es für Hegel letztlich nur formale Wahrheit, Wahrheit als *Kohärenz* gibt.[189]

c. *Gottesbegriff*

Wir haben bereits erwähnt, daß Hegel das Absolute auch 'Gott' nennt. Doch was wir bisher über das Absolute bei Hegel gesagt haben, scheint sich schlecht mit einem christlichen Gottesbegriff zu vertragen. Wir wollen diese Frage abschließend kurz untersuchen, denn hier kommt es später zu Interpretationsfragen, die für die Beurteilung Hegels bei den 'Klassikern' und im sowjetischen Diamat Bedeutung haben.

Eine der sorgfältigsten Analysen des Hegelschen Gottesbegriffes hat F. Grégoire unternommen, und wir schließen uns im folgenden seiner Untersuchung an.[190] Der Autor formuliert fünf hypotetische Definitionen des Absoluten bei Hegel. Indem er die ersten drei an Hegelschen Texten prüft und ausschließt, kommt er in der vierten und fünften Hypothese zu möglichen Definitionen. Darin ist das Absolute "wirklicher und tendenzieller Mittelpunkt, ohne Selbstbewußtsein", bzw. "Geistigkeit, welche sich nur in der Art endlicher Geister verwirklicht".[191]

Die abschließende Erklärung des Hegelschen Gottesbegriffes bei Grégoire lautet: "Gott . . . ist die Gesamtheit der endlichen Geister, oder besser ihr System, d.h. die Geister, wie sie in verschiedenen, dialektisch untereinander verbundenen Religionen und Philosophien geordnet sind."[192] Der Gottesbegriff der christlichen Tradition(en) paßt auf jeden Fall nicht in den Zusammenhang der Hegelschen Philosophie.

Wir können daher abschließend auf unsere ursprüngliche Definition zurückkommen, die sich inzwischen weiter geklärt hat. Der absolute Geist ist der eine Geist, wie er in den einzelnen endlichen Geistern wirken muß. Er ist das System des Menschheitswissens und vor allem der Philosophie, wie es sich in der Geschichte zur höchsten Vollkommenheit entwickelt. Er ist die eine unendliche Wahrheit, in der alle Widersprüche aufgehoben sind.

D. ZUSAMMENFASSUNG

Im folgenden wollen wir die wichtigsten Gedanken der Hegelschen Philosophie, wie wir sie oben dargestellt haben, kurz und stichwortartig zusammenfassen:

(1) Ausgangspunkt: Identität von Denken und Sein: *Idee*.

(2) Ursprüngliche Identität: Idee in ihrem *Ansichsein*: allgemeine Substanz, Möglichkeit, Abstraktheit, Unwahrheit, Einfachheit, Keim, Anlage.

(3) *Dynamik* der Idee: die Idee verwirklicht sich selbst.

(4) *Dialektik* als Gesetz der Idee: das Wesentliche ist die *dialektische Negation*. Negation der Negation. Sprunghaftes Entstehen neuer Qualitäten. Ansich–Dasein–Fürsichsein. Radikaler allgemeiner *Relationalismus*.

(5) *Möglichkeit* ist stets *reale* Möglichkeit. Reine Möglichkeit und einen sie transzendierenden Akt gibt es nicht.

(6) Alles entwickelt sich nach einem *inneren Zweck*, der sich selbst seine Mittel schafft und seine Vollendung erreicht.

(7) Zum Relationalismus gehört der Gedanke des allgemeinen, immer wieder aufzulösenden *Widerspruchs*.

(8) Die Dialektik ist das *objektive* Entwicklungsgesetz der Idee.

(9) Die *Metaphysik* oder Verstandesmetaphysik steht im Gegensatz zur *Dialektik*.

(10) Die Idee geht in ihr Anderssein, die *Natur* über. Aus der Natur geht das *Leben* hervor. Das Leben ist die direkte Vorstufe des *Geistes*.

(11) Das *Allgemeine* ist das lebendige Ganze, welches in seinen Gliedern wirkt. Das Bild der Allgemeinheit ist der *Organismus*. Das wahre Allgemeine ist *konkret*.

(12) Das *Unendliche* ist nur zusammen mit dem *Endlichen*. Es besteht in den Beziehungen der Endlichen aufeinander und aufs Ganze.

(13) Der *Geist* ist das Fürsichsein der Idee. Er ist die Vollendung der Selbstverwirklichung der Idee.

(14) Es gibt nur *einen* Geist. Der kategoriale Monismus ist zugleich existentieller.

(15) Der Geist verwirklicht sich in *Erkennen* und *Wollen*.

(16) Die *Erkenntnistheorie* ist nicht *Erkenntniskritik*, nicht *Erkenntnispsychologie*, nicht *Erkenntnismetaphysik* im traditionellen Sinne, sondern *Geschichtsschreibung des Denkens*. Daher die Einheit des Logischen und Historischen.

(17) Der *subjektive Geist*: die Erkenntnisformen des einzelnen Subjekts sind Empfindung, sinnliches Bewußtsein oder sinnliche Anschauung,

38

Wahrnehmung oder Vorstellung, Verstand. In all diesen Formen denkt das Subjekt ein ihm äußerliches Objekt. Die Einheit von Subjekt und Objekt, und damit die Erkenntnis, ist hier nicht vollkommen.

(18) Der *objektive Geist* ist ein dem Einzelnen vorgegebener *Inhalt*, den die Einzelnen zugleich in der *Gemeinschaft* tragen und hervorbringen.

(19) In *Praxis, Handeln* oder *Arbeit* ist der Mensch bestrebt, die objektive Welt nach seinen Zielen umzuformen und als objektive aufzuheben. Das führt zur Verdinglichung und zum Unglück des arbeitenden Menschen. Die Praxis ist keineswegs nur geistige Tätigkeit.

(20) Der *absolute Geist* ist die Einheit von Subjektivem und Objektivem, von Theorie und Praxis. Er ist der eine Geist als allgemeines Bewußtsein. Er ist das Menschheitswissen, vor allem in dessen höchster Form, der Philosophie.

(21) Als Menschheitswissen ist der absolute Geist die höchste, unendliche und absolute *Wahrheit*. Aber so wie das Menschheitswissen selbst, entwickelt sich die Wahrheit als Prozeß und ist auf jeder Stufe des Prozesses nur relativ. In der Vielfalt ihrer Bestimmungen ist sie notwendig konkrete Wahrheit, System oder Wissenschaft.

(22) Der absolute Geist ist *Gott*. Aber Gott ist das konkrete Allgemeine, das Unendliche in den Endlichen. Er ist nur allgemeines Bewußtsein und verwirklicht sich mit Notwendigkeit in den endlichen Geistern. Er ist nicht der Gott des Christentums, sondern das Menschheitswissen in seiner höchsten Form.

ANMERKUNGEN

[1] Z.B.: G. W. F. Hegel, *Wissenschaft der Logik I* (Werke, Bd. III; Lasson), Leipzig 1932 (im folgenden: *Logik I*), S. 38; *Wissenschaft der Logik II* (Werke, Bd. IV; Lasson), Leipzig 1934 (im folgenden: *Logik II*), S. 493.
[2] H. A. Meyers, *The Spinoza-Hegel Paradox*, Cornell U.P. 1944, S. VIII: "After carefully weighing each case, I have come to the conclusion that the connection between Hegel and Spinoza is closer and more important to the history of philosophy than the connection between Hegel and Kant."
[3] Zu Hegels Stellung gegenüber Kant vgl. V. M. Kuiper, *Hegels Denken. Die Erhebung zum spekulativen Standpunkt*. Rom 1931, v.a. SS. 55–79.
[4] G. W. F. Hegel, *Vorlesungen über die Geschichte der Philosophie III* (Michelet), Berlin 1844, S. 500 und S. 550.
[5] Hegels Kritik an Fichte, z.B.: *Logik I*, S.28 und SS. 60ff.
[6] Über die Idee als Einheit von Denken und Sein, Subjekt und Objekt, siehe z.B.: *Logik II*, SS. 408–409: "Indem sich aber das Resultat ergeben hat, daß die Idee die Einheit des Begriffs und der Objektivität, das Wahre, ist, so ist sie nicht nur als ein *Ziel* zu betrachten, dem sich unzunähern sei, das aber selbst immer eine Art von

Jenseits bleibe, sondern daß alles Wirkliche nur insofern ist, als es die Idee in sich hat, und sie ausdrückt. Der Gegenstand, die objektive und subjektive Welt, überhaupt *sollen* mit der Idee nicht nur *congruiren*, sondern sie sind selbst die Congruenz des Begriffs und der Realität; diejenige Realität, welche dem Begriffe nicht entspricht, ist bloße *Erscheinung*, das Subjektive, Zufällige, Willkürliche, das nicht die Wahrheit ist." – *Encyclopädie der Philosophischen Wissenschaften* (Werke, Bd. V; Lasson), Leipzig 1930 (im folgenden: *Encyclopädie*), Par. 214, S. 191: "Die Idee kann als die *Vernunft*..., ferner als das Subjekt-Objekt, als die *Einheit des Ideellen und Reellen*, des *Endlichen und Unendlichen*, der *Seele und des Leibes*, als die *Möglichkeit, die ihre Wirklichkeit an ihr selbst hat*, als das, dessen *Natur nur* als *existierend begriffen* werden kann usf. gefaßt werden..." – Vgl. G. Lasson, 'Einleitung' zu Hegels *Encyclopädie der Philosophischen Wissenschaften*, in *Encyclopädie*, S. XXIV: "... Das Sein des Denkens oder das Denken des Seins, diese uranfängliche Identität, die Grundlage für das gesamte Leben des Bewußtseins, bildet den größten Fortschritt des Gedankens über den Kantischen Dualismus und den Fichteschen Subjektivismus hinaus. Die Versöhnung zwischen der Subjektivität und der Objektivität ... ist hier im Prinzip und an sich bereits gegeben." – Vgl. auch *ibid.*, S. XXIX.

[7] Wie früh bereits dieser Plan der Selbstverwirklichung der Idee und das daraus folgende Systemprogramm von Hegel gefaßt wurde, untersucht Nikolai Hartmann, *Die Philosophie des deutschen Idealismus*, Teil II: *Hegel*, Berlin 1929, SS. 63–64.

[8] G. W. F. Hegel, *System und Geschichte der Philosophie* (Werke Bd. XVa; Lasson), Leipzig 1940 (im folgenden: *Geschichte*), S. 101.

[9] *Ibid.*, SS. 101–102: "Was uns bei der Entwicklung sogleich entgegentritt, ist, daß etwas vorhanden sein muß, das entwickelt wird, also ein Eingehülltes, – der Keim, die Anlage, das Vermögen, es ist das, was Aristoteles dynamis nennt, d.i. Möglichkeit (aber die reale Möglichkeit, nicht so eine oberflächliche Möglichkeit überhaupt), oder, wie es genannt wird, das Ansich, das, was an sich ist und nur erst so. – Von dem, was an sich ist, hat man gewöhnlich die hohe Meinung, daß es das Wahrhafte sei. ... Aber was an sich ist, ist noch nicht das Wahre, sondern das Abstrakte; es ist der Keim des Wahrhaften, die Anlage, das Ansichsein des Wahren. Es ist ein Einfaches, das zwar die Qualitäten von Vielem in sich enthält, aber in der Form der Einfachheit, – ein Inhalt, der noch eingehüllt ist."

[10] Möglichkeit und Wirklichkeit: B.2.a., Konkret – abstrakt: *ibid.* und C.5, Wahrheit: C.5.b, Entwicklung: B.2.

[11] *Encyclopädie*, Par. 213, S. 191.

[12] *Logik I*, S. 31, sagt Hegel, die Logik, als die Wissenschaft von der Idee in ihrem Ansichsein, sei "die Darstellung Gottes wie er in seiner ewigen Wesenheit vor der Erschaffung der Natur und des endlichen Geistes sei". – Selbst in diesem bekannten Text ist sichtlich nicht an ein zeitliches 'Vorher' gedacht, wofür auch 'ewige Wesenheit' spricht. Im übrigen ist der Ausdruck 'Gott' überall bei Hegel in einem sehr speziellen Sinn gebraucht (vgl. unten, C.5).

[13] Über die logischen Wesenheiten oder Kategorien und ihr Verhältnis zum Konkret-Zeitlichen, siehe z.B. Franz Grégoire, *Aux sources de la pensée de Marx. Hegel, Feuerbach*, Louvain-Paris 1947, v.a. SS. 41 und 51–54.

[14] *Logik I*, S. 100.

[15] Zur dialektischen Negation: *Logik I*, SS. 35–36. – *Logik II*, SS. 494–495: "Das Unmittelbare ist nach dieser negativen Seite in dem Andern *untergegangen*, aber das Andere ist wesentlich nicht das *leere Negative*, das *Nichts*, das als das gewöhnliche Resultat der Dialektik genommen wird, sondern es ist das *Andere des Ersten*, das *Negative*

des *Unmittelbaren*; also ist es bestimmt als das *Vermittelte*, – *enthält* überhaupt die *Bestimmung des Ersten* in sich. Das Erste ist somit wesentlich auch im Andern *aufbewahrt* und *erhalten*. – Das Positive in seinem Negativen ... im Resultate festzuhal:en, dies ist das Wichtigste im vernünftigen Erkennen...."

[16] Zur Negation der Negation: *Logik II*, SS. 496–497: "Das zweite Negative, das Negative des Negativen, zu dem wir gekommen, ist jenes Aufheben des Widerspruches, aber ist so wenig als der Widerspruch ein Tun *einer äußerlichen Reflexion*, sondern das *innerste, objektivste Moment* des Lebens und Geistes...." – Vgl. auch: G. W. Cunningham, *Thought and Reality in Hegel's System*, New York 1910, S. 34: "Simple relation to another is, for Hegel, negation: in so far as an object refers beyond itself it involves negation. From this it follows that everything involves negation, that is, every finite object. ... The particular points beyond itself for its explanation and completion, it finds its 'truth' in the other – ... Its other, however, ... is in its turn abstract and leads on to *its* other for its determination; and so the process goes on. Reference beyond self, negation, is thus the power that keeps in motion the machinery of the dialectic."

[17] Z.B. *Geschichte*, S. 97. Spezifisch wird 'Begriff' auch bei Hegel als die konkrete Form des Geistes in der Erkenntnis gebraucht.

[18] Zum Übergang quantitativer Veränderungen in qualitative: G. W. F. Hegel, *Phänomenologie des Geistes* (Werke, Bd. II; Lasson), Leipzig 1928 (im folgenden: *Phänomenologie*), SS. 15–16: "Aber wie beim Kinde nach langer stiller Ernährung der erste Atemzug jene Allmählichkeit des nur vermehrenden Fortgangs abbricht – ein qualitativer Sprung, – und jetzt das Kind geboren ist, so reift der sich bildende Geist langsam und stille der neuen Gestalt entgegen, löst ein Teilchen des Baues seiner vorhergehenden *Welt* nach dem andern auf, ihr Wanken wird nur durch einzelne Symptome angedeutet. ... Dies allmähliche Zerbröckeln, das die Physiognomie des Ganzen nicht veränderte, wird durch den Aufgang unterbrochen, der, ein Blitz, in einem Male das Gebilde der Neuen Welt hinstellt." – *Logik I*, S. 345 und S. 380.

[19] *Geschichte*, S. 103: "Das Zweite ist, daß das Ansich, das Einfache, Eingehüllte sich entwickele, sich entfalte. Sich entwickeln heißt: sich setzen, in die Existenz treten, als ein Unterschiedenes sein. Zunächst ist es nur an sich unterschieden und existiert nur in dieser Einfachheit oder Neutralität. ... Das Zweite ist also, daß es Dasein erhält in Beziehung auf andere Dinge, daß es als Unterschiedenes existiert. Es ist ein und dasselbe Ding oder vielmehr ein und derselbe Inhalt, ob er an sich..., oder ob er entfaltet ist. ... Es ist nur ein Unterschied der Form, – aber auf diesen Unterschied kommt alles an." – *Entwicklung durch Negation, ibid.*, S. 107: "Die eine Existenz der Pflanze wird von der andern widerlegt. Diese Widerlegung, dieses negative Verhalten dieser Momente zueinander ist hier zu merken; aber zugleich müssen wir auch die eine Lebendigkeit der Pflanze festhalten." – *Widerspruch als Quelle der Entwicklung; ibid.*, S. 108: "Der Keim ist das Einfache, Formlose, man kann an ihm wenig sehen. Aber er hat den Trieb, sich zu entwickeln; er kann es nicht aushalten, nur an sich zu sein. Der Trieb ist der Widerspruch, an sich zu sein und es dennoch nicht sein zu sollen. Dieser Widerspruch treibt das Ansichseiende auseinander; der Keim setzt sich als verschiedene Existenzen aus sich heraus. Aber das was herauskommt, das Vielfache, Mannigfaltige ist nichts Anderes als das, was in jener Einfachheit lag."

[20] Vgl. *Geschichte*, S. 106 und S. 114.

[21] *Ibid.*, S. 108: "War das Erste das Ansich der Verwirklichung, der Keim, usf., das Zweite die Existenz, das, was heraustritt, so ist das Dritte, die Identität von beidem, nun näher die Frucht der Entwicklung, das Resultat dieser ganzen Bewegung; und dies nenne ich abstrakt das *Fürsichsein*."

[22] *Ibid.*, SS. 111–112: "Insofern nun Etwas Resultat einer Stufe einer Entwicklung ist, so ist es wider der Anfangspunkt einer neuen, weiteren Entwicklung. Das Letzte der einen ist immer zugleich das Erste der anderen Stufe."

[23] Hegel faßt den ganzen Gedankengang am besten zusammen in: *ibid.*, S. 114: "Da das Ansich schon in sich selber konkret ist und die Entwicklung überhaupt das Setzen dessen ist, was an sich ist, so kommt nichts Fremdes, Neues hinzu; nur das jetzt *als* unterschieden *erscheint*, was schon unentwickelt, verhüllt vorhanden war. ... Das Konkrete ... ist in sich unterschieden und doch einfach, es widerspricht sich in sich. Durch diesen Widerspruch treibt es sich aus der Anlage, aus diesem Inneren heraus zur Zweiheit, zur Unterschiedenheit; es hebt also die Einheit auf, damit den Unterschieden ihr Recht widerfahre. ... Aber ebenso widerfährt auch der Einheit ihr Recht, denn das Unterschiedene, das gesetzt ist, wird wieder aufgehoben. Es muss in die Einheit zurückkehren; denn die Wahrheit des Unterschiedenen ist, in Einem zu sein. Und durch diese Bewegung erst ist die Einheit wahrhaft konkret. – Das ist die Lebendigkeit überhaupt, sowohl die natürliche, als die des Geistes; es ist die Lebendigkeit der Idee."

[24] *Logik II*, SS. 497–498. Dort anerkennt Hegel die Triade, beschränkt diesen Aspekt der Dialektik aber in seiner Bedeutung. – Vgl. auch G. R. G. Mure, *An Introduction to Hegel*, Oxford U.P. 1948, SS. 130–135. – F. Grégoire, *loc. cit.*, S. 26 und SS. 29–31.

[25] Zum Relationalismus siehe z.B.: *Phänomenologie*, S. 95; *Encyclopädie*, Par. 151, S. 150; Par. 152, S. 151; Par. 155–159, SS. 153–156. Vgl. Grégoire, *loc cit.*, S. 31: "L'esprit découvre donc progressivement en lui-même un système de notions *constitutivement* relatives les unes aux autres, un système de purs rapports." – G. Lasson, *loc. cit.*, S. XIV: "In der Idee hängt jedes Glied von vornherein mit jedem anderen zusammen und enthält jedes Glied in sich selbst das Ganze der Idee." – N. Hartmann, *loc. cit.*, S. 165. – B. Lakebrink, *Hegels Dialektische Ontologie und die Thomistische Analektik*, Köln 1955, SS. 38–39, S. 111 und S. 163.

[26] *Geschichte*, S. 102 und S. 114.

[27] Vgl. Kapitel V.

[28] *Geschichte*, S. 102.

[29] Lasson, *loc. cit.*, S. XV.

[30] Vgl. F. Grégoire, *loc. cit.*, S. 68: "... Hegel est idéaliste en ce que, pour lui, l'esprit humain est le but de l'univers et par là même son fondement, sa raison d'être, ce qui fait que l'univers ne peut pas ne pas exister. ... L'esprit humain n'est donc pas, pour Hegel, au principe de l'univers comme sa cause, mais comme sa fin."

[31] *Encyclopädie*, Par. 204–210, SS. 184–189. – *Logik II*, SS. 383–406.

[32] Vgl. N. Hartmann, *loc. cit.*, SS. 270–275.

[33] *Logik II*, S. 387: "Eines der grossen Verdienste *Kants* um die Philosophie besteht in der Unterscheidung, die er zwischen relativer oder *äußerer* und zwischen *innerer* Zweckmäßigkeit aufgestellt hat; in letzterer hat er den Begriff des *Lebens*, die *Idee*, aufgeschlossen und damit die Philosophie ... *positiv* über die Reflexions-Bestimmungen und die relative Welt der Metaphysik erhoben."

[34] G. W. F. Hegel, *Vorlesungen über die Geschichte der Philosophie III* (Werke, Bd. 19; Glockner), Stuttgart 1941, S. 603.

[35] Vgl. *Logik II*, SS. 399–400: "Man kann daher von der teleologischen Tätigkeit sagen, daß in ihr das Ende der Anfang, die Folge der Grund, die Wirkung die Ursache sei, daß sie ein Werden des Gewordenen sei, daß in ihr nur das schon Existierende in die Existenz komme usf., das heißt, daß überhaupt alle Verhältnisbestimmungen, die der Sphäre der Reflexion oder des unmittelbaren Seins angehören ihre Unterschiede

42

verloren haben, und was als ein *Anderes* wie Ende, Folge, Wirkung usf. ausgesprochen wird, in der Zweckbeziehung nicht mehr die Bestimmung eines *Anderen* habe, sondern vielmehr als identisch mit dem einfachen Begriffe gesetzt ist."

[36] *Phänomenologie*, S. 85.

[37] *Logik I*, SS. 191–193.

[38] G. W. F. Hegel, *Philosophie der Religion II* (Werke, Bd. 16; Glockner), Stuttgart 1928, S. 498.

[39] Z.B. *Phänomenologie*, S. 160: "Aber diese Betrachtung, . . . welche deswegen nicht die wahre, sondern noch mit einem Gegensatze behaftete ist. . . ." *Encyclopädie*, Par. 214, SS. 191–192.

[40] *Logik II*, SS. 58–59.

[41] F. Grégoire, *loc. cit.*, SS. 57–63.

[42] F. Grégoire, *Etudes Hégéliennes. Les points capitaux du système*, Louvain-Paris 1958, S. 97. Viele Interpreten scheinen mit Grégoire der Meinung zu sein, daß das Kontradiktionsprinzip bei Hegel gelte. Grégoire zitiert selbst N. Hartmann für sich (*ibid.*, S. 96); interessant ist hierzu die Kontroverse zwischen Grégoire und Coreth (*ibid.*, SS. 114ff.). Vgl. auch: G. W. Cunningham, *loc. cit.*, SS. 40–45; V. M. Kuiper, *loc. cit.*, S. 94 (die Einheit von These und Antithese sei nicht 'sub eodem respectu'); G. R. G. Mure, *loc. cit.*, SS. 140–141.

[43] F. Grégoire, *loc. cit.*, S. 96: "Le ici et le maintenant actuels du mobile *sont* relation à l'ici et au maintenant suivants. Telle est l'interprétation suggérée par tout le contexte où il s'agit de 'contradiction', relation constitutive. Elle est confirmée par la *Phil. de la Nature* (Encycl. Par. 298) où Hegel déclare en propres termes que les antinomies de Zénon sont solubles et donne comme solution précisément, comme dans notre passage, que le mobile est, en même temps, ici et là, et, en même temps, maintenant et tantôt, ce qui, d'après *Gesch. Philos.* II. Gl. 18, 360–361, où Hegel suit nommément Aristote, signifie une relation. Elle est confirmé à nouveau par la longue discussion des antinomies de Zénone dans l'histoire de la philosophie (. . .) où Hegel se range aux solutions d'Aristote."

[44] Vgl. *Logik II*, SS. 491ff. – N. Hartmann, *loc. cit.*, SS. 165–167, hat diesen Aspekt der Dialektik besonders gut und eingehend herausgearbeitet.

[45] Z.B. *Logik I*, S. 109, wo auch die 'kritische Philosophie' zur 'Metaphysik' gerechnet wird.

[46] Terminologische Variationen der Triade bei Hegel: z.B. steht an Stelle der *Negation* oder des *Daseins* zuweilen das *Fürsichsein*, an Stelle der *Negation der Negation* zuweilen das *An-und-für-sich-sein*. An Stelle der *Negation* oder des *Daseins* steht zuweilen das *Anderssein* oder das *Außer-sich-sein*. Die Stufen der *Negation* und der *Negation der Negation* werden als *vermittelt* bezeichnet, gegenüber dem *unvermittelten* oder *unmittelbaren Ansich*, usw. usw.

[47] *Logik II*, S. 505.

[48] Vgl. Anm. 15, zur dialektischen Negation. – Vgl. F. Grégoire, *loc. cit.*, S. 28.

[49] Vgl. G. Lasson, *loc. cit.*, S. XVII.

[50] Vgl. G. R. G. Mure, *loc. cit.*, S. 72: "By thus accepting and reinterpreting the results of natural science Hegel constructs a philosophy of Nature as a developing series which ascends from space and time to animal life."

[51] Vgl. F. Grégoire, *Aux sources de la pensée de Marx. Hegel. Feuerbach*, Louvain-Paris 1947, S. 54.

[52] Vgl. *ibid.*

[53] *Geschichte*, SS. 97–98: "Der Gedanke ist nichts Leeres, Abstraktes, sondern er ist

bestimmend, und zwar sich selbst bestimmend; oder der Gedanke ist wesentlich konkret. Diesen konkreten Gedanken nennen wir Begriff. Der Gedanke muß ein Begriff sein...."

[54] *Logik II*, S. 243: "Es kann aber von dem Allgemeinen nicht ohne die Bestimmtheit, welche näher die Besonderheit und Einzelheit ist, gesprochen werden; denn es enthält sie in seiner absoluten Negativität an und für sich; die Bestimmtheit wird also nicht von außen dazu genommen, wenn beim Allgemeinen von ihr gesprochen wird. Als Negativität überhaupt, oder nach der ersten, *unmittelbaren* Negation hat es die Bestimmtheit überhaupt als *Besonderheit* an ihm; als *Zweites*, als Negation der Negation ist es *absolute Bestimmtheit*, oder *Einzelheit* und *Konkretion*. – Das Allgemeine ist somit die Totalität des Begriffes, es ist Konkretes, ist nicht ein Leeres, sondern hat vielmehr durch seinen Begriff *Inhalt*. ... Es kann von dem Inhalte wohl abstrahiert werden; so erhält man aber nicht das Allgemeine des Begriffs, sondern das *Abstrakte*, welches ein isoliertes, unvollkommenes Moment des Begriffes ist, und keine Wahrheit hat. – Näher ergibt sich das Allgemeine so als diese Totalität." – Vgl. J. Hyppolite, *Etudes sur Marx et Hegel*, Paris 1955, S. 178.

[55] *Geschichte*, S. 98: "... Begriff ist der Gedanke, insofern er sich selbst bestimmt, der Gedanke in seiner Lebendigkeit und Tätigkeit, oder er, indem er sich seinen Inhalt gibt. Oder der Begriff ist das Allgemeine, welches sich selbst besondert (z.B. Tier als *Säugetier*, dies trifft zur äußeren Bestimmung von Tier hinzu). ... Dieses, daß der Gedanke nicht mehr abstrakt, sondern bestimmt ist, indem er sich selbst bestimmt, fassen wir mit dem Worte 'konkret' zusammen. Er hat sich einen Inhalt gegeben, ist konkret geworden, d.h. zusammengewachsen – wo mehrere Bestimmungen in einer Einheit begriffen und untrennbar verbunden sind. ... Die zwei abstrakten Bestimmungen, die er zu Einem formiert, sind das Allgemeine und das Besondere. Alles was wirklich lebendig und wahr ist, ist so ein Zusammengesetztes, hat mehrere Bestimmungen in sich. Die lebendige Tätigkeit des Geistes ist so konkret. –"

[56] *Logik II*, S. 390: "Der Zweck dagegen ist das *konkrete Allgemeine*, das in ihm selbst das Moment der Besonderheit und Äußerlichkeit hat, daher tätig und der Trieb ist, sich von sich selbst abzustoßen." – Vgl. *Encyclopädie*, Par. 210, S. 189.

[57] *Logik I*, S. 145.

[58] *Logik I*, S. 126.

[59] *Logik I*, SS. 128–131.

[60] *Logik I*, SS. 135–139.

[61] J. Hyppolite, *loc. cit.*, S. 14: "*Le concept de vie et celui de l'infinité sont équivalents.* Dans la *Logique d'Iéna*, Hegel pense l'infinité comme relation dialectique de l'un et du multiple, mais on peut trouver dans cette dialectique logique l'idée même de la vie."

[62] Vgl. G. R. G. Mure, *loc. cit.*, S. 135: "Hegel often uses the term *reell* to mean relatively self-subsistent being, and contrasts it in this sense with *ideell*. In this contrast *reell* applies to a stage of the dialectic so long as that stage presents itself as self-subsistent. ... But as 'sublated' in a higher stage, the stage which was *reell* has now itself only an *ideell* being. It has lost its relative 'reality', and *is* only as an element subordinated within a more concretely developed phase. An *ideell* phase is what Hegel usually means by a 'moment'."

[63] Vgl. Anm. 6.

[64] J. Hyppolite, *loc. cit.*, S. 122.

[65] Z.B. *Logik II*, S. 387.

[66] *Logik II*, S. 429 und S. 435.

[67] Z.B. *Encyclopädie*, Par. 381, S. 334.

44

⁶⁸ So ist das Bild, auch dieser allgemeinsten Entwicklung von der Idee zum Geist, der Kreis. In der 'Phänomenologie des Geistes', welche zugleich Propädeutik und Erkenntnistheorie ist, wird der Geist von den verschiedenen Stufen des Bewußtseins bis zum absoluten Wissen geführt, welches das Wissen des Anfangs, der Idee an sich ist.

⁶⁹ *Encyclopädie*, Par. 381, S. 334; *ibid.*, Par. 384, S. 335: "Das *Offenbaren*, welches als die abstrakte Idee unmittelbarer Übergang, *Werden* der Natur ist, ist als Offenbaren des Geistes, der frei ist, *Setzen* der Natur als *seiner* Welt; ein Setzen das als Reflexion zugleich *Voraussetzen* der Welt als selbständiger Natur ist. Das Offenbaren im Begriff ist Erschaffen derselben als seines Seins in welchem er die *Affirmation* und die *Wahrheit* seiner Freiheit sich gibt."

⁷⁰ N. Hartmann, *loc. cit.*, SS. 68–69. Vgl. G. R. G. Mure, *loc. cit.*, S. 70: "Thus the pre-spiritual falls in some sense within spirit: the non-spiritual, which spirit in its lowest phases is trying to 'dominate' and 'absorb', is en fin de compte spirit itself." – Vgl. auch G. Lasson, *loc. cit.*, S. XXVI und S. XXIX.

⁷¹ Siehe unten, Abschnitt C.5.

⁷² *Encyclopädie*, Par. 225, SS. 196–197.

⁷³ Zur Terminologie der Hegelschen Erkenntnislehre ließe sich vieles sagen. 'Erkenntnis' oder 'Erkennen', 'Denken', 'Bewußtsein', 'Wissen' und 'Wahrheit' gehören zu den wichtigsten und am häufigsten vorkommenden Ausdrücken. Ihre spezifischen Bedeutungen sind oft schwer zu erkennen, denn sie erscheinen in allen Teilen des Systems und erhalten daher viele verschiedene Bedeutungsvariationen. Das gilt vor allem für 'Erkennen' und 'Denken', welche oft als gleichbedeutend benützt werden. Oft scheint es aber auch, als sei das 'Erkennen' das Allgemeinere, gegenüber dem 'Denken' als der spezifisch geistigen Erkenntnis, welche auf den 'Begriff' oder das 'Wesen' geht und wodurch erst die Seele zum Geist wird.

⁷⁴ *Geschichte*, S. 97.

⁷⁵ *Logik I*, S. 16.

⁷⁶ *Logik I*, S. 32: "Denken ist ein Ausdruck, der die in ihm enthaltene Bestimmung vorzugsweise dem Bewußtsein beilegt. Aber insofern gesagt wird, daß *Verstand, daß Vernunft in der gegenständlichen Welt ist*, daß der Geist und die Natur allgemeine Gesetze haben, nach welchen ihr Leben und ihre Veränderungen sich machen, so wird zugegeben, daß die Denkbestimmungen ebensosehr objektiven Wert und Existenz haben."

⁷⁷ Vgl. *Encyclopädie*, Par. 10, S. 42, über das *Unding der kritischen Philosophie*, das Erkennen vor dem Erkennen, nur seinem Vermögen nach untersuchen zu wollen.

⁷⁸ Vgl. *Encyclopädie*, Par. 14, S. 47.

⁷⁹ *Geschichte*, S. 34.

⁸⁰ Vgl. G. R. G. Mure, *loc. cit.*, S. 141, Anm.: "It cannot be too often emphasized ... that to Hegel thought is the *unbroken* self-constituting activity of absolute spirit."

⁸¹ Z.B. *Phänomenologie*, SS. 19–20, wo Hegel sich mit Spinoza auseinandersetzt, der den Geist nur als Substanz versteht. Darin sei das Selbstbewußtsein untergegangen, die aktive Selbstbewegung des Geistes verkannt und die Einheit von Denken und Sein in die 'träge Einfachheit' zurückgefallen. – Vgl. auch *ibid.*, S. 45.

⁸² Z.B. *Encyclopädie*, Par. 465, S. 406.

⁸³ *Encyclopädie*, Par. 11, S. 43.

⁸⁴ Vgl. Anm. 76.

⁸⁵ *Encyclopädie*, S. 499. Text aus Aristoteles, *Metaphysik*, XII,7.

⁸⁶ Vgl. N. Hartmann, *loc. cit.*, SS. 93–95.

⁸⁷ *Encyclopädie*, Par. 387, S. 339.

[88] *Ibid.*, S. 338.

[89] *Encyclopädie*, Par. 415, S. 370: "... Das Bewußtsein erscheint daher verschieden bestimmt nach der Verschiedenheit des gegebenen Gegenstandes, und seine Fortbildung als eine Veränderung der Bestimmungen seines Objekts. Ich, das Subjekt des Bewußtseins, ist Denken; die logische Fortbestimmung des Objekts ist *das in Subjekt* und *Objekt Identische*, ihr absoluter Zusammenhang, dasjenige, wonach das Objekt das Seinige des Subjekts ist." – Vgl. N. Hartmann, *loc. cit.*, SS. 79–80; SS. 93–95. – F. Grégoire, *loc. cit.*, S. 42.

[90] G. W. F. Hegel, *Philosophie des Geistes (1803/04)*, in *Jenenser Realphilosophie I* (Werke, Bd. XIX; Lasson), Leipzig 1932 (im folgenden: *Phil. d. Geistes*). SS. 195ff.

[91] Vgl. *Logik I*, S. 16: "... Der wichtigste Punkt für die Natur des Geistes ist das Verhältnis nicht nur dessen, was er *an sich* ist, zu dem was er *wirklich* ist, sondern dessen als was *er sich weiß*; dieses Sichwissen ist darum, weil er wesentlich Bewußtsein, Grundbestimmung seiner *Wirklichkeit*."

[92] *Phil. d. Geistes*, S. 201. – Vgl. *Encyclopädie*, Par. 414, S. 370.

[93] *Phil. d. Geistes*, S. 207: "Die Empfindung ist ... eine Einzelheit, für welche das Anderssein ein Anderes außer ihr, nicht sie *unmittelbar selbst* ist." – *Ibid.*, S. 216: "Subjekt als solches ist er [der Geist] sich nur als Empfindung, d.h. als Einzelheit, deren unmittelbares Anderssein außer ihr ist."

[94] *Encyclopädie*, Par. 400, SS. 346–347.

[95] *Phil. d. Geistes*, S. 207. – Vgl. auch *Encyclopädie*, Par. 400, S. 347: "Alles ist in der Empfindung, und ... alles, was im geistigen Bewußtsein und in der Vernunft hervortritt, hat seine *Quelle* und *Ursprung* in derselben..."

[96] *Phänomenologie*, S. 200.

[97] *Phil. d. Geistes*, S. 202.

[98] *Phänomenologie*, SS. 79ff. ('sinnliche Gewißheit'). – *Encyclopädie*, Par. 418f., S. 372 ('sinnliches Bewußtsein').

[99] *Ibid.*

[100] *Phänomenologie*, S. 89. – *Encyclopädie*, Par. 420f., S. 373.

[101] *Encyclopädie*, Par. 445–468, SS. 384–408.

[102] *Phil. d. Geistes*, S. 211.

[103] Vgl. *Phil. d. Geistes*, S. 212.

[104] *Encyclopädie*, Par. 422f., S. 374.

[105] *Encyclopädie*, Par. 226, S. 197: "... Die Assimilation des Stoffes als eines Gegebenen erscheint daher als die *Aufnahme* desselben in die ihm zugleich *äußerlich* bleibenden Begriffsbestimmungen, welche ebenso in der Verschiedenheit gegeneinander auftreten. Es ist die als *Verstand* tätige Vernunft. Die Wahrheit zu der dieses Erkennen kommt, ist daher gleichfalls nur die *endliche*; die unendliche des Begriffes ist als ein nur *an sich* seiendes Ziel, ein *Jenseits* für dasselbe fixiert...."

[106] *Logik I*, S. 17.

[107] *Encyclopädie*, Par. 231, S. 199.

[108] *Phänomenologie*, SS. 92–93: "... und das Bewußtsein ist als Wahrnehmendes bestimmt, insofern des Ding sein Gegenstand ist; es hat ihn *nur zu nehmen*, und sich als reines Auffassen zu verhalten; was sich ihm dadurch ergibt, ist das Wahre. Wenn es selbst bei diesem Nehmen etwas täte, würde es durch solches Hinzusetzen oder Weglassen die Wahrheit verändern." – Vgl. G. R. G. Mure, *loc. cit.*, SS. 65–66, 74–75. – F. Grégoire, *loc. cit.*, S. 68.

[109] *Encyclopädie*, Par. 424–437, SS. 374–408.

[110] *Encyclopädie*, Par. 436, S. 378.
[111] *Encyclopädie*, Par. 438, S. 379.
[112] *Encyclopädie*, Par. 439, S. 380.
[113] Vgl. *ibid.*
[114] *Logik II*, S. 477: "In der theoretischen Idee steht der subjektive Begriff, als das *Allgemeine*, an und für sich *Bestimmungslose*, der objektiven Welt entgegen, aus der er sich den bestimmten Inhalt und die Erfüllung nimmt." – *Encyclopädie*, Par. 225, SS. 196–197.
[115] N. Hartmann, *loc. cit.*, S. 66. – Vgl. auch G. R. G. Mure, *loc. cit.*, SS. 77–79.
[116] *Encyclopädie*, Par. 385, S. 336.
[117] *Encyclopädie*, Par. 514, S. 432: "Die *frei* sich wissende Substanz ... hat als Geist eines *Volkes* Wirklichkeit...."
[118] *Phil. d. Geistes*, SS. 232ff. – N.B. daß dort noch nicht der Ausdruck 'objektiver Geist' vorkommt und auch inhaltlich nicht zwischen dem Geist als objektiven und als absoluten unterschieden wird. Daher wird der Volksgeist als das Vollkommenste betrachtet und auch 'absolutes Bewußtsein' genannt.
[119] *Phil. d. Geistes*, S. 232.
[120] *Ibid.*
[121] *Phil. d. Geistes*, S. 233.
[122] *Phil. d. Geistes*, SS. 198–200: "So existiert es ebenso absolut als ein in den Individuen Seiendes, die seine Einzelheiten, Organe sind, als ebendarin auch ihnen entgegengesetzt. Es existiert als Gegenstand ihres einzelnen Bewußtseins als ein *äußeres*, indem sie, wie sie in ihm abstrakt eins sind, ebenso sich abscheiden und für sich sind. Es ist die allgemeine Einheit und absolute Mitte derselben, worin sie ideell, als Aufgehobene gesetzt sind, und dies ihr Aufgehobensein ist zugleich für sie selbst. In ihrem Aufgehobensein *ist* der lebendige Geist des Volkes, ihr Aufgehobensein ist für sie selbst; er ist an sich das Bewußtsein aus jeden auch insofern er ein einzelner ist und so erscheint; es existiert zugleich als *ein von ihnen Verschiedenes, Anschaubares*, nur *als ein Anderssein der Individuen*, als sie sind, aber so, daß a) dies Anderssein für sie selbst absolut allgemein, b) daß dies ihr Anderssein für sie selbst ist."
[123] *Encyclopädie*, Par. 514, S. 432.
[124] *Ibid.*
[125] N. Hartmann, *loc. cit.*, S. 300.
[126] Vgl. N. Hartmann, *loc. cit.*, S. 305: "Alle Geschichte hat ein Substrat, an dem sie sich abspielt. Das Substrat der Menschheitsgeschichte ist der objektive Geist. Er ist es in der Geschichte eines Volkes als 'Volksgeist', in der der Menschheit als 'Weltgeist'."
[127] Vgl. N. Hartmann, *loc. cit.*, S. 300: "Man spricht z.B. ganz eindeutig von einem 'Wissen' unserer Zeit. An diesem Wissen gewinnt der Einzelne Teil, findet sich lernend darin zurecht; aber er selbst geht in seinem Wissen niemals auf."
[128] *Phil. d. Geistes*, S. 235.
[129] *Ibid.*
[130] *Encyclopädie*, Par. 488–552, SS. 422–473.
[131] *Phil. d. Geistes*, S. 232.
[132] G. R. G. Mure, *loc. cit.*, S. 72.
[133] *Phil. d. Geistes*, S. 236.
[134] *Phil. d. Geistes*, SS. 237–240. – Vgl. denselben Gedanken in *Phänomenologie*, S. 355.
[135] *Logik II*, S. 477: "Die Idee erreicht deswegen in diesem Erkennen die Wahrheit noch nicht wegen der Unangemessenheit des Gegenstandes zu dem subjektiven Begriffe." – Vgl. Anm. 114.

[136] Daher behandelt Hegel in der Logik sowohl die *Idee des Wahren*, als die *Idee des Guten* unter der Überschrift: die *Idee des Erkennens*. Man kann mit Recht sagen, Hegel habe die Frage der Praxis in die Erkenntnistheorie eingeführt.

[137] *Phänomenologie*, SS. 229–230. – *Logik II*, SS. 477–478.

[138] *Logik II*, S. 478. – Vgl. *Encyclopädie*, Par. 225, SS. 196–197.

[139] *Logik II*, S. 478. – Vgl. *Phänomenologie*, S. 234.

[140] Siehe Anm. 138.

[141] *Encyclopädie*, Par. 233, S. 201.

[142] *Logik II*, S. 480. – Vgl. *Phänomenologie*, S. 149.

[143] *Phänomenologie*, S. 165.

[144] *Phänomenologie*, SS. 165–166; SS. 229–230. – *Logik II*, S. 480.

[145] *Phil. d. Geistes*, SS. 197–198: "Der theoretische Prozeß geht in den *praktischen* über, in welchem sich das Bewußtsein ebenso zur Totalität macht, eine der vorigen idealen entgegengesetzte reale Existenz *erhält*, indem es in der *Arbeit* zur Mitte des *Werkzeugs* wird; indem es in der ersten Potenz seine ideale, hier seine reale Herrschaft gegen die Natur sich erwiesen und damit sich als fürsichseiender, der Natur entnommener Geist konstituiert und sich für sich gestaltet, den Gegensatz nach außen aufgehoben hat..." – *Phil. d. Geistes*, S. 237: Durch das Werkzeug und speziell die Maschine will der Mensch die Natur auf besonders bequeme Weise dominieren. "Aber jener Betrug, den er gegen die Natur ausübt und mit dem er innerhalb ihrer Einzelheit stehen bleibt, rächt sich gegen ihn selbst; was er ihr abgewinnt, je mehr er sie unterjocht, desto niedriger wird er selbst. Indem er die Natur durch mancherlei Maschinen bearbeiten läßt, so hebt er die Notwendigkeit seines Arbeitens nicht auf, sondern schiebt es nur hinaus, entfernt es von der Natur, und richtet sich nicht lebendig auf sie als eine lebendige; sondern es entflieht diese negative Lebendigkeit, und das Arbeiten, das ihm übrigbleibt, wird selbst maschinenmäßiger..."

[146] *Phänomenologie*, S. 292.

[147] *Logik II*, S. 481.

[148] *Logik II*, SS. 481f.

[149] *Logik II*, S. 483.

[150] *Ibid.*

[151] Z.B. *Encyclopädie*, Par. 6, SS. 36–37.

[152] *Ibid.* – Vgl. N. Hartmann, *loc. cit.*, S. 311.

[153] *Encyclopädie*, Par. 384, S. 335.

[154] *Encyclopädie*, Par. 13, S. 46.

[155] Abschnitt C.1.

[156] V. M. Kuiper hat diesen Gedanken – wie uns scheint – mit besonderem Scharfsinn erklärt. Die folgenden Zeilen sind durch seine Argumentation in *Lo sforzo verso la trascendenza*, Roma 1940, sehr beeinflußt.

[157] V. M. Kuiper, *loc. cit.*, SS. 72–75.

[158] V. M. Kuiper, *loc. cit.*, SS. 81–82.

[159] *Encyclopädie*, Par. 514, S. 432.

[160] *Encyclopädie*, Par. 483, S. 419: "Der objektive Geist ist die absolute Idee, aber nur *an sich* seiend..." – Zum allgemeinen *Bewußtsein*, siehe v.a. *Phil. d. Geistes*, SS. 198–202.

[161] *Ibid.*

[162] *Phil. d. Geistes*, SS. 200–202.

[163] N. Hartmann, *loc. cit.*, S. 365.

[164] N. Hartmann, *loc. cit.*, S. 366.

[165] *Ibid.*

[166] N. Hartmann, *loc. cit.*, SS. 157–158, SS. 302–303, S. 312.

[167] Vgl. *Encyclopädie*, S. 31.

[168] *Encyclopädie*, Par. 24, S. 89–90 (Werke, Bd. VIII; Glockner): "Gewöhnlich nennen wir Wahrheit Übereinstimmung eines Gegenstandes mit unserer Vorstellung. Wir haben dabei als Voraussetzung einen Gegenstand, dem unsere Vorstellung von ihm gemäß sein soll. Im philosophischen Sinn dagegen heißt Wahrheit, überhaupt abstrakt ausgedrückt, Übereinstimmung eines Inhaltes mit sich selbst."

[169] *Ibid.*

[170] *Ibid.*

[171] *Encyclopädie*, Par. 213, S. 190: "Die Idee ist das Wahre *an und für sich, die absolute Einheit des Begriffs und der Objektivität.* ... Die Idee ist die *Wahrheit*; denn die Wahrheit ist dies, daß die Objektivität dem Begriffe entspricht, – nicht daß äußerliche Dinge meinen Vorstellungen entsprechen; dies sind nur *richtige* Vorstellungen, die *Ich dieser* habe. In der Idee handelt es sich nicht um Diesen, noch um Vorstellungen, noch um äußerliche Dinge."

[172] *Phänomenologie*, SS. 79–80.

[173] *Phänomenologie*, S. 89 und S. 92.

[174] *Phänomenologie*, S. 111.

[175] *Logik II*, SS. 439–440.

[176] *Logik II*, SS. 477ff.

[177] Vgl. *Encyclopädie*, S. 31.

[178] *Encyclopädie*, Par. 215, S. 193.

[179] *Phänomenologie*, S. 39: "Es ist der Prozeß, der sich seine Momente erzeugt und durchläuft, und diese ganze Bewegung macht das Positive und seine Wahrheit aus. Diese schließt also ebensosehr das Negative in sich, dasjenige, was das Falsche genannt werden würde, wenn es als ein solches betrachtet werden könnte, von dem zu abstrahieren sei. Das Verschwindende ist vielmehr selbst als wesentlich zu betrachten. ... Die Erscheinung ist das Entstehen und Vergehen, das selbst nicht entsteht und vergeht, sondern an sich ist und die Wirklichkeit und Bewegung des Lebens der Wahrheit ausmacht."

[180] *Ibid.*

[181] *Logik I*, S. 17: "Denn so als bloße Formen, als verschieden von dem Inhalte, werden sie in einer Bestimmung stehend angenommen, die sie zu endlichen stempelt und die Wahrheit, die in sich unendlich ist, zu fassen unfähig macht. Mag das Wahre sonst, in welcher Rücksicht es sei, mit Beschränkung und Endlichkeit vergesellschaftet sein, dies ist die Seite seiner Negation, seiner Unwahrheit und Unwirklichkeit, eben seines Endes, nicht der Affirmation, welche es als Wahres ist."

[182] *Phänomenologie*, S. 21.

[183] *Phänomenologie*, S. 222. – *Encyclopädie*, Par. 14, S. 47 und Par. 33, S. 62. – *Geschichte*, S. 100, S. 102 und S. 113.

[184] *Phänomenologie*, S. 21.

[185] *Phänomenologie*, S. 11: "Eine Sache ist nicht in ihrem Zwecke erschöpft, sondern in ihrer *Ausführung*, noch ist das Resultat das wirkliche Ganze, sondern es zusammen mit seinem Werden."

[186] *Phänomenologie*, S. 23: "... daß das Wissen nur als Wissenschaft oder als System wirklich ist, und dargestellt werden kann." – Und S. 24: "Daß das Wahre nur als System wirklich ... ist in der Vorstellung ausgedrückt, welche das Absolute als *Geist* ausspricht, – der erhabenste Begriff...."

[187] *Encyclopädie*, Par. 13, S. 46.

[188] Zur Frage, ob der Realismus in Hegels Philosophie in irgendeiner Form Platz hat, vgl. V. M. Kuiper, *Hegels Denken. Die Erhebung zum spekulativen Standpunkt*, Rom 1931, SS. 82–83.

[189] Die Wahrheit als Kohärenz wurde unseres Wissens von Hegel nie in diesen Worten formuliert. Doch folgt sie klar aus dem Zusammenhang, was von einigen Kommentatoren vermerkt wurde. Vgl. z.B. V. M. Kuiper, *Lo sforzo verso la trascendenza*, Roma 1940, SS. 86–89; G. R. G. Mure, *loc. cit.*, SS. 147 und 166–170.

[190] F. Grégoire, *Etudes Hégéliennes. Les points capitaux du système*, Louvain-Paris 1958, SS. 154ff.

[191] F. Grégoire, *loc. cit.*, S. 185 und S. 191. – N.B. daß Grégoire bedeutende Kommentatoren für seine Interpretation zitieren kann, z.B. N. Hartmann, J. Hyppolite, A. Kojève, R. Kroner, G. Lukacs, J. Wahl, u.a. Dagegen ist z.B. G. Lasson.

[192] F. Grégoire, *loc. cit.*, S. 210.

KAPITEL II

DIE 'KLASSIKER': MARX, ENGELS, LENIN

In diesem Kapitel werden einige grundlegende Lehren der 'Klassiker' der sowjetischen Philosophie behandelt. Im besonderen geht es um Probleme der Erkenntnismetaphysik, also um das was im Diamat seit Engels die 'Grundfrage der Philosophie' genannt wird.

Die Darstellung soll kurz und synthetisch sein, zugleich soll jedoch – hauptsächlich in den Anmerkungen – auf viele Texte der 'Klassiker' verwiesen werden.

Worin besteht die Berechtigung einer solchen Darstellung im allgemeinen und ihre Rolle im Zusammenhang der vorliegenden Arbeit?

(1) Dieses Kapitel will die *Erkenntnismetaphysik* der 'Klassiker' erklären. Eine eigene Arbeit darüber scheint es bisher nicht zu geben. Das Kapitel ist eine notwendige Einführung zur Darstellung der *sowjetischen* Erkenntnismetaphysik.

(2) Die Darstellung der 'Klassiker' geschieht unter dem besonderen Gesichtspunkt ihrer Beziehung zu Hegel. Obwohl in verschiedenen allgemeinen Schriften über die Philosophie der 'Klassiker' auf diese Beziehung mehr oder weniger eingehend hingewiesen wurde, scheint es keine eigene unter diesem Aspekt geschriebene Studie zu geben.[1] Auch was das Verhältnis der einzelnen 'Klassiker' zu Hegel betrifft, scheint es – außer für Marx – keine eigenen Arbeiten zu geben.[2]

(3) Das vorliegende Kapitel beschreibt somit das *Corpus Hegelianum*, die grundlegenden hegelianischen Anschauungen, die der sowjetischen Philosophie von Anfang an vorliegen, die ein Bestandteil der sowjetischen Philosophie sind, weil ihre Ablehung eine Ablehung der 'Klassiker' selbst wäre. Zum Verständnis der sowjetischen Erkenntnismetaphysik in ihrem Verhältnis zu Hegel ist dieses zweite Kapitel daher von größter Wichtigkeit.

Die hier untersuchten Aspekte der Philosophie der 'Klassiker' sind sehr allgemein und zugleich vielfältig. Es werden z.B. so verschiedene Themen wie der Begriff der Philosophie, die Dialektik, das Wesen der Erkenntnis und der Praxis behandelt. Ihr innerer Zusammenhang wird nur ersichtlich, wenn man die verschiedenen Kapitel dieser Arbeit in ihrer Einheit und ihrem inneren Zusammenhang sieht. Es handelt sich nämlich um dieselben Aspekte und Themen, welche wir bereits bei Hegel untersucht haben und auf welche sich die sowjetische Philosophie bei ihrer 'Umkehrung' Hegels durch die Beantwortung der 'Grundfrage der Philosophie' bezieht.

A. MARX

1. *Allgemeines*

In der Erbfolge des Hegelianismus bis zur heutigen Sowjetphilosophie spielt Marx eine bedeutende Rolle. Er ist der direkte Nachfolger Hegels in dieser Reihe. Sich mit Hegels Philosophie auseinanderzusetzen und sie zu überwinden betrachtet er als eine seiner Hauptaufgaben. Wie er diese Aufgabe erfüllt wollen wir im folgenden untersuchen.

Es wäre sicher falsch, wollte man hauptsächlich Marx für den Hegelianismus in der sowjetischen Philosophie verantwortlich machen. Erstens kritisiert er in gewisser Hinsicht Hegel schärfer und tiefer als Engels und Lenin. Zweitens waren die frühen Werke von Marx, in denen er sich ausdrücklich mit Hegel beschäftigt, sowohl Lenin, als auch der sowjetischen Philosophie bis vor kurzem unbekannt.

Dennoch ist die Auseinandersetzung Marx' mit Hegel zum Verständnis der Sowjetphilosophie wichtig. Denn erstens geht Engels – bei aller Verschiedenheit – in seiner Beurteilung Hegels von Marx aus. Zweitens waren einige Stellen Marx' über Hegel auch Lenin und der frühen Sowjetphilosophie bekannt.[3] Drittens findet diese Frage in der heutigen Sowjetphilosophie neue Beachtung.

Bereits im Jahre 1837, zwei Jahre nach seinem Abitur und nach einjährigem Aufenthalt in Berlin, beschäftigte Marx sich mit Hegels Philosophie. Sein Eindruck war gleich gespalten: Hegels Philosophie ist nicht überzeugend, ganz unmöglich, eine "groteske Felsenmelodie", aber zugleich faszinierend, "wie eine falsche Sirene...".[4] Der junge Marx beschreibt, wie er unter diesem ersten Eindruck, von Hegel ausgehend um ihn zu überwinden, einen Dialog verfaßt. Aber: "Mein letzter Satz war der Anfang des Hegelschen Systems..."[5]. Indem er Hegel zu überwinden sucht, kommt er zu ihm zurück. Diese erste Begegnung ist in gewisser Hinsicht symptomatisch für das ganze Verhältnis Marx' zu Hegel.

Nachdem der erste Versuch Hegel zu korrigieren mißlungen war, geriet

Marx in "eine wahre Ironiewut"; aber zugleich: ". . . immer fester kettete ich mich selbst an die jetzige Weltphilosophie, der ich zu entrinnen gedacht. . ."[6] Marx sagt, er habe zu dieser Zeit (1837) bereits "Hegel von Anfang bis Ende, samt den meisten seiner Schüler kennengelernt".[7] Der Kontakt mit der Hegelschen Philosophie wird noch verstärkt durch den Eintritt in den linkshegelianischen *Doktorklub*.[8]

Man muß annehmen, daß Marx das Hegelsche System (soweit es damals veröffentlicht war) ganz oder zu einem großen Teil studiert hat. Aus den expliziten Verweisen in seinen Schriften geht jedoch hervor, daß sein Hauptinteresse zwei Teilen dieses Systems galt: der *Phänomenologie des Geistes* und der *Rechtsphilosophie*. So verspricht Marx in den *Ökonomisch-philosophischen Manuskripten* "über die Hegelsche Dialektik überhaupt als namentlich über ihre Ausführung in der Phänomenologie und Logik" zu schreiben.[9] Tatsächlich verweist er dann aber fast nur auf die *Phänomenologie*, "der wahren Geburtsstätte und dem Geheimnis der Hegelschen Philosophie".[10] Wie eingehend er diese studiert hat, dafür spricht u.a. ein eingehender Auszug und Kommentar zum letzten Kapitel der *Phänomenologie*.[11] Dagegen sind die Verweise auf die *Logik* nur sehr beiläufig und oberflächlich.

Wie sehr Marx sich auch für Hegels Rechtsphilosophie interessierte, ist ersichtlich sowohl aus der ausführlichen *Kritik des Hegelschen Staatsrechts*[13], als aus der Einleitung *Zur Kritik der Hegelschen Rechtsphilosophie*[14], sowie aus mehreren beiläufigen Verweisen.[15]

Marx hatte einen allgemeinen Überblick über die Hegelsche Philosophie. Sein eigentliches Interesse galt der Phänomenologie und Rechtsphilosophie. Es stellt sich nun die Frage, wie Marx die Philosophie Hegels beurteilt, und zunächst, wie er diese Philosophie im Ganzen beurteilt.

Für Marx ist Hegels Philosophie *die* Philosophie seiner Zeit, die "jetzige Weltphilosophie". Jede nicht nur historische Auseinandersetzung mit der Philosophie ist für ihn eine Auseinandersetzung mit Hegel. Marx sieht, daß die Geschichte der Philosophie durch Hegel an einem besonderen, ganz entscheidenden Wendepunkt angelangt ist. Hegels Philosophie ist eine 'totale Philosophie', eine 'in sich vollendete Welt'. Es folgt aus diesem Totalitätsanspruch, dem Anspruch Mensch und Natur, Denken und Sein, Theorie und Praxis, usw., zu umfassen, die letzte Vollendung von allem zu sein, daß die Geschichte, will sie sich weiter entwickeln, sich von der Philosophie überhaupt abwenden muß, um unphilosophisch und praktisch zu werden.[16] Diesen Gedanken, welcher später zur ausdrücklichen Grundlage seines Denkens wurde, faßte Marx bereits in den *Vorarbeiten zur Dissertation*. Es gibt Momente in der Geschichte, sagt er, in denen die Philosophie "die Augen in die Außenwelt kehrt, nicht mehr begreifend, sondern als eine praktische Person gleichsam. . . . So jetzt die Hegelsche."[17]

Der Übergang von der 'totalen Philosophie' in die unphilosophische Wirklichkeit ist – vom Standpunkt des Philosophen und seiner Tätigkeit gesehen – der Übergang von der Philosophie zur *Kritik*. Was bedeutet die Marx'sche Kritik?

Schon in den Anmerkungen zu seiner Dissertation kennzeichnet Marx die Kritik als die "Praxis der Philosophie", welche "selbst theoretisch" ist, oder als die "unmittelbare Realisierung der Philosophie ...."[18] Ihre Funktion ist es, "die einzelne Existenz am Wesen, die besondere Wirklichkeit an der Idee" zu messen.[19] Die Kritik, heißt es dort, "ist ihrem innersten Wesen nach mit Widersprüchen behaftet", gerade weil sie sowohl Theorie ist, die gegenständliche Wirklichkeit und die realen Zustände an einer Idee mißt, als auch Praxis, indem sie eine Theorie anwendet und damit die Wirklichkeit verändert. "So ergibt sich die Konsequenz, daß das Philosophisch-Werden der Welt zugleich ein Weltlich-Werden der Philosophie, daß ihre Verwirklichung zugleich ihr Verlust, daß, was sie nach außen bekämpft, ihr eigener innerer Mangel ist. . . "[20]

Zu einer genaueren Ausarbeitung dieses Grundgedankens kommt es vor allem in der Einleitung: *Zur Kritik der Hegelschen Rechtsphilosophie*. Vorausgesetzt wird dort bereits der Begriff der Entfremdung. Die Entfremdung besteht allgemein darin, daß die Menschen, welche in unmenschlichen Zuständen oder in einer 'verkehrten Welt' leben, in ihrem Bewußtsein – welches dieser Welt entspricht – falsche Vorstellungen von sich selbst haben, etwas Fremdes als ihr eigenes Wesen erklären. Das Fremde, welches der Mensch verkehrterweise als sein Wesen, als das für ihn Bestimmende erfaßt, ist einmal die Religion, Übernatur, Gott, usw., zum anderen die bestehenden rechtlich-politischen Zustände, staatliche Autorität, usw. Aufgabe und Wesen der Kritik ist es nun, einerseits theoretisch diese falschen Vorstellungen zu erklären und zu bekämpfen, andererseits praktisch gegen die Zustände zu kämpfen, welche die Entfremdung verursachen und die Aufhebung der Entfremdung verhindern. Sowohl theoretisch, wie praktisch richtet die Kritik sich somit einerseits

54

gegen Religion und Theologie, andererseits gegen das bestehende Recht und die bestehende Politik.[21]

Die *Philosophie* geht für Marx über in die *Kritik*. Als solche ist sie zunächst *Kritik der Religion*, eine Aufgabe, die nach Marx' Ansicht L. Feuerbach weitgehend erfüllt hatte. Dann ist sie *Kritik der Philosophie*, vor allem der Hegelschen Philosophie, auch deshalb, weil diese nach Marx die realen Zustände im modernen Europa am besten verkörperte. "Die *deutsche Rechts- und Staatsphilosophie* ist die einzige mit der offiziellen modernen Gegenwart *al pari* stehende *deutsche Geschichte*."[22] Doch dann wird die Philosophie zur *Kritik der rechtlich-politischen* und immer mehr der *ökonomisch-sozialen Zustände*. Sie wird immer mehr zur praktischen Kritik, d.h. zu einer Theorie, deren einziges Ziel es ist die gesellschaftliche Wirklichkeit umzuformen und unterscheidet sich damit immer radikaler von B. Bauers 'kritischer Kritik'.

Es zeigt sich somit, daß der Übergang von der Philosophie zur Kritik, genauer von der totalen Philosophie Hegels zur Kritik realer den Menschen entfremdender Zustände, daß dieser Übergang schon ein Programm des frühen Marx'schen Denkens ist. In welch beschränktem Maße damit eine Philosophie als solche Existenzberechtigung behält, entwickelt Marx (und Engels) etwas später in der *Deutschen Ideologie*. Dort stellt er der Philosophie oder Spekulation gegenüber "die wirkliche, positive Wissenschaft, die Darstellung der praktischen Betätigung, des praktischen Entwicklungsprozesses der Menschen. ... Die selbständige Philosophie verliert mit der Darstellung der Wirklichkeit ihr Existenzmedium."[23] Obwohl die Autoren hier unter Philosophie vor allem die apriorischen Konstruktionen eines (subjektiven) Idealismus zu verstehen scheinen, sind jeder Philosophie hiermit enge Grenzen gesetzt. Denn sie müßte sich auf die "Betrachtung der historischen Entwicklung der Menschen" beschränken und könnte "nur dazu dienen, die Ordnung des geschichtlichen Materials zu erleichtern, die Reihenfolge seiner einzelnen Schichten anzudeuten".[24]

Um das Verhältnis von Marx zu Hegel zu bestimmen, sind wir bisher zu folgenden Ergebnissen gekommen: Hegels Philosophie ist für Marx die Philosophie überhaupt in ihrer aktuellen Gestalt; sie ist eine totale, in sich abgeschlossene Philosophie; sie muß übergehen in ein praktisches Verhältnis zur Wirklichkeit; die Philosophie muß übergehen in die Kritik der Religion und der realen Zustände, welche die Entfremdung des Menschen begründen; die Philosophie als solche hat keine Existenzberechtigung mehr.

55

2. Philosophische Ansichten

Inwiefern kann man bei Marx von einer Philosophie sprechen? Gerade kamen wir zu dem Ergebnis, daß Marx die Philosophie durch die Kritik ablösen will und zwar bereits in seinen frühesten Schriften. Tatsächlich hat Marx in keinem seiner Werke philosophische Gedanken systematisch ausgearbeitet. Seine Gedanken sind kritisch, im oben gegebenen Sinn des Wortes. Deshalb könnte man sagen, daß es bei Marx keine eigentliche Philosophie und auch keine 'philosophische Periode' gibt.

Aber die Marx'sche Kritik geht von philosophischen Voraussetzungen aus bzw. kommt sie zu allgemein-philosophischen Ergebnissen. Nicht zuletzt kommen Marx' eigene philosophische Ansichten bei seiner Kritik der Hegelschen Philosophie zum Vorschein.

a. Mensch und Natur

Der Mensch in seinem Verhältnis zur Natur, ein Verhältnis das durch die gesellschaftlichen Zustände vermittelt ist, steht im Mittelpunkt des Marx'schen Denkens. Marx wirft Hegel vor, er habe "an die Stelle des *wirklichen individuellen Menschen* das 'Selbstbewußtsein' oder den 'Geist' [ge]setzt ... ".[25] Für Hegel sei der Mensch "nicht das *Konkretum*, sondern das *Abstraktum*, die *Idee*, der *Geist* etc.".[26] Marx verteidigt also gegen Hegel den konkreten einzelnen Menschen und will in seinen Untersuchungen von dem so verstandenen Menschen ausgehen. Der konkrete individuelle Mensch ist nicht so sehr durch sein Bewußtsein, seinen Geist, sondern durch die "materiellen Lebensbedingungen" bestimmt.[27]

Wesentlich gehört zum Menschen das Verhältnis zur Natur. Seine materiellen Lebensbedingungen findet der Mensch teils vor, teils erzeugt er sie auch. Die Erzeugung oder Produktion seiner Lebensbedingungen oder 'Lebensmittel' macht den Menschen erst zum Menschen. Und gerade in der Produktion seiner 'Lebensmittel' wirkt der Mensch auf die Natur ein.[28] Die Natur tritt dem Menschen zunächst "als eine durchaus fremde, allmächtige und unangreifbare Macht" gegenüber.[29]

Aber Marx beschreibt den Menschen und sein Verhältnis zur Natur auch anders. Während er gegen Hegels *abstrakten* den *konkreten* Menschen verteidigt, betont er gegen Feuerbachs Kennzeichnung des *Einzel-menschen* den *gesellschaftlichen* Menschen.[30]

Das Menschsein besteht nicht darin Individuum, selbständige Substanz,

Person zu sein, sondern das Wesen des Menschen ist seine "soziale Qualität".[31] Was nach Marx jeden Menschen substantiell bestimmt, ist auch nicht – wie er Hegel interpretiert – ein "abstraktes, außer der Welt hockendes Wesen". Sondern: "Der Mensch, das ist *die Welt des Menschen*, Staat, Sozietät."[32] Die bekannteste Formulierung dieses Gedankens findet sich in der sechsten *These über Feuerbach*: ". . . das menschliche Wesen ist kein dem einzelnen Individuum innewohnendes Abstraktum. In seiner Wirklichkeit ist es das ensemble der gesellschaftlichen Verhältnisse."[33] Feuerbach wird bezeichnenderweise vorgeworfen, daß er, weil er dieses wahre Wesen des Menschen nicht erfaßt habe, von *abstrakten*, d.h. *isolierten* menschlichen Individuen ausgegangen sei, deren Wesen er nur "als innere, stumme, die vielen Individuen *natürlich* verbindende Allgemeinheit" erklärt habe.[34]

Dagegen ist für Marx das Wesen des Menschen ein konkretes Allgemeines, die ganze Gesellschaft, wie sie sich selbst lebendig hervorbringt. Das Leben der Gesellschaft ist vor allem ihre Arbeit, oder Produktion: "Alles gesellschaftliche Leben ist wesentlich praktisch."[35] Somit gehört auch gerade zum Menschen als gesellschaftlichem Wesen das Einwirken auf die Natur.

Die Natur ist für Marx nicht nur die dem Menschen vorgegebene Welt, die 'fremde Macht'. Sie ist auch die *Vergegenständlichung* seiner Arbeit. Sie ist "sein Werk und seine Wirklichkeit".[36] Die Natur an sich, "in der Trennung vom Menschen fixiert, ist für den Menschen *nichts*".[37] Daher spricht Marx auch immer wieder vom *Werden der Natur zum Menschen*, worin die ganze Weltgeschichte bestehe und darüber, daß Naturwissenschaft und Wissenschaft vom Menschen letztlich eine Wissenschaft seien.[38]

Die Natur ist somit für den gesellschaftlichen Menschen *seine* Wirklichkeit, die Vergegenständlichung *seiner* Arbeit. Aber indem der Mensch sich in der Arbeit vergegenständlicht, wird er sich selbst *entfremdet*. Indem er die Natur vermenschlichen will, indem er etwas von sich in die Natur trägt, entmenschlicht er sich selbst. Die Resultate seiner Arbeit werden zu selbständigen Dingen und treten wieder als fremde Macht, als eigenständige Natur auf.

Die Marx'sche Analyse der Entfremdung wird hier vorausgesetzt. Man kann feststellen, daß innerhalb dieser Analyse der allgemeine Gegensatz von Mensch und Natur festgehalten wird, gerade weil die Natur als vergegenständlichte Arbeit zugleich entfremdete Arbeit ist.[39] Wie Marx sich die Auflösung dieses Gegensatzes vorstellt, wird uns im folgenden beschäftigen.

b. *Erkenntnis*

An die Stelle des allgemeinen Gegensatzes von Subjekt und Gegenstand, von Denken und Sein, wie er sich bei Hegel findet, tritt bei Marx der Gegensatz von Mensch und Natur. Auch bei Marx muß dieser Gegensatz durch die Erkenntnis überwunden werden, wenn auch die Erkenntnis dabei – gegenüber der Praxis – eine untergeordnete Rolle spielt.

Die Kritik, welche Marx an Hegels Erkenntnislehre übt, ist bezeichnend für seine eigene Auffassung der Erkenntnis. Marx hat sogar die Tendenz, viele metaphysische Thesen der Hegelschen Philosophie auf einer erkenntnistheoretischen und methodologischen Ebene zu kritisieren. So werden Probleme der Hegelschen Metaphysik, wie z.B. das Verhältnis zwischen *Idealem* und *Realem*, die Beziehungen zwischen dem *objektiven* bzw. dem *absoluten Geist* und den *einzelnen Subjekten*, ja sogar die Dialektik überhaupt, in Marx' Kritik zu erkenntnistheoretischen Problemen.

Das Verhältnis von *Idealem* und *Realem*, wie es Hegel beschreibt, wird in Marx' Kritik zum Verhältnis zwischen *abstrakten* Gedanken und konkreter Wirklichkeit. Wenn er die Idee an sich und die Kategorien der Hegelschen Logik in ihrem Verhältnis zur Natur untersucht, kommt Marx nicht etwa zu dem Schluß, daß es sich dabei um die Grundwirklichkeit bzw. um ontologische Kategorien handle, sondern es ist "durchaus nichts anderes als die *Abstraktion*, i.e. der abstrakte Denker [sic!]...".[40] Und der Übergang von der Logik in die Naturphilosophie "ist nichts anderes als der ... Übergang aus dem *Abstrahieren* in das *Anschauen*", welchen Marx aus der "Langeweile" des Philosophen erklärt, der sich nach einem anschaulichen Inhalt sehnt.[41]

Ebenso kritisiert Marx Hegels Theorie des Allgemeinen bzw. des *konkreten Allgemeinen*. Hegel ginge jedesmal von einem abstrakten allgemeinen Wesen aus. Dieses würde dann mit allen möglichen konkreten Inhalten gefüllt, so z.B. das allgemeine Wesen 'Frucht' mit 'Birne', 'Apfel', usw. Das Ganze sei keine Erklärung der Wirklichkeit, sondern eine apriorische Konstruktion, bei der von allen Inhalten nur immer das eine allgemeine Wesen ausgesagt werde.[42]

Ein ähnliches Argument bringt Marx, um Hegels Konzeption des *objek-*

tiven Geistes in seiner Beziehung zu den Individuen zu kritisieren. Statt von den realen Verhältnissen in der Gesellschaft und ihren einzelnen Gliedern auszugehen, beginne Hegel mit dem abstrakten Wesen des Staates bzw. der Staatsverfassung. Statt den Staat aus den Bedürfnissen und Beziehungen seiner Glieder zu erklären, würde der Staat selbst zum Erklärungsprinzip von bürgerlicher Gesellschaft, Familie und Einzelnen, in die er sich 'dirimiert'. Hegel verwechsle in seiner Erklärung ständig das konkrete Subjekt und das abstrakte Prädikat.[43]

Marx' Kritik der Hegelschen *Dialektik* ist ebenfalls ausschließlich eine Kritik des subjektiven Hegelschen Vorgehens. Die Hegelsche Dialektik überhaupt ist in seinen Augen eine apriorische Konstruktion, die – obwohl sie positive Aspekte habe – außerhalb der Grenzen eines konstruierenden Bewußtseins keine Geltung habe.

Die *Grundlage der Hegelschen Dialektik* formuliert Marx in dem bekannten Text des *Nachworts zur zweiten Ausgabe des Kapitals*: "Für Hegel ist der Denkprozeß, den er sogar unter dem Namen Idee in ein selbständiges Subjekt verwandelt, der Demiurg des Wirklichen, das nur seine äußere Erscheinung bildet."[44] Daß Hegel sich bei diesem 'Denkprozeß' nur auf die Gedanken bezöge, "die in jedermanns Kopf sind" und, indem er diese "systematisch rekonstruiert und nach der absoluten Methode klassifiziert", die Welt konstruieren wolle, hatte Marx schon viel früher entschieden.[45]

Hegels Dialektik liegt also ein unmöglicher subjektiver Idealismus zugrunde. Dennoch entdeckt Marx einiges Positive der Hegelschen Dialektik. In ihr seien die "allgemeinen Bewegungsformen zuerst in umfassender und bewußter Weise dargestellt" worden.[46] Das eigentlich Große liegt in der "Dialektik der Negativität als dem bewegenden und erzeugenden Prinzip..."[47], also in der dialektischen Negation als Quelle aller Bewegung und Selbstentwicklung. Marx gesteht Hegel zu, daß er damit in der *Phänomenologie* "die Selbsterzeugung des Menschen als einen Prozeß faßt, die Vergegenständlichung als Entgegenständlichung, als Entäußerung und als Aufhebung dieser Entäußerung; daß er also das Wesen der *Arbeit* faßt und den gegenständlichen Menschen, wahren, weil wirklichen Menschen, als Resultat seiner eigenen Arbeit begreift".[48]

Hegel hätte damit für Marx bereits das Wesentliche erfaßt, wäre nicht sein Mensch ein nur *geistiges* Wesen, seine Selbsterzeugung und Arbeit nur *geistige* Tätigkeit, seine Vergegenständlichung und Entäußerung nicht nur *abstrakt* und *immanent*.[49] Daß Hegels Dialektik sich nur auf Geistiges, Abstraktes und Immanentes bezieht, ist für Marx nicht zuletzt aus Hegels Prinzip der *Negation der Negation* ersichtlich. Denn die abstrakte Versöhnung eines Gegensatzes, wie sie in der Negation der Negation geschieht, gibt es in der Wirklichkeit nicht und ist ein spezieller Beweis für Hegels subjektiv-apriorisches Vorgehen.[50]

Marx will Hegels Dialektik 'umkehren', und weil sie hauptsächlich an ihren erkenntnistheoretischen Voraussetzungen krankt, so besteht ihre Umkehrung vor allem darin, sie auf eine neue erkenntnistheoretische Grundlage zu stellen. Worin besteht die Erkenntnistheorie, die Marx der Hegelschen gegenüberstellen will?

Im Gegensatz zu Hegels Apriorismus vertritt Marx die *empirische Methode*. Er will aufhören mit der "Spekulation", an deren Stelle die "wirkliche, positive Wissenschaft" treten soll.[51] Diese geht aus "von den wirklichen, lebendigen Individuen und betrachtet das Bewußtsein nur als *ihr* Bewußtsein".[52]

Wodurch wird das Bewußtsein der Individuen bestimmt, durch apriori gegebene Kategorien? Nein: "Bei mir ist umgekehrt das Ideelle nichts anderes als das im Menschenkopf umgesetzte und übersetzte Materielle."[53] Unter Materiellem versteht Marx alle materiellen Lebensbedingungen des bewußten Individuums. "Nicht das Bewußtsein bestimmt das Leben, sondern das Leben bestimmt das Bewußtsein"[54], ist eine der bekannten Formulierungen dieses Gedankens.

Somit könnte es scheinen, als sei die Erkenntnistheorie, die Marx seiner Dialektik zugrunde legen möchte, eine *Abbildtheorie*, nach der die Objekte, denen das bewußte Individuum in seinem materiellen Leben (Produktion) begegnet, in seinem Kopf oder Gehirn abgebildet würden. Weiterhin bestünde die Erkenntnis in einem gewissen Ordnen des empirisch gegebenen Stoffes.

Zur Erkenntnislehre von Marx gehören aber noch andere Gedanken. Sicher nimmt Marx – wie Hegel – einen Realismus des einzelnen Bewußtseins als solchen an. Doch ist das vollkommene Bewußtsein wesentlich gesellschaftlich oder 'Gattungsbewußtsein', das eigentliche Objekt des Bewußtseins ein durch die gesellschaftliche Praxis geschaffenes.[55]

Der eigentliche Grund dafür, daß das Bewußtsein stets gesellschaftliches Bewußtsein ist, liegt darin, daß das Bewußtsein aus der gesellschaftlichen Praxis, Arbeit oder Produktion entsteht. Deswegen ist auch das Objekt des Bewußtseins nicht einfach *das Sein*, eine unabhängige Wirklichkeit oder Natur, sondern *das Sein*, wie es in der *gesellschaftlichen Praxis* geformt ist. Marx sagt daher, es ist "ihr gesellschaftliches Sein, das ihr Bewußtsein bestimmt".[56]

Die ursprüngliche Zweideutigkeit, die sich in Marx' Begriff des Menschen und dem der Natur findet, kommt hier wieder im Begriff des Bewußtseins bzw. in dem des Seins, als dem Objekt des Bewußtseins, zum Vorschein. Das Bewußtsein ist einerseits Bewußtsein des *Individuums*, andererseits *gesellschaftliches* Bewußtsein; das Sein ist einerseits die dem Erkennenden *vorgegebene* materielle Wirklichkeit, andererseits das durch die menschliche Praxis *geformte* gesellschaftliche Sein.

Die Zweideutigkeit des Erkenntnisobjekts hat denselben Grund wie die Zweideutigkeit der Natur: die Entfremdungsdialektik. Durch die Aneignung der Natur in der bewußten, zielstrebigen Arbeit, wird das Bewußtsein zugleich vergegenständlicht und entfremdet. Dadurch besteht ein unaufgelöster Gegensatz zwischen Bewußtsein und Sein. Der Gegensatz wird nur aufgehoben durch die Entwicklung der Menschheit, durch die verschiedenen Stufen ihrer Entfremdung, bis zum vollen Bewußtsein ihrer selbst. Dieses Ziel wird nur erreicht durch die Praxis und speziell die *revolutionäre Praxis*.

c. *Praxis*

Der Begriff der Praxis (Arbeit, Produktion) durchzieht das gesamte philosophische Denken von Marx. Denn das Hauptinteresse seines Denkens ist auf den Menschen in seinem praktisch-bewußten Verhältnis zur Natur gerichtet. So wurde bereits gezeigt, daß die sich entfremdende Arbeit das Verhältnis von Mensch und Natur allgemein bestimmt, und ebenso, daß das gesellschaftliche Bewußtsein aus der gesellschaftlichen Praxis entsteht. Es bleibt nun diese Praxis im Einzelnen zu betrachten, besonders wie sie als 'revolutionäre Praxis' die Aufhebung aller Gegensätze zwischen dem Menschen und seiner Umwelt bewirkt.

Marx wirft Hegel vor, für ihn sei der Mensch nur Selbstbewußtsein. Daher sei auch der Prozeß der Selbsterzeugung des Menschen durch Entfremdung und Selbstentäußerung, bzw. durch die Aufhebung der Selbstentäußerung, nur ein Prozeß innerhalb des Bewußtseins. Die einzige Art, den Gegensatz zwischen Subjekt und Gegenstand aufzuheben, liege für Hegel daher im *Wissen*. "Wissen ist sein einziges gegenständliches

Verhalten."[57] Im Bewußtsein fällt es natürlich leicht Gegensätze aufzuheben, denn darin ist "der Gegenstand nur der *Schein* eines Gegenstandes", nur Gedankending, mit dem man nach Belieben verfahren kann.
Hegels Aufhebung des Gegensatzes durch das Wissen ist daher nur eine
eingebildete und scheinbare.[58]

Die wirkliche Aufhebung des wirklichen Gegensatzes kann nach Marx
nur durch die Praxis geschehen. L. Feuerbach hat diesen Gedanken schon
etwas entwickelt, denn er betont gegen Hegel den Vorrang der *Sinneserkenntnis* und der empirischen Methode. Aber auch bei Feuerbach fehlt
noch viel zu einem richtigen Begriff der Praxis. Denn Feuerbach bleibt
bei der *passiven* sinnlichen Anschauung des *einzelnen* Erkenntnissubjekts
stehen, wogegen bei Marx das 'gegenständliche Verhalten' zur *aktiv* um-
wälzenden Praxis des *gesellschaftlichen* Menschen wird.[59]

Feuerbach sah deshalb auch noch in der *Natur*, dem Objekt der Praxis,
eine *selbständige*, dem Menschen vorgegebene und fremde *Wirklichkeit*.
Marx kritisiert: "Er sieht nicht, wie die ihn umgebende sinnliche Welt
nicht ein unmittelbar von Ewigkeit her gegebenes, sich stets gleiches Ding
ist, sondern das Produkt der Industrie und des Gesellschaftszustandes...,
ein geschichtliches Produkt ist, das Resultat der Tätigkeit einer ganzen
Reihe von Generationen, deren Jede ... ihre Industrie und ihren Verkehr
weiter ausbildete, ihre soziale Ordnung nach den veränderten Bedürfnissen modifizierte."[60] So und nur so sind die Gegenstände, die wir
täglich sinnlich erfahren, also auch Landschaften, Wälder, usw., zu
erklären.[61]

Im obigen Text erklärt Marx, daß jeder Stufe in der Veränderung und
Vermenschlichung der Natur eine bestimmte Form der sozialen Ordnung,
speziell des Handels und der Industrie, entspricht. Die Geschichte der
Vermenschlichung der Natur muß gleichzeitig die Geschichte der gesell-
schaftlichen Verhältnisse sein, denn die Praxis ist immer gesellschaftlich.
Der Geschichte der gesellschaftlichen Verhältnisse folgt wiederum die
Geschichte des sozialen Bewußtseins, oder – wie Marx auch sagt – des
'Gattungsbewußtseins'.[62] Durch sein Bewußtsein wirkt der Mensch aber
auch umgekehrt ordnend und zielstrebig auf die Natur und die gesellschaftlichen Verhältnisse ein.[63]

Natur, Gesellschaftsleben und *Gattungsbewußtsein* gehören also für
Marx zusammen und entsprechen einander. Sie bilden eine Einheit in
der Verschiedenheit, weswegen Marx auch in diesem Zusammenhang

sagt: "Denken und Sein sind also zwar *unterschieden*, aber zugleich in *Einheit* miteinander."[64]

Die Geschichte entwickelt sich aufwärts zur immer größeren Einheit dieser Sphären. Diese Einheit ist *erstens* dann erreicht, wenn der gesellschaftliche Mensch sich ganz mit der Natur versöhnt hat, die Welt ihm zu einer menschlichen Welt geworden ist. Denn: "Der Mensch verliert sich nur dann nicht in seinem Gegenstand, wenn dieser ihm als *menschlicher* Gegenstand oder gegenständlicher Mensch wird. Dies ist nur möglich, wenn er ihm als gesellschaftlicher Gegenstand . . . wird."[65] Aber diese Einheit ist *zweitens* dann erreicht, wenn der Mensch als Gattungsbewußtsein zum vollen Bewußtsein seiner selbst und der Natur gekommen ist.

Den geschichtlichen Zustand der Einheit von Natur, Gesellschaftsleben und Gattungsbewußtsein nennt Marx den Zustand des *Kommunismus*.[66] Der Weg zu diesem Zustand ist die Geschichte der menschlichen Praxis. Die entscheidende letzte Rolle bei der Erreichung dieses Zieles spielt die *revolutionäre Praxis des Proletariats*.

Marx hat, von einer Analyse der menschlichen Arbeit ausgehend, seine Lehre von den Eigentumsverhältnissen, von den Klassen, usw., in ihrem historischen Ablauf entwickelt. Diese Lehre wird hier vorausgesetzt. Nach ihr kommt es in der Menschheitsgeschichte zur Herausbildung einer Klasse, in der es zu einer ganz extremen Selbstentäußerung und Entfremdung des Menschen kommt. Es ist die Klasse, "welche mit einem Wort der *völlige Verlust* des Menschen ist, also nur durch die *völlige Wiedergewinnung des Menschen* sich selbst gewinnen kann. Diese Auflösung der Gesellschaft als ein besonderer Stand ist das Proletariat."[67] Die Praxis des Proletariats ist die Revolution, durch welche nicht nur die bestehenden Eigentumsverhältnisse, sondern das Privateigentum überhaupt, nicht nur die bestehenden politischen Verhältnisse, sondern der Staat überhaupt aufgehoben werden.

Am Beispiel der Praxis des Proletariats hat Marx auch besonders den Sinn seiner *praktischen Kritik* und der *Aufhebung der Philosophie* erläutert. Das Proletariat benötigt in seiner Praxis eine richtungweisende Theorie, und ". . . auch die Theorie wird zur materiellen Gewalt, sobald sie die Massen ergreift".[68] Um zur materiellen Gewalt zu werden, muß die Theorie "ad hominem demonstrieren", sie muß "radikal" sein und das heißt sie muß den "wirklichen Menschen" erfassen.[69] Als solche kann sie dann wie ein "Blitz" in den "naiven Volksboden" einschlagen[70] und erreicht, daß das Proletariat zum Bewußtsein seiner selbst, vom *Ansichsein* zum *Fürsichsein* kommt. Als solches bewirkt es in seiner Revolution "... die *Emanzipation des Menschen*. Der *Kopf* dieser Emanzipation ist die *Philosophie*, ihr *Herz* das *Proletariat*. Die Philosophie kann sich nicht verwirklichen ohne die Aufhebung des Proletariats, das Proletariat kann sich nicht aufheben ohne die Verwirklichung der Philosophie."[71]

3. *Zusammenfassende Beurteilung der Stellung Marx' zu Hegel*

Marx' Verhältnis zu Hegel läßt sich als ein ständiger Kampf charakterisieren. Obwohl Marx immer wieder Hegel kritisiert und auf die Falschheit seiner Philosophie hinweist, ist er doch so von ihr geprägt und angezogen, daß er immer wieder zu ihr zurückkommt. Abschließend kann man daher zwei Fragen stellen:

(1) Wie läßt sich Marx' Kritik an Hegel allgemein beurteilen?

(2) Was hat Marx – bewußt oder unbewußt – an Hegelschen Gedanken übernommen?

(1) Marx kritisiert Hegel fast ausschließlich von einem subjektiv-genetischen Standpunkt aus, d.h. statt auf den Inhalt seiner Theorien einzugehen und ihnen etwa andere Theorien gegenüberzustellen, will er erklären auf welche illegitime Weise Hegel diese Theorien entwickelt habe. Marx sagt immer wieder, Hegel folge in seinem Denken einer subjektiv-idealistischen Methode. Er gehe jeweils von einem abstrakten allgemeinen Wesen aus und fülle dieses dann beliebig mit einzelnen konkreten Inhalten. Das abstrakte Prädikat erhielte bei ihm die Stelle des konkreten Subjekts. Wenn Hegel manchmal den Eindruck erwecke, er orientiere sein Denken (durch viel Fachwissen, lebendiges Interesse an konkreten Fragen, usw.) an der objektiven Wirklichkeit, so dürfe man diesem Eindruck nicht glauben.

Mit dieser Kritik hat Marx sicher wenigstens zu einem Teil recht. Nur trifft er damit nicht direkt den Inhalt der Hegelschen Philosophie, bzw. widerspricht sogar direkt der Hegelschen Erkenntnistheorie. Denn eine Dialektik als subjektiv-apriorische Methode würde Hegel ebenso streng wie Marx als 'äußere Reflexion' und inhaltlose Methode verurteilen.

Wo Marx von dieser methodologischen Kritik aus auf den Inhalt der Lehren schließt, scheint er Hegel oft nicht gerecht zu werden. So z.B. wenn er Hegels *Idee* als subjektiven Denkprozeß, Hegels *Menschen* als

64

abstraktes Wesen und zugleich als hypostasiertes einziges Subjekt interpretiert; wenn er sagt, für Hegel gälten die *Gesetze der Dialektik*, speziell
das der Negation der Negation und die ganze Entfremdungsdialektik nur
innerhalb des Bewußtseins; wenn er meint, bei Hegel spiele die *Praxis*
gar keine Rolle und an ihrer Stelle stehe das Wissen.

(2) Es gibt viele wichtige Hegelsche Gedanken, die Marx übernommen
hat. Marx akzeptiert Hegels *Dialektik* als allgemeine Entwicklungslehre.
Er erachtet die dialektische Negation dabei als wesentlich. Obwohl Marx
vom einzelnen reellen *Menschen* ausgeht, kommt er doch in seiner Bestimmung des Menschen als dem "ensemble der gesellschaftlichen Verhältnisse" zu Hegels Theorie des konkreten Allgemeinen. Obwohl Marx
vom Einzelnen Individuum als *Erkenntnissubjekt* ausgeht, kommt er doch
– wie Hegel – zum allgemeinen Bewußtsein, dem gesellschaftlichen Bewußtsein oder Gattungsbewußtsein, als dem eigentlichen Erkenntnissubjekt. Für Hegel ist der Mensch oder Geist das innere Ziel der Entwicklung der einen Grundwirklichkeit. Für Marx ist der Mensch das
Zentrum dieser Wirklichkeit und alles wird durch ihn bestimmt. So
besteht auch die Natur letztlich nur als Resultat und Entfremdung der
menschlichen *Praxis*. Daher könnte man Marx einen praktischen Idealisten nennen.

Bei Hegel ist dieser Aspekt der Praxis und der Bearbeitung der Natur
viel weniger entwickelt als bei Marx. Aber bei Hegel ist vieles angedeutet,
was Marx später weiterentwickelt hat.[72] Auch bei Hegel kommt es ohne
die Praxis nicht zur bewußten Einheit von Denken und Sein. Allerdings
wird bei ihm das theoretische Erkennen nicht durch die Praxis abgelöst,
sondern der Gegensatz von theoretischem und praktischem Erkennen
wird in einem höheren Erkennen aufgehoben. So konstruiert Hegel trotz
seiner Lehre von der Praxis ein allumfassendes philosophisches System.
Bei Marx geht die Philosophie in die Praxis über.

B. ENGELS

1. *Allgemeines*

Wie Marx, so beurteilt auch Engels die Philosophie Hegels als *die* Philosophie seiner Zeit. Als totale Philosophie und allumfassendes System muß
sie durch die Kritik und ein praktisches Verhalten zur Wirklichkeit überwunden werden. Dieser Gedanke kommt bereits in Marx' und Engels'

frühen gemeinsamen Werken, vor allem in der *Deutschen Ideologie*, aber auch in der *Heiligen Familie* zum Ausdruck.[73]

Für Engels ist es klar, daß "Systematik *nach* Hegel unmöglich" ist, daß – obwohl "die Welt ein einheitliches System" ist – jeder Versuch dieses Ganze systematisch zu erfassen scheitern muß.[74] Aber im Konstruieren von Systemen, die die ganze Wirklichkeit erklären sollen, besteht gerade die Philosophie. Die Philosophie muß aufgehoben werden durch "die positive Wissenschaft von Natur und Geschichte" und sich selbst beschränken, "die Lehre vom Denken und seinen Gesetzen" zu sein.[75]

Aber wie Marx, so ist auch Engels in seiner Kritik auf philosophische Grundlagen und Ansichten angewiesen. Er beschäftigt sich mit vielen philosophischen Problemen und behandelt diese sehr ausführlich in seinen Werken. Immer geschieht das, indem er sich mit der philosophischen Tradition und vor allem mit Hegel auseinandersetzt.

Engels untersucht Hegel gründlicher und beurteilt ihn positiver als es Marx tut. Er untersucht ihn gründlicher, weil er ohne Zweifel auch für die Einzelheiten seiner Lehre großes Interesse hat. Seine Kritik scheint nicht – wie die Marx'sche – davon auszugehen, daß das Begreifen des Gegenstandes als solchen ohne Interesse sei.[76] Engels beurteilt Hegels Philosophie in Einzelheiten positiver als Marx. Feuerbach wirft er vor, er habe Hegel einfach rundwegs abgelehnt und ihn dadurch nicht überwunden.[77] Dagegen wird er selbst in der Auseinandersetzung mit Hegel dazu geführt, viele philosophische Ansichten von ihm zu übernehmen.

Obwohl Engels also die Philosophie durch die Kritik und die 'positive Wissenschaft' überwinden will, nimmt er zu so vielen philosophischen Problemen Stellung, daß man aus seinen Ansichten allein ein (wenn auch sehr dürftiges) philosophisches System bilden kann. Gerade das hat die sowjetische Philosophie getan und darin besteht die Bedeutung Engels' für den sowjetischen Diamat. Der Tatsache, daß Engels oftmals hegelianische Ansichten vertritt, verdankt die heutige sowjetische Philosophie den größten Teil ihres Hegelianismus.

2. *Der Begriff der Dialektik*

Wie für Hegel, so ist auch für Engels die Dialektik zugleich Gesetz der Wirklichkeit und inhaltliche Methode, d.h. eine Anschauungsweise der Dinge, die im Wesen der Wirklichkeit begründet ist.

66

Das Wesentliche der Dialektik ist nach Engels, daß sie die Dinge nicht statisch und isoliert betrachtet, sondern in ihrer Bewegung und gegenseitigen Abhängigkeit. Die ganze Wirklichkeit befindet sich in ständigem Werden, und obwohl es rückläufige Bewegung und Vergehen der Einzelnen gibt, ist das Ganze doch in fortschreitender Entwicklung. Die einzelnen Seienden sind nicht selbständig, sondern begründen sich wechselseitig in einem allgemeinen Zusammenhang. In dieser Beschreibung des Wesens der Dialektik beruft Engels sich explizit auf Hegels allgemeinen *Evolutionismus* und *konstitutiven Relationalismus*, und wendet sich mit Hegel (und in dessen Terminologie) gegen die 'Metaphysik' bzw. gegen den alten, mechanistischen Materialismus.[78]

In einer weiteren Analyse kommt Engels zur Formulierung von *drei Gesetzen*, welche die Wesensstruktur der Dialektik ausmachen.[79] Er erklärt offen, daß alle drei Gesetze von Hegel stammen und gibt sogar die Stellen bei Hegel an.[80] Die Gesetze der Dialektik wirken sowohl in der Entwicklung der *Natur*, als auch in der Geschichte der *Gesellschaft*, als auch in der Geschichte des menschlichen *Denkens*. Als Denkgesetze sind sie aus Natur und Gesellschaft abstrahiert, nicht umgekehrt im Denken konstruiert und dann "der Natur und Geschichte aufoktroyiert", wie Engels – der Marx'schen Kritik folgend – Hegel vorwirft.[81] Im Gegensatz zu Marx entwickelt Engels so eine eigene Dialektik der Natur

3. *Objektive Dialektik*

Während bei Marx die Natur erst in Beziehung auf den Menschen, als Entfremdung seiner Arbeit hervortritt, ist sie bei Engels eine dem Menschen und der Menschheit vorausgegebene und selbständige Wirklichkeit. Aber er will damit keineswegs einen Dualismus von Mensch und Natur vertreten. Mensch und Natur haben eine gemeinsame Grundeigenschaft, welche zugleich die eine Grundwirklichkeit ist: die ewige, sich entwickelnde Materie. Alles Seiende ist eine Daseinsform der sich entwickelnden Materie.[82]

Die Entwicklungsgeschichte der Materie führt über die unbelebte Natur, Pflanze, Tier, Mensch, zum Bewußtsein. Engels versucht daher zunächst die Dialektik, bzw. ihre drei Gesetze als objektive Dialektik nachzuweisen, d.h. an Beispielen aus der Natur und aus der Geschichte der menschlichen Gesellschaft.[83]

Im Zusammenhang der dialektischen Entwicklung der Materie zu immer höheren Daseinsformen ist es interessant zu wissen, ob Engels sich diese Entwicklung *teleologisch* vorstellt. Engels geht bei der Beantwortung dieser Frage stets auf Hegel zurück: bereits Hegel habe sich nicht in dem Gegensatz von Wirkursache und Endursache fangen lassen und statt dessen den Begriff des *inneren Zwecks* geprägt. Was Hegel zur Erklärung der Selbstverwirklichung der Idee gebraucht hatte, wendet Engels auf die Materie an: nachdem die Materie unerschaffbar und ewig ist, ist sie "ihre eigne Endurchsache".[84]

Der innere Zweck der Materie, wie der der Hegelschen Idee, ist die Hervorbringung des Geistes. Freilich drückt Engels diesen Gedanken auf seine Art aus: "Die alte Teleologie ist zum Teufel, aber fest steht jetzt die Gewißheit, daß die Materie in ihrem ewigen Kreislauf nach Gesetzen sich bewegt, die auf bestimmter Stufe . . . in organischen Wesen den denkenden Geist mit Notwendigkeit hervorbringen".[85] Der denkende Geist ist "die höchste Blüte" der Entwicklung der Materie.[86] Welche Beziehung besteht zwischen dem denkenden Geist und der Materie, bzw. den Daseinsformen der Materie, aus denen er hervorgegangen ist?

4. *Die Grundfrage der Philosophie*

Die Frage nach der Beziehung zwischen denkendem Geist und Materie, oder zwischen Denken und Sein, nennt Engels die *Grundfrage der Philosophie*. In der Beantwortung dieser Frage möchte er zur entscheidenden Überwindung Hegels kommen. Ausführlich entwickelt Engels seine diesbezüglichen Gedanken vor allem in seinem *Ludwig Feuerbach*. Dort heißt es: "Die große Grundfrage aller, speziell neueren Philosophie ist die nach dem Verhältnis von Denken und Sein."[87] Und etwas weiter: "Die Frage nach dem Verhältnis von Denken und Sein, des Geistes zur Natur, die höchste Frage der gesamten Philosophie..."[88]

Engels unterscheidet zwei Seiten dieser Grundfrage: erstens das allgemeine Verhältnis von *Geist* und *Natur*, zweitens das Verhältnis von *erkennendem Subjekt* und *erkanntem Objekt*. Dazu kommt jedoch in Engels' Untersuchung noch eine dritte Seite, die er zur Bewertung Hegels erwähnt, nämlich das Verhältnis des *objektiven idealen Seins* zur realen *Wirklichkeit*.[89]

Wenn man nun zur Klarheit eine andere Terminologie einführt, so kann man sagen: auf die Grundfrage in ihrem ersten Aspekt gibt es – vereinfachend gesagt – zwei mögliche Antworten, eine *spiritualistische* und eine *materialistische*; auf die Grundfrage in ihrem zweiten Aspekt gibt es eine *subjektiv-idealistische* und eine *realistische* Antwort; auf die dritte Seite der Grundfrage gibt es eine *objektiv-idealistische* und eine *objektiv-realistische* Antwort.

Bei der Beantwortung der ersten Seite der Grundfrage entscheidet sich Engels klar für den *Materialismus*. Die Vorstellungen von einer Seele, von deren Unsterblichkeit, von Göttern oder einem Gott und von der Erschaffung der Welt und des Menschen, lehnt er als primitiv und 'langweilig' ab. Dagegen betont er die Ursprünglichkeit der materiellen Natur, die schließlich den Menschen und sein Denken hervorgebracht habe.

Bei der Beantwortung der gnoseologischen Seite der Grundfrage bekennt sich Engels zum *Realismus*. Er ist "wie die größte Zahl der Philosophen" für die "Identität von Denken und Sein", aber natürlich nicht so, als wäre das Denken und dessen Kategorien das Ursprüngliche gegenüber der objektiven Wirklichkeit, sondern umgekehrt.

Bezüglich der dritten Seite der Grundfrage wendet Engels sich scharf *gegen Hegels objektiven Idealismus*. Er zeigt für die Hegelsche Idee mehr Verständnis als Marx, der sie als subjektives Denken interpretiert hatte. Aber auch seine Interpretation trifft nicht den Kern der Hegelschen Lehre. Er verwechselt die logische Vorgegebenheit der Idee mit einer zeitlichen Priorität und versteht nicht, daß für Hegel die Kategorien der Idee zugleich die dynamische Struktur der Wirklichkeit sind, daß Hegels Logik eine Ontologie ist.[90]

Engels möchte Hegel korrigieren, aber er stellt seinem objektiven Idealismus nicht etwa einen objektiven Realismus, sondern den gnoseologischen Realismus entgegen: "Wir faßten die Begriffe unseres Kopfes wieder materialistisch als die Abbilder der wirklichen Dinge, statt die wirklichen Dinge als Abbilder dieser oder jener Stufe des absoluten Begriffs."[91] In diesem Text kommt erneut das Mißverständnis der Hegelschen Idee oder des 'absoluten Begriffs' zum Ausdruck. Hegels Idee existiert nicht irgendwo außerhalb und vor der Wirklichkeit; die wirklichen Dinge sind daher auch nicht ihre Abbilder oder – wie es auf derselben Seite heißt – ihr 'Abklatsch'. Aber auch wenn man dieses Mißverständnis außer acht läßt, scheint Engels' 'Umkehrung' keinen Sinn zu haben, denn Hegels objektiver Idealismus und der erkenntnistheoretische Realismus von Engels sind keine Gegensätze.

Engels sieht sie als Gegensätze an, wobei er von folgender Voraussetzung auszugehen scheint: der *objektive Idealismus* impliziert den *subjektiven Idealismus*. Wie kommt er zu dieser Ansicht?

Für Engels scheint es evident zu sein, daß der Spiritualismus den subjektiven Idealismus impliziert, genauso wie umgekehrt der Materialismus den erkenntnistheoretischen Realismus impliziert (denn da die Materie bzw. die Natur den denkenden Geist hervorgebracht hat, d.h. vor ihm und unabhängig von ihm existiert hat, kann der Geist als Erkenntnissubjekt nicht das selbständige Objekt autonom bestimmen).

Andererseits sieht Engels den objektiven Idealismus als eine Abart des Spiritualismus an und sagt, Hegels absolute Idee sei nur ein "phantastischer Überrest des Glaubens an einen vorweltlichen Schöpfer".[92]

Engels hat aus diesen Gedanken niemals ein Argument formuliert. Aber sicher liegen sie seiner 'Umkehrung' Hegels zugrunde. Seit Engels gehören sie zu den implizierten Voraussetzungen in Argumenten des Diamat gegen den objektiven Idealismus und Spiritualismus.

Wenn man so die drei Seiten der Grundfrage und ihre gegenseitige Abhängigkeit mit Engels begreift, wird man auch die zwei Bedeutungen des Wortes 'Materialismus' bei Engels und seither im Diamat verstehen. *Materialismus* ist erstens die dem Spiritualismus in jeder Form entgegengesetzte Ansicht und ist zweitens der – gegenüber subjektivem und objektivem Idealismus vertretene – erkenntnistheoretische *Realismus*.

5. *Realismus und Wahrheitsbegriff*

Der Materialismus als Realismus bedeutet für Engels die Widerspiegelung der selbständigen objektiven Welt (Natur und Gesellschaft) im denkenden Geist des Menschen. Die beiden Pole dieser Beziehung der Widerspiegelung oder Abbildung heißen bei Engels: 'Geist', 'Denken', 'Bewußtsein', bzw. 'Natur', 'Sein', 'objektive Wirklichkeit', 'objektive Welt', 'Materie'. Oder er spricht von der 'subjektiven Dialektik', welche der Reflex der 'objektiven Dialektik' ist.[93]

Aus der Selbständigkeit und Vorgegebenheit der objektiven Wirklichkeit ergibt sich für Engels die realistische Auffassung der Erkenntnis und die Notwendigkeit einer empirischen, auf Sinneserfahrung aufbauenden Erkenntnismethode. "Die Ideen alle der Erfahrung entlehnt, Spiegelbilder – richtig oder verzerrt – der Wirklichkeit"[94], so lautet einer seiner Aphorismen in den Vorarbeiten zum *Anti-Dühring*. Und etwas weiter heißt es: "Die allgemeinen Resultate der Untersuchung der Welt kommen am Ende

70

dieser Untersuchung heraus, sind also nicht *Prinzipien*, Ausgangspunkte, sondern *Resultate*, Abschlüsse."[95]

Die Annahme der Selbständigkeit der Natur gegenüber dem denkenden Geist erschwert das Verständnis der für die Erkenntnis notwendigen Einheit. Diese Einheit, welche Grundlage der Möglichkeit jeder Erkenntnis ist, besteht darin, daß der Mensch, sein Gehirn und auch sein Denken, selbst "Naturprodukte sind" und daher "dem übrigen Naturzusammenhang nicht widersprechen, sondern entsprechen".[96]

Engels' Gedankengang liesse sich folgendermaßen formulieren: die Materie, bzw. die Natur hat den Menschen und damit den denkenden Geist dialektisch hervorgebracht; daher ist die Natur das dem Geist vorgegebene, selbständige Erkenntnisobjekt, welches den Geist von aussen her bestimmt; andererseits ist aber der denkende Geist dadurch nicht unabhängig von der objektiven Wirklichkeit, weil er ihr Produkt ist, und darin besteht die alle Erkenntnis ermöglichende Einheit.

Engels hat sich viele Gedanken über die *Wahrheit* gemacht. Er geht von der allgemeinen Wahrheitsdefinition des erkenntnistheoretischen Realismus aus. Daher scheint es auch zunächst, als sei für Engels das Subjekt wahrer Erkenntnis jedes denkende Individuum. Er beschreibt die Erkenntnis sogar als Widerspiegelung der Wirklichkeit im *Kopf* des Menschen.[97]

Andererseits ist es klar, daß es sich in der subjektiven Dialektik, welche die Wirklichkeit in ihrer Entwicklung reflektiert, nicht nur um die Erkenntnis der Einzelnen handeln kann, sondern um "die Entwicklungsgeschichte des menschlichen Denkens".[98] Engels frägt sich, "was das menschliche Denken ist. Ist es das Denken eines einzelnen Menschen? Nein. Aber es existiert nur als das Einzeldenken von vielen Milliarden vergangner, gegenwärtiger und zukünftiger Menschen".[99]

Das menschliche Denken ist das sich in vielen Einzelnen geschichtlich verwirklichende Menschheitsdenken oder Menschheitswissen. Zwischen der Entwicklung des Denkens jedes Einzelnen und der Entwicklung des Menschheitswissens soll eine verhältnismäßige Übereinstimmung bestehen. Diesen Gedanken hebt Engels schon an Hegels Phänomenologie lobend hervor.[100] Zum Vergleich verweist er immer wieder auf die Übereinstimmung zwischen Embriologie und Paläontologie.[101]

Fragt man nun, von welchem Erkennen die Wahrheit ausgesagt wird, vom Erkennen des Einzelnen oder vom Erkennen der Menschheit, so ist Engels' Antwort klar: von der "souveränen Geltung" der Erkenntnis eines

Einzelnen kann keine Rede sein, denn eine solche muß "ohne Ausnahme stets viel mehr Verbesserungsfähiges als Nichtverbesserungsfähiges oder Richtiges enthalten".[102] Dagegen sagt er (mit direkter Bezugnahme auf Hegel): ". . . die Wahrheit lag nun in dem Prozeß des Erkennens selbst, in der langen geschichtlichen Entwicklung der Wissenschaft, die von niederen zu immer höheren Stufen der Erkenntnis aufsteigt, ohne aber jemals durch Ausfindung einer sogenannten absoluten Wahrheit zu dem Punkt zu gelangen, wo sie nicht mehr weiter kann. . ."[103]

Die Wahrheit erscheint somit für Engels in dem *Prozeß* der geschichtlichen Entwicklung des Menschheitswissens; dieser Prozeß führt zu immer höheren Stufen; er erreicht nie eine letzte Stufe der *absoluten Wahrheit*. Ist somit die Wahrheit das Ganze des geschichtlichen Verlaufs der Erkenntnis, so ergibt sich daraus das dialektische Verhältnis, daß die Wahrheit aus einer Menge relativer Irrtümer und beschränkter Erkenntnisse besteht.[104] Jede einzelne Erkenntnis und jede Teilwahrheit ist *relativ*. Engels versucht diesen Relativismus in den verschiedenen Wissenschaften nachzuweisen.[105]

Engels vertritt die Relativität jeder Erkenntnisstufe nicht nur in dem Sinn, daß sie nur eine beschränkte Erkenntnis der Wirklichkeit gebe und stets weiter auszubauen sei, sondern er meint, jede Erkenntnis würde durch die veränderten Umstände und Zusammenhänge wieder aufgehoben. Das gilt auch für die Erkenntnisse, welche zu einer Zeit und zu gewissen Umständen wahr und berechtigt waren.[106]

Obwohl Engels diese Gedanken in Hegels Dialektik überhaupt und besonders in seiner Erkenntnistheorie findet, macht er Hegel den Vorwurf, daß er nicht konsequent geblieben sei, indem er ein System entworfen habe, welches die absolute und endgültige Wahrheit darstellen solle.[107] Der Gedanke von der Relativität jeder Teilwahrheit läßt sich nicht mit der Konstruktion eines Systems verbinden. Denn das System – speziell das philosophische – bringt in einen allumfassenden und starren Zusammenhang, was tatsächlich immer beschränkt und in dialektischem Wandel begriffen ist.[108]

Aus all dem folgt eine besondere Auffassung der Erkenntnistheorie. Ist nämlich die wahre Erkenntnis die Erkenntnis der Menschheit in ihrer geschichtlichen Entwicklung, so wird die Erkenntnistheorie zur Geschichtsschreibung des Menschheitswissens. "Die Wissenschaft vom Denken ist also, wie jede andere, eine historische Wissenschaft, die

Wissenschaft von der geschichtlichen Entwicklung des menschlichen Denkens."[109] Ein Beispiel dafür gibt Engels in der dialektischen Auffassung der Geschichte des Materialismus: "... die antike Philosophie war ursprünglich naturwüchsiger Materialismus. Aus diesem ging Idealismus, Spiritualismus, Negation des Materialismus hervor. ... Die Negation dieser Negation ist – die Reproduktion des alten auf höherer Stufe, der moderne Materialismus..."[110]

Engels unterscheidet nicht zwischen Wahrheit, wahrer Erkenntnis, und Erkenntnis überhaupt. Das ist in gewisser Hinsicht verwirrend. Wenn es z.B. eine Wesenseigenschaft der wahren Erkenntnis ist, sich im geschichtlichen Verlauf der subjektiven Dialektik zu verwirklichen, also Prozeß, relativ bzw. absolut zu sein, so darf man dabei nicht vergessen, daß das Wesen der Wahrheit auch für Engels in der *Übereinstimmung* (der subjektiven mit der objektiven Dialektik) besteht. Davon wurde in dem bisher Gesagten noch nichts erklärt, im Gegenteil ist die Vorstellung daß das Menschheitswissen in seiner Geschichte die Wirklichkeit in ihrer Geschichte abbilden soll, schwerer zu begreifen, als die Abbildung eines Objekts im Erkennen eines Einzelnen.

Engels gibt auf die vielen Schwierigkeiten dieser dialektischen, geschichtlichen Abbildtheorie keine klare Antwort. Doch findet man in seinem Denken die folgenden Vorstellungen impliziert: es gibt in der Wirklichkeit eine sich gleich bleibende hierarchische Grundordnung, nämlich die verschiedenen Bewegungsformen der Materie, die sich nacheinander entwickelt haben, aber jetzt zugleich bestehen. Dieser Grundordnung entsprechen die verschiedenen Wissenschaften in ihrer gegenseitigen Zuordnung.[111] Daneben gibt es zu jedem Zeitpunkt Veränderungen der Wirklichkeit, denen – wenigstens z.T. – die Veränderungen in den einzelnen Wissenschaften entsprechen.

Die Veränderungen in der Wirklichkeit werden vor allem deshalb in der Wissenschaft reflektiert, weil es wesentlich der Mensch ist, der die Veränderungen in der Wirklichkeit hervorruft, durch die *Praxis*.

6. *Praxis*

Zwischen Mensch und Natur, zwischen Denken und Sein besteht nach Engels eine grundsätzliche Einheit. Diese Einheit hat ihren letzten Grund darin, daß die Materie bzw. die Natur den Menschen und sein Denken dialektisch hervorgebracht hat. Der Mensch ist nichts anderes als der

DIE SOWJETISCHE ERKENNTNISMETAPHYSIK UND HEGEL

Zustand "in dem die Natur das Bewußtsein ihrer selbst erlangt".[112] Dadurch ist jeder Dualismus ausgeschlossen. Erkenntnistheoretisch bedeutet das die grundsätzliche Identität von Denken und Sein, der Denk- und Seinsgesetze und die Unmöglichkeit von Gedankendingen, die nicht direkte Abbilder oder 'Abklatsch' der Wirklichkeit wären.[113]

Dennoch steht die Wirklichkeit dem Menschen und seinem Denken als selbständige gegenüber. Die Natur ist dem Menschen, vor allem am Anfang seiner Geschichte, eine fremde Macht. Das Denken erfaßt sein Objekt jeweils nur sehr unvollkommen und relativ. Die grundsätzliche Identität ist dem Menschen zunächst unbewußt. Daher macht es Engels auch Hegel zum Vorwurf, daß er die Identität von Denken und Sein an den Anfang seiner Philosophie stellt.[114] Der Mensch muß diese Identität beweisen und bewußt verwirklichen. Das geschieht in der Arbeit oder *Praxis*.

Eine umfassende Definition der Praxis gibt Engels nicht. Aus den vielen Stellen an denen er darüber schreibt, läßt sich ersehen, daß er unter Praxis das *Einwirken des Menschen auf die Natur* versteht. Dieses Einwirken ist ein Proprium des *gesellschaftlichen* Menschen und hat daher mittelbar stets Einfluß auf die gesellschaftlichen Zustände. Die Praxis ist *bewußtes* und *zweckgerichtetes* Einwirken auf die Natur. Sie kommt vor allem in der *Technik* und *Industrie* zum Ausdruck.

Die Praxis ist die *Grundlage* der Erkenntnis. Sie ist es sogar, die den Menschen zum Menschen gemacht und in ihm das Bewußtsein entwickelt hat. Denn durch die Differenzierung des Organismus entstand die Hand, welche als Werkzeug die Arbeit ermöglichte, die dann (nach Entwicklung des Gehirns) sprunghaft den Übergang vom Affen zum Menschen bewirkte.[115] Aber sie ist darüber hinaus die Grundlage jeder Erkenntnis: "... die *Veränderung der Natur durch den Menschen*, nicht die Natur als solche allein, ist die wesentlichste und nächste Grundlage des menschlichen Denkens, und im Verhältnis, wie der Mensch die Natur verändern lernte, in dem Verhältnis wuchs seine Intelligenz."[116]

Indem der Mensch so auf die Natur einwirkt, erkennt er sie. Umgekehrt dient aber die Veränderung der Natur auch dazu, die Erkenntnisse zu *bestätigen* und zu verifizieren. Sei es das Experimentieren in einem Labor, oder die künstliche Herstellung eines Farbstoffes, der Bau einer Brücke oder Dampfmaschine: jedesmal geht es um die Bestätigung eines bzw. vieler Gedanken. Der Mensch beweist dadurch praktisch die Einheit des Denkens und der Wirklichkeit. Das zeigt sich auch gerade da, wo ein

74

Experiment, eine Produktion, ein Einwirken auf die Natur nicht gelingt. Der Mensch empfindet das als störend und ergreift Mittel, um sein Denken doch mit der Wirklichkeit übereinstimmen zu lassen. Bekanntlich dachte Engels auch, durch die so verstandene Praxis die Unmöglichkeit der Kantschen Theorie vom 'Ding an sich' bewiesen zu haben.[117]

Die Einwirkung des Menschen auf die Natur wird immer mehr zur *Beherrschung* und *Vermenschlichung* der Natur. Die Beherrschung der Natur, durch Kenntnis und Anwendung ihrer eigenen Gesetze, ist für Engels der wesentliche Unterschied zwischen Mensch und Tier.[118] Die Folgen dieser Beherrschung zeigen sich in den menschlichen Zügen, die die Natur immer mehr prägen. Engels gibt viele Beispiele um zu zeigen, daß es an der Natur kaum noch etwas gibt, was dem Zugriff des Menschen entzogen wäre.[119] Durch diese bewußte Beherrschung und Vermenschlichung der Natur "werden sich die Menschen wieder als eins mit der Natur nicht nur fühlen, sondern auch wissen, und je unmöglicher wird jene widersinnige und widernatürliche Vorstellung von einem Gegensatz zwischen Geist und Materie, Mensch und Natur, Seele und Leib. . .".[120]

Es ist leicht einzusehen, daß für Engels – wie für Marx – die Praxis das eigentliche *Ziel* der menschlichen Erkenntnis ist. Denn die Vermenschlichung der Natur ist die wichtigste Aufgabe der Menschheit. Je mehr die Menschheit sich die Natur aneignet, desto mehr kann sie auch bewußt ihre eigene Geschichte machen, d.h. planen und steuern. Denn je mehr die Menschen der Natur gegenüber frei sind, desto größer ist auch die Freiheit der Menschen untereinander. Sie können ihre eigene Geschichte (d.h. zugleich die Naturgeschichte) bewußt planen und frei bestimmen.[121]

Besonders ist das von dem Moment an so, in dem die Gesellschaft die Produktionsmittel in gemeinsamen Besitz nimmt. Damit wird die "Herrschaft des Produkts über die Produzenten" beseitigt.[122] Die Menschen werden damit "zum ersten Male bewußte, wirkliche Herren der Natur, weil und indem sie Herren ihrer eigenen Vergesellschaftung werden".[123] Damit beginnt die eigentliche, voll bewußte Geschichte der Menschheit.[124]

Diese Entwicklung bewirkt das *Proletariat*. Die revolutionäre Praxis des Proletariats führt zur völligen Aufhebung der Widersprüche zwischen Mensch und Natur, Denken und Wirklichkeit. Sie führt zur völligen Freiheit des Menschen. Das Ende der Vorgeschichte, welches die 'proletarische Bewegung' herbeiführt und der 'wissenschaftliche Sozialismus' plant, heißt: "*Proletarische Revolution*, Auflösung der Widersprüche. . . . Die

75

Menschen, endlich Herren ihrer eigenen Art der Vergesellschaftung, werden damit zugleich Herren der Natur, Herren ihrer selbst – frei."[125]

7. Zusammenfassende Beurteilung der Stellung Engels' zu Marx und Hegel

Was den hier behandelten Problemkreis betrifft, so wird Engels oft so interpretiert, als unterscheide er sich ganz wesentlich vom Marx'schen Denken. Der größte Unterschied wird in der Annahme einer *selbständigen Materie* bzw. *Natur* gesehen, welche sich selbst dialektisch entwickelt und dem Menschen zeitlich und ontisch vorgegeben ist. Ein sich daraus ergebender Unterschied ist der, daß die Erkenntnis zur Widerspiegelung dieser selbständigen Wirklichkeit im denkenden Geist wird. Während das Marx'sche Denken sich hauptsächlich für den Menschen interessiert, nämlich wie er durch Erkenntnis und Praxis in der Geschichte zu sich selbst kommt, sei Engels' Denken hauptsächlich auf die Natur konzentriert, sehe in der Naturwissenschaft das höchste Erkennen und in Technik und Industrie die höchste Form der Praxis. Damit – so sagt man – komme es bei Engels zu einer "Degeneration der Dialektik".[126]

Demgegenüber ist erstens auf die allgemeine Übereinstimmung der Ansichten hinzuweisen, wie sie sich aus der intensiven geistigen Freundschaft zwischen Marx und Engels ergibt[127] und ausdrücklich von Engels beschrieben wird.[128] Zweitens läßt sich zur Interpretation der beiden Lehren folgendes sagen: das Interesse für die Natur und deren Dialektik ist typisch für Engels und findet sich – selbst wenn man beim späteren Marx dazu Ansätze finden sollte – nicht in Marx' philosophischen Texten. Daraus folgen jedoch keine großen Unterschiede in der Erkenntnismetaphysik der beiden Denker. Erscheint die Natur bei Marx zuweilen als Entfremdung des gesellschaftlichen Menschen, so ist der Mensch bei Engels sozusagen eine Form der 'Entfremdung' der Natur, nämlich eines ihrer dialektisch hervorgebrachten Produkte. In beiden Fällen geht es um einen Gegensatz innerhalb einer grundsätzlich homogenen Wirklichkeit, ein dialektischer Gegensatz, der aufgehoben werden muß. Bei beiden geschieht die Aufhebung des Gegensatzes durch die bewußte Praxis. Bei beiden ist das Subjekt dieser Beziehung der gesellschaftliche Mensch, ein konkretes Allgemeines. Bei beiden ist das Objekt dieser Beziehung die fremde Natur, welche durch die erkennende Praxis beherrscht und immer mehr vermenschlicht werden soll. Für Marx und Engels zeigt sich diese erkennende Praxis neuerdings hauptsächlich in Industrie und Technik. Die Geschichte der Vermenschlichung der Natur ist für beide Denker sowohl Geschichte der Natur, wie Geschichte der menschlichen Gesellschaft. Diese Geschichte führt als bewußte und geplante – bei Marx und Engels – durch die Revolution des Proletariats zur Auflösung des Gegensatzes und zur vollständigen Einheit von Mensch und Natur, von Subjekt und objektiver Wirklichkeit.[129]

Engels kommt der Hegelschen Philosophie näher als Marx, insofern er von einer allumfassenden und vor-menschlichen Grundwirklichkeit ausgeht, aus deren dialektischer Selbstentwicklung sich der Mensch, der denkende Geist, als inneres Ziel notwendig ergibt. Wie Marx kritisiert er die Methode der Hegelschen Philosophie (als 'Mystifikation'), folgt jedoch ihrem Inhalt Schritt für Schritt, sogar mehr als Marx, z.B. in seiner Ausarbeitung der drei allgemeinen *Gesetze der Dialektik*, oder in seiner Theorie der *Wahrheit*. Im übrigen ist Engels' Verhältnis zu Hegel sehr ähnlich, wie das von Marx.[130]

Verschiedentlich hat Engels Hegel den Vorwurf gemacht, er sei dem dynamischen und revolutionären Grundprinzip seiner Dialektik untreu geworden, indem er mit seinem allumfassenden System der Entwicklung ein Ende gesetzt habe.[131] Engels setzt sich dem gleichen Vorwurf aus. Denn erstens hat er sich zu so vielen philosophischen Fragen geäußert, daß die Versuchung, daraus ein allumfassendes System zu machen, nahelag, obwohl Engels das sicher niemals wollte. Zweitens spricht Engels, wie Marx, ganz explizit über ein zukünftiges Ende der Geschichte, welches bewußt und geplant herbeigeführt werden müsse. Das hat Hegel nie getan. Vielleicht lassen sich sowohl Hegels philosophische, als auch Marx' und Engels' praktisch-revolutionäre Versöhnung der Gegensätze so interpretieren, daß jeweils mehr an ein Ende der *Vorgeschichte*, als an ein absolutes Ende der *Geschichte* gedacht wird.

C. LENIN

1. *Allgemeines*

Für Marx und Engels war Hegels Philosophie *die* Philosophie überhaupt, und sie betrachteten es als ihre Aufgabe, diese Philosophie durch Kritik und Praxis zu überwinden. Für Lenin ist das Verhältnis zur Philosophie ein vollkommen anderes. Die "Philosophie von Marx, d.h. der Materialismus"[132] ist für ihn *die* fortschrittliche Philosophie. Diese gilt es keineswegs zu überwinden oder in der Praxis aufzuheben, sondern sie stellt die objektive Wahrheit dar. An ihr – bzw. an der Marx'schen Theorie im allgemeinen – orientiert sich der Marxist in seinem Erkennen.[133]

Daß die Annahme einer Marx'schen Philosophie und selbständigen Theorie, die als objektive Wahrheit die Wirklichkeit erklären könnte, dem Marx'schen Denken widerspricht, ergibt sich evident aus dessen philosophischen Schriften. Bezeichnenderweise waren Lenin diese Schriften nur żu einem geringsten Teil bekannt.[134] Er sah Marx durch Engels' Augen, und tatsächlich finden sich bei Engels – viel mehr als bei Marx – Ansätze zu selbständigen philosophischen Theorien.[135]

Nach Lenin kann und muß die Lehre von Marx anderen Theorien, sowohl zeitgenössischen wie traditionellen, gegenübergestellt werden.[136] Besonders interessant ist ihr Verhältnis zur deutschen Philosophie des 19. Jahrhunderts, deren "rechtmäßige Erbin" sie ist.[137] So ist auch für Lenin die Beziehung zu Hegel wesentlich zum Verständnis des Marxismus. Doch betrachtet er Hegel – anders als Marx und Engels – einfach als einen Teil der Tradition, vom dem vieles zu übernehmen, anderes abzulehnen ist.

Lenin hat kein philosophisches System entworfen. In seinem *Materializm i Empiriokriticizm* (Materialismus und Empiriokritizismus) geht es hauptsächlich um Erkenntniskritik, nämlich um die Verteidigung dessen, was er 'Materialismus' nennt, gegen den sensualistischen subjektiven Idealismus des Empiriokritizismus. Die Notizen und Kommentare der *Filosofskie Tetradi* (Philosophische Hefte) erklären hauptsächlich die verschiedenen Aspekte der materialistischen Dialektik im Lichte der philosophischen Tradition und vor allem Hegels.

Die beiden Werke sind sehr verschieden, nicht nur natürlich in der Form und im Objekt, sondern auch hinsichtlich der Kenntnis und Einschätzung Hegels. Es scheint schwierig nachzuweisen, daß Lenin in bestimmten Punkten seine Ansicht ganz geändert habe. Aber sicher geht die Gesamtrichtung seiner philosophischen Entwicklung zu einer immer höheren Einschätzung und größeren Einbeziehung Hegels in sein Denken.[138]

2. *Die Grundfrage der Philosophie*

Von Engels übernimmt Lenin die 'Grundfrage der Philosophie' nach dem Verhältnis von *Natur* und *Geist*, *Sein* und *Denken*. Mit Engels teilt er alle

Philosophen in Materialisten und Idealisten ein, entsprechend der Antwort die sie auf diese Frage geben.[139]

Warum ist das die *Grund*frage der Philosophie? Weil es um letzte Erklärungsprinzipien der Wirklichkeit geht. *Sein* und *Denken, Materie* und *Empfindung, Physisches* und *Psychisches* – wie er diese Prinzipien in einem anderen Zusammenhang nennt – können jeweils nicht unter weitere Begriffe gefaßt werden. Sie erklären sich gegenseitig, nämlich durch die primäre Stellung des einen, die sekundäre Stellung des anderen.[140] Vertritt man den Primat des Seins, der Materie, des Physischen – so ist man Materialist. Verteidigt man den Primat des Denkens, der Empfindung, des Psychischen – so ist man Idealist.

Lenin folgt Engels in seiner Unterscheidung von zwei Seiten der Grundfrage, wenn er auch im Verlauf seiner Untersuchungen wenig von dieser Unterscheidung explizit Gebrauch macht. Somit geht es einerseits um das Hervorgehen des Geistes aus der Natur, des Bewußtseins aus der Materie. Der mit der Naturwissenschaft übereinstimmende Materialismus erklärt, daß das Bewußtsein erst auf einer bestimmten Stufe der Entwicklung der Materie entstanden ist.[141] Andererseits geht es aber um die Erkenntnisrelation zwischen Subjekt und Objekt. Hier vertritt der Materialismus den Standpunkt, daß das Erkennen oder Denken nur die Widerspiegelung der unabhängig vom Subjekt gegebenen Wirklichkeit sei.

Über die erste Seite der Grundfrage – daß Hervorgehen des Bewußtseins aus der Materie – findet man in Lenins *Materializm i Empiriokriticizm* sehr wenig. Erstens ist sein Denken zu dieser Zeit noch ganz undialektisch und zweitens sind ihm Engels' wichtigste Gedanken über die Dialektik der Natur unbekannt.[142] Drittens scheinen Lenin Aussagen über die Materie als solche und ihre Entwicklung wegen der Entdeckungen der neueren Physik gefährlich.[143] Viertens geht es Lenin gegenüber dem Empiriokritizismus um die erkenntnistheoretische Verteidigung der Materie als der unabhängig vom Subjekt existierenden Wirklichkeit, die in der Erkenntnis widergespiegelt wird.[144]

Umso seltsamer muten in diesem erkenntniskritischen Rahmen des *Materializm i Empiriokriticizm* die Stellen an, wo Lenin über die Entstehung des Bewußtseins aus der Materie spricht. Zunächst geht es um Diderots Hypothese, daß "die Fähigkeit der Empfindung ... eine allgemeine Eigenschaft der Materie" sei, um die Entstehung des Lebens aus der unbelebten Materie zu erklären.[145] Später nimmt Lenin selbst Stellung

79

und sagt, man könne auf dem Grund der Materie etwas Ähnliches wie Empfindung (*oščuščenie*) voraussetzen, wobei er auf E. Haeckel, L. Morgan und D. Diderot verweist.[146] Dieser Gedanke ist bei Lenin nur angedeutet und steht keineswegs im Rahmen einer dialektischen Theorie der Entwicklung. Dennoch kommt Lenin hierin zwei Aspekten der Dialektik Hegels sehr nahe: erstens dem Grundsatz daß die Idee nichts dialektisch aus sich heraussetzen kann, was sie nicht schon der Möglichkeit nach, als Ansich war; zweitens der engen Beziehung zwischen der Idee als Grundwirklichkeit und dem Leben, d.h. den panpsychistischen Zügen der Hegelschen Philosophie.[147] Es ist aufschlußreich zu vermerken, daß auch G. V. Plechanov – zur gleichen Zeit wie Lenin, aber viel stärker als dieser – die Lehre von der 'Beseeltheit der Materie' vertrat, um die grundsätzliche Einheit von Sein und Denken zu erklären.[148] Plechanov hatte diese Lehre auch bei N. G. Černyševskij gefunden, was Lenin interessiert vermerkt.[149]

Zu einer ontologisch-dialektischen Betrachtung der ersten Seite der Grundfrage kommt es erst in den *Filosofskie Tetradi*. Dort sagt Lenin klar (wenn auch sehr aphoristisch), daß das Bewußtsein ein dialektisches Produkt der sich selbst bewegenden Materie ist.[150]

Die zweite, d.h. die erkenntnistheoretische Seite der Grundfrage bildet den eigentlichen Inhalt von Lenins *Materializm i Empiriokriticizm*. Lenins Erkenntnistheorie ist hier Erkenntniskritik, denn er untersucht das Erkennen nach seinem objektiven Wert und verteidigt diesen Wert gegen den Empiriokritizismus, den er als sensualistischen subjektiven Idealismus versteht. Seine Erkenntniskritik ist jedoch nicht etwa mit der Kantschen zu vergleichen, denn die Möglichkeit objektiv gültigen Erkennens steht für ihn von vorherein fest: der Materialismus stützt sich bewußt auf den naiven Realismus des gesunden Menschenverstandes.[151] Seine Kritik besteht daher hauptsächlich darin, (1) die realistische Erkenntnisauffassung als mit dem gesunden Menschenverstand und mit der Methode der Naturwissenschaften übereinstimmend hinzustellen; (2) den subjektiven Idealismus überhaupt und besonders den sensualistischen Idealismus von Avenarius, Mach, Bogdanov, Bazarov, usw., klarzustellen und lächerlich zu machen.

Für Lenin besteht die Erkenntnis in einer direkten (d.h. nicht nur symbolischen, 'hieroglyphenhaften') Abbildung oder Widerspiegelung eines selbständigen Gegenstandes im Erkenntnissubjekt. Diese Widerspiegelung findet im Gehirn des Subjekts statt, denn das Gehirn ist das Organ des Denkens, bzw. das Denken ist die Funktion des Gehirns.[152]

Gegenüber dem Empiriokritizismus, der sich besonders mit der Analyse der Sinneserkenntnis beschäftigt, scheint es Lenin sehr wichtig, eine materialistische Theorie der Sinneserkenntnis oder der Empfindung zu entwickeln. Seine Erklärung: die selbständige Außenwelt oder Materie wirkt auf die Sinnesorgane ein; diese Einwirkung oder Erregung ruft ein Bild hervor welches (auch wenn es dann noch so abstrakt wird) ein Abbild des Objekts ist.[153] Jede Erkenntnis hat in den Sinnen ihren Ursprung und ist dadurch objektiv. Denn nicht nur besteht in den Sinnen der direkte Kontakt zu einzelnen Objekten der Außenwelt, sondern auch die allgemeinen Kategorien der Sinneserkenntnis – Raum und Zeit – haben evidenterweise objektive Gültigkeit.[154]

Somit vertritt Lenin als Antwort auf die zweite Seite der Grundfrage einen klaren Realismus. Selbst würde er jedoch seinen Standpunkt niemals als 'Realismus' bezeichnen. Er nennt ihn 'Materialismus'. Man findet also bei Lenin die gleiche Konfusion von Materialismus und Realismus einerseits, von Spiritualismus und Idealismus andererseits, wie sie schon bei Engels vorkommt. Ist dieses Zusammenwerfen bei Lenin einfach übernommen, oder durchdacht?

Lenin durchdenkt weniger die hier implizierten Begriffe, als die Arten wie sie in der Geschichte der Philosophie verwirklicht wurden. Dabei erhält man ein gewisses Verständnis für seine Stellung. Nicht nur ist der Realismus in der Geschichte im Zusammenhang mit Spiritualismus vorgekommen, sondern sogar auch ausgesprochen subjektive Idealisten haben sich 'Realisten' genannt. Lenin sieht in den Empiriokritizisten ein typisches Beispiel für die letztere Gruppe.[155] Er wehrt sich daher dagegen, seine Anschauung 'Realismus' zu nennen.[156]

Andererseits stellt Lenin fest, daß der subjektive Idealismus in der Geschichte stets mit Spiritualismus, genauer sogar mit der Anerkennung Gottes verbunden war. Als typisches Beispiel in dieser Hinsicht stellt er G. Berkeley dar, der für ihn das direkte Vorbild des Empiriokritizismus ist. Berkeley selbst – so zitiert Lenin – ist der Meinung gewesen, daß die Annahme einer Außenwelt einerseits zum Skeptizismus, andererseits zum Atheismus führe.[157] Umgekehrt führt er die Ideen in uns auf Gott zurück, denn anders sind sie – in ihrer allgemeinen Gültigkeit – nicht zu begründen.[158] Und um das Durcheinander der Begriffe noch zu erhöhen, sagt Lenin, daß Berkeley sich mit dieser Zurückführung der Ideen auf Gott dem *objektiven Idealismus* nähere.[159] Denn wie Marx und Engels scheint Lenin den objektiven Idealismus, z.B. Hegels Theorie der absoluten Idee, als Überbleibsel eines Gottesbegriffes zu verstehen.

Nach Lenins Auffassung hat also der Realismus in der Geschichte der Philosophie zuweilen den Spiritualismus, zuweilen den subjektiven Idealismus impliziert. Der subjektive Idealismus war seiner Ansicht nach immer mit der Anerkennung Gottes verbunden. Man kann somit verstehen, daß Lenin zwischen der Erkenntnistheorie und dem Problem des Geistigen überhaupt einen Zusammenhang sieht und daß er mit seinem Materialismus sowohl auf die erkenntnistheoretische, als auch auf die ontologisch-dialektische Frage eine Antwort geben will. Diese Antwort lautet: die Materie oder Natur hat den Menschen und sein Bewußtsein hervorgebracht. Die Materie oder Natur ist daher dem Bewußtsein sowohl genetisch, als auch als Erkenntnisobjekt vorgegeben (denn was schon vor der Entstehung des Bewußtseins existiert hat, kann nicht ein Produkt des Bewußtseins sein).

Würde man Lenin fragen, wie sich Materie und Bewußtsein kategorisch zueinander verhalten, ob das Bewußtsein eine Art von Materie ist, oder ihr absoluter Gegensatz, so würde er antworten: sie sind Gegensätze, aber nur relative. Absolute Bedeutung hat diese Gegensätzlichkeit nur innerhalb der erkenntnistheoretischen Grundfrage.[160] Aber Lenin hat seine Meinung über das Verhältnis von Materie und Bewußtsein und über die Erkenntnis im Verlauf seiner philosophischen Entwicklung erst langsam erarbeitet. Zur Zeit von *Materializm i Empiriokriticizm*, worauf wir uns bisher bezogen haben, fehlt ihm noch fast vollständig das Verständnis der Dialektik.

3. *Dialektik*

Die *Filosofskie Tetradi*, von denen im folgenden hauptsächlich die Rede sein wird, zeigen Lenins Entdeckung Hegels und der Dialektik. Obwohl Lenin sich in diesen Aufzeichnungen auch mit Aristoteles, Feuerbach, u.a., beschäftigt, handelt doch der weitaus größte Teil von Hegel und der Dialektik in ihren verschiedenen Aspekten.[161] Anders wie Marx, den vor allem die *Phänomenologie* und *Rechtsphilosophie* interessierte, richtet sich Lenins Aufmerksamkeit vorwiegend auf Hegels *Logik*. Wie tief Lenin im Verständnis Hegels und besonders der Hegelschen Logik gedrungen ist, scheint eine berechtigte und interessante Frage. Doch ist es im Zusammenhang dieser Arbeit wichtiger zu sehen, was Lenin von Hegel übernommen und der sowjetischen Philosophie vererbt hat, als das herauszustreichen, was er nicht oder nur unvollkommen verstanden hat.

Es ist schwer Lenins Aufzeichnungen in den *Filosofskie Tetradi* auszuwerten. Es handelt sich dabei sowohl um einfach kopierte Texte, als auch um Randbemerkungen zu diesen Texten (vom 'N.B.' bis zu längeren Kommentaren), als auch um unabhängige Aphorismen. Lenins eigene Ansicht und Beurteilung läßt sich manchmal nur aus dem weiteren Zusammenhang erkennen. Allgemein geht es Lenin beim Lesen Hegels um das Herausschälen des *Dialektischen* in Hegels Denken und diese Dialektik möchte er dann *materialistisch* interpretieren.[162]

Es war die Grundvoraussetzung der Hegelschen Philosophie, daß das Denken nur Gedankliches erfaßt. Freilich nicht in dem Sinn, daß die im menschlichen Denken erfaßte Wirklichkeit das Produkt eines oder mehrerer menschlicher Denker sei; ebensowenig in dem Sinn, daß die erkannte Wirklichkeit die Gedanken eines transzendenten Schöpfergottes wären, an denen das menschliche Denken irgendwie teilhätte. Für Hegel besteht die Einheit von Denken und Gegenstand darin, daß beiden eine homogene Wirklichkeit zugrunde liegt, die Idee, welche den denkenden Geist bereits ursprünglich, als inneres Ziel an sich hat und dann dialektisch aus sich entwickelt. In diesem allgemeinen Rahmen steht Hegels Dialektik.

Wie steht es bei Lenin? Er betont immer wieder, daß der Gegenstand des Denkens vom Denken selbst unabhängig ist, in dem Sinn, daß er nicht vom denkenden Subjekt hervorgebracht wird, sondern ihm vorgegeben ist und auf es einwirkt. Dieser Standpunkt entspricht ganz Hegels Realismus des subjektiven Geistes. Andererseits ist Lenin gegen einen grundsätzlichen Dualismus von Denken und Sein. Es gibt nur eine Grundwirklichkeit, die Materie, und alles Existierende ist eine Daseinsweise dieser Grundwirklichkeit. Hinsichtlich der daraus folgenden grundsätzlichen Einheit von Denken und Sein findet man in den *Filosofskie Tetradi* viele klare Hinweise. So z.B. einige Stellen wo Lenin über Hegels 'Idee' notiert und kommentiert[163]; wo er Hegels Lehre von der Vernünftigkeit alles Wirklichen hervorhebt und dreimal unterstreicht[164]; wo er von der einen Dialektik spricht, die sowohl in der Natur als auch im Bereich des Menschen und seines Erkennens Geltung habe.[165] Besonders will Lenin diese grundsätzliche Einheit unterstreichen durch seine Theorie, daß bereits auf dem Grund der Materie eine der Empfindung ähnliche Fähigkeit vorausgesetzt werden könne. Diese Theorie, welche zunächst in *Material-*

83

izm i Empiriokriticizm auftritt[166], wird hier durch Hegels Theorie der 'Reflexion überhaupt' (d.h. nicht im subjektiven Sinne, sondern als 'Widerspiegelung des Wesens in sich selbst') ergänzt, die Lenin genau notiert.[167]

Eine weitere Grundvoraussetzung, die Lenin mit der Hegelschen Philosophie gemeinsam hat, ist die Annahme eines allgemeinen Evolutionismus. Dieser geht davon aus, daß die eine Grundwirklichkeit sich in ständiger Selbstbewegung und Selbstentwicklung befindet.[168] Daher ist auch jedes Einzelne in dauernder Bewegung, was ebenso für die Dinge der Natur, wie für die menschliche Gesellschaft, wie auch für die Begriffe unseres Denkens gilt.[169]

Ausgehend von der Annahme einer sich ständig selbst entwickelnden Grundwirklichkeit, ist auch für Lenin die Dialektik das Seins- und Entwicklungsgesetz dieser Grundwirklichkeit, sowohl in ihrer objektiven Form, wie auf dem Gebiet der Erkenntnis. Indem er über Engels hinaus auf Hegel selbst zurückgeht, gibt Lenin eine eigene allgemeine Kennzeichnung der *Dialektik* in 16 Punkten.

Engels' drei Grundgesetze der Dialektik finden sich auch bei Lenin wieder. In dem Artikel von 1914: *Karl Marx*, beschreibt Lenin die Dialektik mit Engels' drei Gesetzen. Allerdings beginnt er mit der *Negation der Negation*; dann folgt der *sprunghafte* Charakter der Entwicklung: Entstehung neuer Qualitäten; schließlich der *Widerspruch* als innerer Entwicklungsantrieb. Er betont noch stärker als Engels den allgemeinen *Zusammenhang* aller Dinge und Erscheinungen.[170]

Die *Negation der Negation*, die Aufhebung des Widerspruchs, oder der Zustand der Entwicklung, wo das Alte auf neue und umgeformte Weise wieder erscheint, ist für Lenin ein wichtiges Kennzeichen der dialektischen Entwicklung. Er liebt besonders das Bild der Spirale in diesem Zusammenhang. An den verschiedenen Stellen wo Lenin die Dialektik im Anschluß an Hegel behandelt, betont er die Negation der Negation.[171]

Der *sprunghafte* Charakter der Entwicklung, bzw. das Entstehen neuer Qualitäten aus nur quantitativen Veränderungen, wird zwar bei der Aufzählung der 16 Elemente der Dialektik nur an untergeordneter Stelle erwähnt, wie ja diese Seite der Dialektik auch bei Hegel nur untergeordnete Bedeutung hat.[172] Dennoch erklärt Lenin verschiedentlich, daß er auch dieses Element für wesentlich erachte.[173]

Noch wichtiger aber und dem obigen übergeordnet ist für Lenin (wie für Hegel) die Lehre von den *Gegensätzen* oder *Widersprüchen*. Nach dieser Lehre gibt es in der Einheit jedes Seienden einander entgegengesetzte und widerstrebende Seiten oder Aspekte; diese Gegensätze sind der innere Antrieb der Entwicklung; sie bewirken aber auch, daß die Entwicklung selbst in Gegensätzen (der neue Zustand negiert den alten) und sprunghaft vor sich geht.[174]

Am Grunde dieser Lehre liegt für Lenin (wie für Hegel) die *dialektische Negation* und letztlich das 'determinatio est negatio' von Spinoza. Jede Bestimmung ist Negation. Letztlich ist die Negation alles Anderen die Bestimmung jedes Seienden oder Inhalts.[175]

In direktem Zusammenhang damit wiederum steht der *allgemeine konstitutive Relationalismus*, den Lenin – stärker als die anderen 'Klassiker' – zum eigentlichen Wesen der Dialektik macht. Wenn die Negation alles Anderen die Bestimmung jedes Inhalts ausmacht, so steht jedes Einzelne in diesem zugleich negierenden und bestimmenden Zusammenhang zu allen anderen. Bei seiner Aufzählung der Elemente der Dialektik bringt Lenin diesen Gedanken an drei verschiedenen Stellen zum Ausdruck![176] So z.B. im 8. Punkt, wo es heißt: "Die Beziehungen jedes Dinges (Erscheinung usw.) sind nicht nur vielfältig, sondern allgemein, universell. Jedes Ding (Erscheinung, Prozeß, usw.) ist mit *jedem* verbunden."[177] Aber auch an verschiedenen anderen Stellen findet man diesen Gedanken.[178]

Ist somit die Dialektik als das allgemeine Gesetz der Entwicklung kurz charakterisiert, so kann man fragen, wie Lenin sich die Entwicklung der Materie bis zum Geist im besonderen vorstellt. Man erfährt darüber wenig Zusammenhängendes.

Über die Materie als solche sagt Lenin – wie bereits gezeigt – nur wenig.[179] Immerhin wendet er in den *Filosofskie Tetradi* den Hegelschen Begriff der 'wahren Unendlichkeit' auf die Materie an und spricht über "die Unendlichkeit der Materie tief hinunter...".[180] Weiterhin ist in diesem Zusammenhang interessant, daß Lenin Hegels 'an sich' richtig als "in der Potenz, noch nicht entwickelt, noch nicht entfaltet" versteht[181] und daß er die Begriffe 'an sich' und 'für sich' als für die Entwicklungslehre – z.B. von der unorganischen Natur zum Leben – äußerst zutreffend betrachtet.[182]

Man könnte somit Lenins Gedanken ergänzend zusammenfassen und sagen: in der Selbstentwicklung der Materie kommt es zur Verwirklichung der im unendlich tiefen Schoß der Materie liegenden Möglichkeiten. Die

Entwicklung zum Geist geht dabei für Lenin – wie für Hegel – wesentlich über die Stufe des *Lebens*. Hegel schrieb (und Lenin kopiert den Text): "Die Idee, als Prozeß, durchläuft in ihrer Entwicklung drei Stufen. Die erste Form der Idee ist das *Leben* ... die zweite Form ... ist ... die Idee als *Erkennen*, welches in der gedoppelten Gestalt der *theoretischen* und *praktischen* Idee erscheint. Der Prozeß des Erkennens hat zu seinem Resultat die Wiederherstellung der durch den Unterschied bereicherten Einheit und dies gibt die dritte Form der hiermit *absoluten* Idee..."[183]

Lenins Interpretation lautet: "Das Leben erzeugt das Gehirn. Im menschlichen Gehirn wird die Natur widergespiegelt. Indem der Mensch in seiner Praxis und in der Technik die Richtigkeit dieser Widerspiegelungen erprobt und sie anwendet, gelangt er zur objektiven Wahrheit."[184]

Die dialektische Selbstentwicklung der Materie geht also über das *Leben* zum *Erkennen* – als Theorie und Praxis – und kommt dadurch zur *Wahrheit.*[185]

4. *Erkenntnis: Entwicklung zur absoluten Wahrheit*

Erst der Mensch, und besonders das Erkennen, sind das eigentliche Anwendungsgebiet der Dialektik. Dieser Gedanke, welcher sich schon bei Hegel findet, zeigt sich bei Lenin erstens darin, daß er keinen Versuch unternimmt eine Dialektik der Natur zu entwerfen; zweitens darin, daß die allermeisten Beispiele, die er zur Erklärung der Dialektik anführt, sich auf die Erkenntnis, d.h. die Beziehungen zwischen Begriffen u.ä. beziehen.

Die dialektische Auffassung der Erkenntnis, zu welcher es in den *Filosofskie Tetradi* kommt, geht von derselben Voraussetzung aus, die Lenin bereits in *Materializm i Empiriokriticizm* dargestellt hatte: die Erkenntnis besteht in der – durch die Sinne vermittelten – Widerspiegelung einer selbständigen Wirklichkeit im erkennenden Subjekt. An der Theorie der Widerspiegelung wird auch in den *Filosofskie Tetradi* überall festgehalten. Doch wird hier sehr stark hervorgehoben, daß die Widerspiegelung eine dialektische sein, d.h. die Dinge und Erscheinungen in ihrer Bewegung, ihrer vielfältigen gegenseitigen Abhängigkeit usw. wiedergeben muß.[186]

Dialektisch sollen auch die Entwicklung der einzelnen Erkenntnisfakultäten oder -funktionen und ihre gegenseitigen Beziehungen erklärt werden. Das allgemeine Prinzip formuliert Lenin in einem, vom späteren Diamat oft zitierten Satz: "Von der lebendigen Anschauung zum abstrakten Denken und *von diesem zur Praxis* – das ist der dialektische Weg der Erkenntnis der *Wahrheit*, der Erkenntnis der objektiven Realität."[187] Die lebendige Anschauung (*živoe sozercanie*) ist bei Lenin gleichbedeutend mit Empfindung (*oščuščenie*), welche die Grundfunktion der Sinneserkenntnis darstellt. Auf dem Weg von der Empfindung zum abstrakten Denken spielt die *Vorstellung* (*predstavlenie*) eine große Rolle. In der Vorstellung – wieder orientiert sich Lenin an Hegel – erhält die Erkenntnis einen allgemeinen und bleibenden Charakter. Doch ist sie eine niedrigere Stufe gegenüber Verstand bzw. Vernunft, denn sie kann noch nicht die Widersprüche in der Wirklichkeit erklären.[188] Wesentlich aber ist der Sprung von der Sinneserkenntnis überhaupt zum Denken, darin besteht die dialektische Negation in der Entwicklung der Erkenntnis, die erst durch die Praxis (Negation der Negation) wieder aufgehoben wird.[189]

Neben dieser Theorie der Widerspiegelung oder Abbildung im erkennenden Subjekt (im einzelnen Menschen, bzw. in seinem Gehirn) findet man bei Lenin aber – wie bei Marx und Engels – auch die Vorstellung des *Erkenntnissubjekts als konkreten Allgemeinen* und der *Erkenntnistheorie als Erkenntnisgeschichte*. Lenin unterstreicht diese Lehre im Anschluß an Hegel sogar noch mehr, als die anderen 'Klassiker'. Bezeichnend in dieser Hinsicht ist seine Theorie der *Wahrheit*.

Bereits in *Materializm i Empiriokriticizm* macht Lenin sich, vor allem in Anschluß an Engels, Gedanken über die Wahrheit. In einer ersten Überlegung unterscheidet er zwei Seiten dieses Problems: (1) ob es *objektive Wahrheit* gibt, "d.h. ob in den menschlichen Vorstellungen ein Inhalt sein kann, der nicht vom Subjekt abhängt, weder von einem Menschen noch von der Menschheit?"; (2) Ob, wenn es solche Vorstellungen gibt, diese die objektive Wahrheit "auf einmal, im Ganzen, unbedingt, absolut, oder aber nur annähernd, relativ" ausdrücken können? "Diese zweite Frage ist die Frage nach dem Zusammenhang von absoluter und relativer Wahrheit."[190] In Beantwortung der beiden Fragen sagt Lenin, daß es ohne Zweifel objektive Wahrheit gebe, wie das tägliche Leben und die Wissenschaften bezeugten.[191] Daß jedoch jede objektiv wahre Erkenntnis jeweils nur einen kleinen Teil der ganzen Wahrheit ausdrücke und auch in ihrer Geltung sehr relativ sei. Die Wahrheit verwirklicht sich im Prozeß des Menschheitswissens; die absolute Wahrheit entsteht als Resultat vieler relativer Teilwahrheiten.[192]

Auf die Frage, ob die Erkenntnistheorie des Marxismus damit nicht einen grundsätzlichen Relativismus vertrete, unterscheidet Lenin: er "anerkennt die Relativität aller unserer Kenntnisse, nicht im Sinne einer Negation der objektiven Wahrheit, sondern in dem Sinne, daß die Grenzen der Annäherung unseres Wissens an diese Wahrheit historisch bedingt sind".[193] Den Grund hierfür sieht Lenin nicht nur in der beschränkten Anlage jedes menschlichen Erkennens, sondern auch in der Unerschöpflichkeit der Materie. Jedes, wenn auch objektive Wissen, ist deshalb jeweils nur auf einer Stufe der unendlich mannigfaltigen und 'tiefen' Materie angelangt und daher relativ.[194]

In den *Filosofskie Tetradi* werden die einzelnen Aspekte dieser Wahrheitstheorie im Anschluß an Hegel weiter herausgearbeitet. Die Wahrheit ist: (1) Prozeß; (2) relativ bzw. absolut; (3) konkret.

a. *Die Wahrheit als Prozeß*

Hegel schreibt: "Die Idee ist wesentlich Prozeß...", denn die Idee verwirklicht die Einheit von Denken und Sein, des Endlichen und Unendlichen usw. nur in der dialektischen Selbstbewegung. Der Gang dieser Selbstbewegung führt über das Leben, zum (theoretischen und praktischen) Erkennen und von da zur absoluten Idee.

Lenin kopiert und unterstreicht diesen Text und ersetzt – indem er sich wieder auf Hegel beruft – 'Idee' durch 'Wahrheit'. "Die Wahrheit ist ein Prozeß." Und darunter scheint er, wie Hegel, die zweifache Bewegung zu verstehen: (a) die weltgeschichtliche Bewegung von der Materie zum Leben, zum erkennenden Geist und zur absoluten Wahrheit (Übereinstimmung des Menschheitswissens mit der Wirklichkeit); (b) den Gang des Erkennens im einzelnen Subjekt, von der Erfahrung durch die Sinne zur theoretischen Erkenntnis, zur praktischen Erprobung und Anwendung und von da zur Wahrheit (Übereinstimmung einer einzelnen Erkenntnis mit einem Objekt).[195]

b. *Relative bzw. absolute Wahrheit*

Dieser Gedanke wird hier immer wieder so formuliert, daß das Erkennen der Menschheit eine *unendliche* oder *ewige Annäherung* an die Wirklichkeit darstellt. Obwohl es dabei zu immer größerer Übereinstimmung des Wissens mit der Wirklichkeit kommt, ist doch sowohl jeder einzelne Erkenntnisakt, als auch jede Stufe des Menschheitswissens jeweils nur eine relative Wahrheit.[196] Somit wird auch der Gegensatz von Wahrheit und Falschheit (oder Irrtum) relativiert.[197]

c. *Die Wahrheit ist konkret*

So wie Lenin bei der Beschreibung der Dialektik im allgemeinen vor allem den Relationalismus betont, so unterstreicht er in der Erkenntnistheorie vor allem den konkreten Charakter jeder wahren Erkenntnis. Tatsächlich ist die Lehre vom konkreten Charakter der Wahrheit bei Lenin eine Übertragung des allgemeinen Relationalismus auf die Ebene der Erkenntnis.

Um diese Lehre zu verstehen, ist es gut, zunächst Lenins Begriff des Konkreten und besonders des *konkreten Allgemeinen,* den er von Hegel übernimmt, kurz zu untersuchen. Dabei muß man davon ausgehen, daß es für Lenin keine Gedankendinge, keine eigene Seinsweise in der Immanenz des Erkennens gibt. Daher sind auch *Allgemeinheit* und *Abstraktheit* für ihn – wie für Hegel – Eigenschaften sowohl der Wirklichkeit, wie des Denkens. Die Allgemeinheit auf das Denken zu beschränken nennt er subjektiven Idealismus.[198] Die Abstraktheit ist auch eine Eigenschaft der Natur: "Die Natur ist sowohl konkret, als auch abstrakt."[199] Ein aus verschiedenen Teilen bestehendes Ganzes ist konkret, ein isolierter Teil davon ist abstrakt. Ebenso ist auch die Erkenntnis, welche ein Ganzes in seinen verschiedenen Teilen erfaßt, konkret, umgekehrt eine Erkenntnis, welche nur einen Teil erfaßt, abstrakt.

Über das Allgemeine in der Erkenntnis sagt Lenin in diesem Zusammenhang, es sei widersprüchlich in seiner Bedeutung, einerseits 'tot', 'unvollständig', andererseits nur ein Schritt auf dem Weg der Erkenntnis des Konkreten. Was er damit meint sagt er in folgendem Satz: "Die unendliche Summe der allgemeinen Begriffe, Gesetze usw. ergibt das *Konkrete* in seiner Ganzheit."[200] Also: das Allgemeine kann sowohl abstrakt sein, wenn es nur einen Teil erfaßt, es kann aber auch konkret sein, wenn es das Ganze erfaßt. Zu Hegels konkretem Allgemeinen, welches das Besondere und Einzelne in sich einschließt, sagt er: "eine prächtige Formel".[201]

Nach Lenins und Hegels Relationalismus erfaßt die Dialektik erstmals die *Wirklichkeit* als eine Einheit von vielen verschiedenen, einander grundlegend bestimmenden Teilen. Ferner bewegt sich die Wirklichkeit, sowohl im Ganzen, als auch in jedem ihrer Teile: alle Teile gehen dauernd ineinander über, entstehen und vergehen...

Ebenso muß die wahre *Erkenntnis* diese Wirklichkeit auch widerspie-

geln: das aus einer Menge von Teilerkenntnissen bestehende Menschheitswissen muß sich ständig weiterentwickeln; die einzelnen Begriffe und
Kategorien müssen aufeinander bezogen sein, 'ineinander übergehen',
'biegsam' sein, usw. Darin besteht der dialektische und zugleich konkrete
Charakter der wahren Erkenntnis.[202]

Auch Lenin spricht im Zusammenhang mit der Wahrheitstheorie von
der *Praxis*, obwohl sie in seinem Denken einen viel weniger bedeutenden
Platz einnimmt, als bei Marx und Engels. Bei Marx und Engels war die
gesellschaftliche Praxis zugleich *Grundlage, Wahrheitskriterium* und *Ziel*
des Erkennens. Besonders für Marx, aber auch für Engels, war der letztere
Aspekt die Hauptsache: das einzige Ziel des Erkennens ist die Umformung
der Welt durch den Menschen. Diesem Ziel ist alles Erkennen als Mittel
untergeordnet und die reine Theorie, das philosophische System, muß
– weil mit diesem Ziel unvereinbar – aufgehoben werden.

Bei Lenin ist alles ganz anders. Die philosophischen Ideen von Marx
und Engels sind für ihn zu *der materialistischen Philosophie* geworden.
Die marxistische Theorie ist objektiv wahr und führt zur absoluten Wahrheit.[203] Die Theorie wird nicht mehr durch die Praxis aufgehoben, sondern
die Praxis ist nur noch das Wahrheitskriterium der Theorie.

Schon in *Materializm i Empiriokriticizm*, wo Lenin im Anschluß an
Engels über die Praxis schreibt, ist nur von der Praxis als Kriterium der
Wahrheit die Rede. Die Praxis erprobt die Erkenntnis, wendet sie an,
bewährt sie. Ob damit besonders die Verifikation durch Experimente,
oder etwa die Anwendungen in der Technik gemeint sind, wird nicht
weiter differenziert.[204]

Aus den *Filosofskie Tetradi* ist vor allem eine Stelle interessant, wo
Lenin lange und bedeutende Passagen kopiert, in denen Hegel über die
Praxis spricht, und einige Kommentare macht.[205] So ist Lenin beim Lesen
Hegels aufgefallen, daß Marx in seiner Lehre von der Praxis "unmittelbar
an Hegel anknüpft".[206] Besonders vermerkt er, daß das Bewußtsein die
Welt nicht nur widerspiegelt, sondern auch schafft.[207] Als Motiv der
Praxis gibt er an, daß die Welt für den Menschen unbefriedigend sei und
er sie daher verändern wolle.[208] Die Praxis sei höher als das (theoretische)
Erkennen, wiederholt er mit Hegel.[209] Notwendig sei die Vereinigung von
Erkenntnis und Praxis, usw.[210] Es ist auffallend, daß Lenin überhaupt
keine Kritik an Hegels Lehre von der Praxis übt und nicht wie Marx
behauptet, die Praxis sei bei Hegel nur geistige Tätigkeit.

Aber auch hier geht es Lenin eigentlich nur um die Praxis als Wahrheitskriterium. Daher redet er auch immer wieder von dem Kriterium der Wahrheit, das Hegel in die Erkenntnistheorie eingeführt habe.[211] Damit ist die Praxis zur Bestätigung der Theorie geworden, statt ihre Aufhebung zu sein. Zwar gilt sie auch bei Lenin als notwendige Stufe zur Erreichung der Wahrheit, zur Übereinstimmung eines Denkinhalts mit der Wirklichkeit. Doch während bei Marx und Engels durch die Praxis eine wahre Welt geschaffen wird, dient sie bei Lenin zur Bestätigung einer wahren Erkenntnis. Auch hier scheint Lenin wieder Hegel recht nahe zu stehen, für den sowohl Theorie als Praxis zur Erkenntnis gehören.[212]

Die Umformung der Lehre von der Praxis hat für die Geschichte des Diamat eine große Bedeutung gehabt. Es ist ein Resultat der Leninschen Schätzung Hegels, daß die theoretische Erkenntnis nicht mehr in der Praxis aufgehoben werden muß, sondern als System weiterexistiert. Das gilt besonders von der *Philosophie*.

Die *Dialektik als philosophische Disziplin* ist für Lenin das Kernstück des dialektischen Materialismus. Der Ausarbeitung dieser Disziplin galt sein konstruktives philosophisches Interesse. Sie sollte die traditionelle Ontologie bzw. Metaphysik ersetzen und zugleich Logik und Erkenntnistheorie sein. *Dialektik*, *Logik*, und *Erkenntnistheorie* sind nur drei Worte für dieselbe Disziplin.[213] Als Logik ist sie von der formalen zu unterscheiden, ist dialektische Logik.[214] Als Erkenntnistheorie soll sie eine universale *Erkenntnisgeschichte* sein.[215]

Um dies zu verstehen, muß man sich erinnern, daß die eigentliche Erkenntnis, in welcher sich die Wahrheit verwirklicht, die Erkenntnis der Menschheit in ihrer historischen Entwicklung ist. Der Träger der wahren Erkenntnis ist auch für Lenin die Menschheit, und die Form in der sie sich zeigt, die Totalität des Wissens der Menschheit. Das ging aus Lenins Wahrheitsbegriff hervor: die wahre Erkenntnis ist ein *Prozeß* der 'unendlichen, ewigen Annäherung' des Denkens an die Wirklichkeit; sie entwickelt sich durch viele Teilwahrheiten (relative Wahrheiten, bzw. Irrtümer) zur *absoluten* Wahrheit; sie ist *konkret*, d.h. eine Einheit vieler einander zugeordneter Teile, ein sich entwickelndes *System*.

Es ist klar, daß diese Aussagen sich nicht auf das Erkennen eines Einzelnen, sondern auf die Geschichte des Menschheitswissens beziehen. Diese Geschichte hat für Lenin die Form einer Reihe von Kreisen, oder einer Spirale: eine Reihe von Synthesen (Negationen von Negationen), die sich jeweils auf einer höheren Ebene des Erkennens befinden. So kommt es in der Geschichte des Erkennens zu einer immer umfassenderen und tieferen Widerspiegelung der sich bewegenden Wirklichkeit in der Bewegung des Denkens oder der Begriffe.[216]

Inwiefern sich Bewegung der Wirklichkeit und Bewegung des Erkennens entsprechen sollen, darüber gibt Lenin leider noch weniger Auskunft als Engels. Auf jeden Fall geht er dabei von dem Prinzip der *Einheit des Logischen und Historischen* aus, das er bei Hegel findet. So notiert er Hegel beifällig darüber, daß das erste in der Wissenschaft sich auch als erstes in der Geschichte zeigen muß.[217] Z.B.: für Lenin ist die Materie zugleich oberstes Erklärungsprinzip der Wissenschaft und Anfang der Entwicklung der Wirklichkeit. Aber wie steht es mit den übrigen Denkinhalten? Lenin unterstreicht die berühmte Stelle aus Hegels Einleitung zur *Geschichte der Philosophie*, in der es heißt "daß die Aufeinanderfolge der Systeme der Philosophie in der Geschichte dieselbe ist als die Aufeinanderfolge in der logischen Ableitung der Begriffsbestimmungen der Idee".[218] Doch auch hier gibt Lenin keine weitere (materialistische) Interpretation.

Aus Lenins Auffassung der Erkenntnis und Wahrheit wird ersichtlich, was die Philosophie als Erkenntnistheorie (= Dialektik, = Logik) zu sein hat: eine historisch-dialektische Herleitung und Zusammenfassung der Ergebnisse des Menschheitswissens, speziell der einzelnen Wissenschaften.[219] Lenin hat sogar einen methodischen Plan für diese Synthese entworfen.[220]

Die so verstandene Philosophie ist selbst nur eine Stufe in der Geschichte der Philosophie. Denn auch hier folgt Lenin Hegel: es gibt nur *eine* Philosophie, die sich im Verlauf ihrer Geschichte dialektisch zu immer vollkommeneren Formen bewegt.[221] Allerdings ist die heutige Philosophie, die materialistische Dialektik, eine ganz besondere Stufe dieser Geschichte. Dank der dialektischen Methode vermag sie die einzelnen historischen Ergebnisse des Menschheitswissens erstmals in ihrem wahren Zusammenhang und in ihrer wahren Bedeutung zu beurteilen.[222]

5. *Zusammenfassende Beurteilung der Stellung Lenins zu Engels, Marx, und Hegel*

Lenin war in seinen philosophischen Ansichten mehr von Engels beeinflußt als von Marx. Wie bereits gesagt, kannte Lenin auch nur einen geringen Teil der philosophischen Schriften von Marx. So findet man in Lenins Auffassung der Dialektik Engels' drei Grundgesetze, darüber hinaus jedoch eine starke Betonung des allgemeinen Relationalismus. Im Gegensatz zu Engels entwickelt Lenin keine eigene Dialektik der Natur. Doch geht er wie Engels von der Annahme aus, daß es eine selbständige, den Menschen und seinen Geist dialektisch hervorbringende Natur bzw. Materie gibt.

Auch in der Wahrheitstheorie und in der Erkenntnistheorie als Erkenntnisgeschichte verdankt Lenin sehr viel Engels. Aber auch darin geht er direkt auf Hegel zurück. Im krassen Gegensatz zu Marx und (in geringerem Maß) zu Engels legitimiert er die eigenständige philosophische Spekulation und sogar das philosophische System. Entsprechend versteht er auch die Praxis fast nur noch als Wahrheitskriterium der Theorie und nicht als ihre Aufhebung.

Lenin kritisiert Hegel viel weniger als Engels und vor allem Marx es taten. Während Marx den Apriorismus als erkenntnistheoretische Grundlage der Hegelschen Dialektik aufzuzeigen versucht, unterstreicht Lenin die Stellen wo Hegel über den objektiven Charakter der Dialektik, über die Dialektik als inhaltliche Methode spricht. Während Marx behauptet, in Hegels *Praxis* sei nur an geistige Tätigkeit gedacht, kritisiert Lenin nie den Hegelschen Praxisbegriff und bemerkt, daß Marx selbst von ihm abhängt.

Natürlich kommt es auch bei Lenin zur Kritik Hegels. Immer wieder liest man in den *Filosofskie Tetradi* am Rand die Ausdrücke: 'abstrus', 'Mystik', 'Idealismus', usw. Lenin schwankt in seiner Beurteilung der Hegelschen Idee und Hegels Idealismus. In *Materializm i Empiriokriticizm* gibt Lenin an verschiedenen Stellen eine psychologische Interpretation Hegels: unter dem Ausdruck 'Idee' verstecke Hegel seinen subjektiven Idealismus, die 'absolute Idee' sei eine "theologische Erfindung des Idealisten Hegel".[223] Aber in den *Filosofskie Tetradi* sagt Lenin einerseits, die 'Idee' sei die ganze Wirklichkeit, andererseits identifiziert er aber auch immer wieder die 'Idee' mit der Erkenntnis oder Wahrheit. Er drückt offen sein Erstaunen darüber aus, im Kapitel der Logik über die absolute Idee garnichts Theologisches zu finden und kommt zu der abschließenden Beurteilung: "In diesem *am meisten idealistischen* Werk Hegels ist *am wenigsten* Idealismus, am *meisten* Materialismus. 'Widersprüchlich', aber Tatsache!"[224]

Interpretiert man Hegels Idee als die eine Grundwirklichkeit, die den Geist und das Erkennen bereits ursprünglich als Anlage an sich hat und sie dialektisch aus sich heraussetzt, so besteht eine große Ähnlichkeit mit der Erkenntnismetaphysik von Engels und Lenin. Denn obwohl für beide Hegels Logik als Ontologie ein Unding ist, so erhält doch die *Materie* bei Engels und Lenin z.T. die Funktionen der Hegelschen *Idee*: sie ist die eine Grundwirklichkeit und alles Seiende ist eine Daseinsweise oder dialektische Entwicklungsstufe dieser Grundwirklichkeit und mit ihr homogen. Alles Neue das entsteht – vor allem der Mensch, der Geist, das Denken – erweist letztlich immer seine Einheit mit dieser Grundwirklichkeit. Diese Einheit erweist der Mensch bei Engels (und unter etwas anderen Voraussetzungen bei Marx) hauptsächlich durch die Praxis, wodurch er die ganze Wirklichkeit vermenschlicht; bei Lenin erweist er sie mehr durch die Erkenntnis. Die Erkenntnis ist nur möglich, weil sie selbst ein Naturprodukt ist.[225] Ihre Erklärung wird erleichtert, wenn man annimmt, daß die Materie schon ursprünglich eine Eigenschaft hat, die der Empfindung ähnlich ist.[226]

Es zeigt sich somit, daß die Erkenntnismetaphysik der 'Klassiker' nicht nur in vielen Einzelthesen hegelianisch ist, sondern auch im Grundansatz ein evolutionistischer Monismus ist, wie Hegels Philosophie. Es stellt sich daher die Frage inwiefern von einer 'Umkehrung' Hegels die Rede sein kann. Auf diese Frage wird unten eingegangen werden.[227]

ANMERKUNGEN

[1] Kurze aber interessante Hinweise über die Beziehung der 'Klassiker' zu Hegel findet man z.B. in folgenden Werken: T. J. Blakeley, *Soviet Theory of Knowledge*, Dordrecht 1964, SS. 14–15, usw. – J. M. Bocheński, *Der sowjetrussische dialektische Materialismus*, Bern 1960, SS. 14–24, S. 34. – J. de Vries, *Die Erkenntnistheorie des dialektischen Materialismus*, München 1958, S. 24ff., SS. 40–41. – J. Hommes, *Der technische Eros*, Freiburg 1955. – G. A. Wetter, *Der dialektische Materialismus*, Wien 1958, SS. 6–12, 23–28, 33–34, 52–55, 138–141. Die einzige uns bekannte ausführliche Darstellung des Problems findet sich in dem ganz ausgezeichneten Büchlein von G. A. Wetter, *Die Umkehrung Hegels*, Köln 1963. In dieser – ursprünglich als Einleitung zur italienischen Ausgabe der *Osnovy marksistskoj filosofii* geschriebenen – Schrift handeln die Seiten 12–42 von der Philosophie der 'Klassiker', speziell unter dem Gesichtspunkt ihres Verhältnisses zu Hegel. Als einzigen Mangel dieser Schrift kann man ansehen, daß Lenin viel zu kurz behandelt wird und die *Filosofskie Tetradi* nicht einmal erwähnt werden.

[2] Über das Verhältnis von Marx zu Hegel gibt es eine Reihe von Büchern, z.B. C. Antoni, *Considerazioni su Hegel e Marx*, Napoli 1946. – K. Bekker, *Marx' philosophi-*

sche Entwicklung. Sein Verhältnis zu Hegel, Basel 1940. – F. Grégoire, *Aux sources de la pensée de Marx*. *Hegel, Feuerbach*, Louvain-Paris 1947 (allerdings hauptsächlich eine sehr gute Darstellung Hegels). – S. Hook, *From Hegel to Marx*, New York 1950. – J. Plenge, *Marx und Hegel*, Tübingen 1911 (Lenin kannte dieses Werk). – An Artikeln sind besonders empfehlenswert: A. Brunner, 'Zu den Frühschriften von Karl Marx', *Stimmen der Zeit*, 2 (1955/56), SS. 347–360. – I. Fetscher, 'Das Verhältnis des Marxismus zu Hegel', in *Marxismusstudien*, III (hrg. von Iring Fetscher), Tübingen 1960, SS. 66–169 (in diesem Artikel wird übrigens auch Lenins Verhältnis zu Hegel besprochen). – L. Landgrebe, 'Das Problem der Dialektik', *Ibid.*, SS. 1–65. – Interessante Hinweise finden sich natürlich auch in Arbeiten die nicht speziell über das Verhältnis Marx' zu Hegel handeln, z.B. in: J. Y. Calvez, *La pensée de Karl Marx*, Paris 1956, S. 103ff., 169ff., 338ff., usw. – M. Rubel, *Karl Marx. Essai de Biographie Intellectuelle*, Paris 1957, S. 42ff., 55ff., 94ff., usw. – Die einzige uns bekannte Arbeit über das Verhältnis Lenins zu Hegel ist der kurze Abschnitt 'Lenin', in D. Čiževskij, *Hegel bei den Slaven*, Darmstadt 1961, SS. 373–379. Er ist interessant, aber völlig ungenügend.

[3] Z.B. in den *Thesen über Feuerbach*, oder im *Nachwort zur 2. Auflage des Kapital*. Außerdem kannte Lenin die (gemeinsam mit Engels, aber hauptsächlich von Marx verfaßte) *Heilige Familie*.

[4] K. Marx, *Brief an den Vater aus dem Jahre 1837*, in *Werke*, I (Lieber), Darmstadt 1962, SS. 13–14.

[5] *Ibid.*

[6] *Ibid.*, S. 15.

[7] *Ibid.*

[8] Vgl. *ibid.*

[9] K. Marx, *Ökonomisch-philosophische Manuskripte*, in *Werke*, I (Lieber), Darmstadt 1962 (im folgenden: *Ök.-phil. Man.*), S. 637.

[10] *Ibid.*, S. 641. – Vgl. *ibid.*, S. 642.

[11] Marxens Auszug aus dem letzten Kapitel von Hegels *Phänomenologie des Geistes*, in *Werke*, I (Lieber), Darmstadt 1962, SS. 958–964.

[12] *Ök.-phil. Man.*, SS. 660–661, sind die einzigen Verweise auf die *Logik* in dieser Behandlung der Hegelschen Dialektik.

[13] K. Marx, *Kritik des Hegelschen Staatsrechts*, in *Werke*, I (Lieber), Darmstadt 1962 (im folgenden: *Staatsrecht*), SS. 258–426.

[14] K. Marx, *Zur Kritik der Hegelschen Rechtsphilosophie. Einleitung*, in *Werke*, I (Lieber), Darmstadt 1962 (im folgenden: *Rechtsphilosophie*), SS. 488–505.

[15] Z.B. *Ök.-phil. Man.*, S. 655.

[16] K. Marx, *Aus den Vorarbeiten zur Dissertation*, in *Werke*, I (Lieber), Darmstadt 1962, S. 103: "Indem die Philosophie zu einer vollendeten, totalen Welt sich abgeschlossen hat, die Bestimmtheit dieser Totalität ist bedingt durch ihre Entwicklung überhaupt, wie sie die Bedingung der Form ist, die ihr Umschlagen in ein praktisches Verhältnis zur Wirklichkeit annimmt..." – *Ibid.* S. 104: "Titanenartig sind aber diese Zeiten, die einer in sich totalen Philosophie und ihren subjektiven Entwicklungsformen folgen, denn riesenhaft ist der Zwiespalt, der ihre Einheit ist."

[17] *Ibid.*, S. 102.

[18] K. Marx, *Aus den Anmerkungen zur Dissertation*, in *Werke*, I (Lieber), Darmstadt 1962, S. 71.

[19] *Ibid.*

[20] *Ibid.*, SS. 71–72.

[21] *Rechtsphilosophie*, S. 489: "Es ist also die *Aufgabe der Geschichte*, nachdem das

Jenseits der Wahrheit verschwunden ist, die *Wahrheit des Diesseits* zu etablieren. Es ist zunächst die *Aufgabe der Philosophie*, die im Dienste der Geschichte steht, nachdem die *Heiligengestalt* der menschlichen Entfremdung entlarvt ist, die Selbstentfremdung in ihren *unheiligen Gestalten* zu entlarven. Die Kritik des Himmels verwandelt sich damit in die Kritik der Erde, die Kritik der *Religion* in die Kritik des *Rechts*, die Kritik der *Theologie* in die Kritik der Politik." – Vgl. *ibid.*, S. 491.

[22] *Ibid.*, S. 495. – Vgl. *ibid.*, S. 496: "Die Kritik der deutschen *Staats- und Rechtsphilosophie*, welche durch Hegel ihre konsequenteste, reichste und letzte Fassung erhalten hat, ist beides, sowohl die kritische Analyse des modernen Staates und der mit ihm zusammenhängenden Wirklichkeit als auch die entschiedene Verneinung der ganzen bisherigen *Weise* des *deutschen politischen und rechtlichen* Bewußtseins...."

[23] K. Marx – F. Engels, *Die deutsche Ideologie*, in *Werke*, 3 (Ausgabe des Instituts für Marxismus-Leninismus beim ZK der SED), Berlin 1959 (im folgenden: *Deutsche Ideologie*), S. 27.

[24] *Ibid.*

[25] K. Marx – F. Engels, *Die heilige Familie oder Kritik der kritischen Kritik*, in *Werke*, I (Lieber), Darmstadt 1962 (im folgenden: *Heilige Familie*), S. 669.

[26] *Ibid.*, S. 709.

[27] *Deutsche Ideologie*, SS. 20–21: "Die Voraussetzungen, mit denen wir beginnen ... sind die wirklichen Individuen, ihre Aktion und ihre materiellen Lebensbedingungen, sowohl die vorgefundenen wie die durch ihre eigne Aktion erzeugten. ... Die erste Voraussetzung aller Menschengeschichte ist natürlich die Existenz lebendiger menschlicher Individuen. Der erste zu konstatierende Tatbestand ist also die körperliche Organisation dieser Individuen und ihr dadurch gegebenes Verhältnis zur übrigen Natur..."

[28] *Ibid.* – *Ibid.*, S. 21: "Man kann die Menschen durch das Bewußtsein, durch die Religion, durch was man sonst will, von den Tieren unterscheiden. Sie selbst fangen an, sich von den Tieren zu unterscheiden, sobald sie anfangen, ihre Lebensmittel *zu produzieren*, ein Schritt, der durch ihre körperliche Organisation bedingt ist. Indem die Menschen ihre Lebensmittel produzieren, produzieren sie indirekt ihr materielles Leben selbst."

[29] *Ibid.*, S. 31.

[30] Diese beide Charakterisierungen des Menschen als konkreten und als gesellschaftlichen schließen sich in Hegelianischer Terminologie keineswegs aus. Freilich ist es verwirrend, daß Marx diese Terminologie nicht einheitlich gebraucht. Er nennt 'abstrakt' einmal was rein *gedanklich*, im Gegensatz zu 'konkret' als *wirklich* ist. Aber vor allem gegen Feuerbach nennt er 'abstract' was *isoliert*, 'konkret' was *in* der *Beziehung* auf andere erfaßt wird.

[31] *Staatsrecht*, S. 281.

[32] *Rechtsphilosophie*, S. 488.

[33] K. Marx, *Thesen über Feuerbach*, in *Werke*, 3 (Ausgabe des Instituts für Marxismus-Leninismus beim ZK der SED), Berlin 1959 (im folgenden: *Thesen über Feuerbach*), S. 6.

[34] *Ibid.*

[35] *Ibid.*, Nr. 8, S. 7.

[36] *Ök.-phil. Man.*, S. 568.

[37] *Ibid.*, S. 662.

[38] *Ibid.*, S. 604: "Die Geschichte selbst ist ein *wirklicher* Teil der *Naturgeschichte*, des Werdens der Natur zum Menschen. Die Naturwissenschaft wird später ebensowohl die Wissenschaft von dem Menschen wie die Wissenschaft von dem Menschen die Natur-

wissenschaft unter sich subsumieren: Es wird *eine* Wissenschaft sein." – *Ibid.*, S. 606: "Indem aber für den sozialistischen Menschen die *ganze sogenannte Weltgeschichte* nichts anderes ist als die Erzeugung des Menschen durch die menschliche Arbeit, als das Werden der Natur für den Menschen, so hat er also den anschaulichen, unwiderstehlichen Beweis von seiner *Geburt* durch sich selbst, von seinem *Entstehungsprozeß.*" – Vgl. *ibid.*, S. 650, und *ibid.*, SS. 662–663.

[39] Der Haupttext über die 'Entfremdete Arbeit' findet sich in *Ök.-phil. Man.* SS. 559–575. Es braucht hier nicht auf die verschiedenen Interpretationen und Kontroversen (etwa zwischen S. Hook und E. Fromm) hinsichtlich des Entfremdungsbegriffs eingegangen zu werden. Der Verweis auf zwei kurze Arbeiten soll genügen, in denen gerade diese zwei Aspekte der Entfremdungsdialektik verschieden betont werden – die *menschliche* Natur, bzw. die *fremde* Natur: L. Landgrebe, 'Das Problem der Dialektik', in *Marxismusstudien*, III, Tübingen 1960, bes. SS. 52–56. – I. Fetscher, 'Das Verhältnis des Marxismus zu Hegel', *Ibid.*, bes. S. 81.

[40] *Ök.-phil. Man.*, S. 661.

[41] *Ibid.*

[42] Vgl. *Staatsrecht*, SS. 305–306. – Vgl. vor allem *Heilige Familie*, SS. 731–734.

[43] Vgl. *Staatsrecht*, wo dieses Argument ständig wiederholt wird; z.B. S. 272: "Er [Hegel] hat zu einem Produkt, einem Prädikat der Idee gemacht, was ihr Subjekt ist. Er entwickelt sein Denken nicht aus dem Gegenstand, sondern den Gegenstand nach einem mit sich fertig und in der abstrakten Sphäre der Logik mit sich fertig gewordenen Denken. Es handelt sich nicht darum, die bestimmte Idee der politischen Verfassung zu entwickeln, sondern es handelt sich darum, der politischen Verfassung ein Verhältnis zur abstrakten Idee zu geben, sie als ein Glied ihrer Lebensgeschichte (der Idee) zu rangieren, eine offenbare Mystifikation."

[44] K. Marx, *Nachwort zur zweiten Ausgabe des Kapitals*, in *Werke*, IV (Lieber), Darmstadt 1962 (im folgenden: *Nachwort zum Kapital*), S. XXXI.

[45] K. Marx, *Das Elend der Philosophie*. Antwort auf Proudhons 'Philosophie des Elends', in *Werke*, 4 (Institut für Marxismus-Leninismus des ZK der SED), Berlin 1959, SS. 129–130.

[46] *Nachwort zum Kapital*, S. XXXI.

[47] *Ök.-phil. Man.*, S. 645.

[48] *Ibid.*

[49] *Ibid.*, S. 646–649.

[50] Vgl. *Staatsrecht*, SS. 372–374. – *Ök.-phil. Man.*, SS. 655-657.

[51] *Deutsche Ideologie*, S. 27.

[52] *Ibid.*

[53] *Nachwort zum Kapital*, S. XXXI.

[54] *Deutsche Ideologie*, S. 27.

[55] Vgl. unten S. 62, v.a. Anm. 62 und 63.

[56] K. Marx, *Zur Kritik der politischen Ökonomie*, in *Werke*, VI (Lieber), Darmstadt 1964, S. 839.

[57] *Ök.-phil. Man.*, S. 653.

[58] *Ibid.* – Vgl. *ibid.*, SS. 657–659.

[59] *Deutsche Ideologie*, SS. 44–45. – *Thesen über Feuerbach*, Nr. 1, 2, 3, 5, 8, 9, 11; SS. 5–7.

[60] *Deutsche Ideologie*, S. 43.

[61] *Ibid.*, SS. 43–44.

[62] *Ök.-phil. Man.*, S. 597: "Als *Gattungsbewußtsein* bestätigt der Mensch sein reelles *Gesellschaftsleben* und wiederholt nur sein wirkliches Dasein im Denken, wie umge-

kehrt das Gattungssein sich im Gattungsbewußtsein bestätigt und in seiner Allgemeinheit, als denkendes Wesen, für sich ist."

[63] *Ibid.*, SS. 567–568: "Das praktische Erzeugen einer *gegenständlichen Welt*, die
Bearbeitung der unorganischen Natur ist die Bewährung des Menschen als eines be-
wußten Gattungswesens, d.h. eines Wesens, das sich zu der Gattung als seinem eigenen
Wesen oder zu sich als Gattungswesen verhält. Zwar produziert auch das Tier. . . .
Allein . . . es produziert einseitig, während der Mensch universell produziert; . . . es
produziert nur sich selbst, während der Mensch die ganze Natur reproduziert. . . –
Eben in der Bearbeitung der gegenständlichen Welt bewährt sich der Mensch daher
erst wirklich als ein *Gattungswesen*. Diese Produktion ist sein werktätiges *Gattungs-
wesen*. Diese Produktion ist sein werktätiges Gattungsleben. Durch sie erscheint die
Natur als *sein* Werk und seine Wirklichkeit. Der Gegenstand der Arbeit ist daher die
Vergegenständlichung des Gattungslebens des Menschen. . . ."

[64] *Ibid.*, S. 598.

[65] *Ibid.*, S. 600.

[66] *Ibid.*, SS. 593–594: "Der *Kommunismus* als *positive* Aufhebung des *Privateigentums*
als *menschlicher Selbstentfremdung* und darum als wirkliche *Aneignung des menschlichen* Wesens durch und für den Menschen; darum als vollständige, bewußt und innerhalb des ganzen Reichtums der bisherigen Entwicklung gewordene Rückkehr des
Menschen für sich als eines *gesellschaftlichen*, d.h. menschlichen Menschen. Dieser
Kommunismus ist als vollendeter Naturalismus = Humanismus, als vollendeter
Humanismus = Naturalismus, er ist die wahrhafte Auflösung des Widerstreites zwischen dem Menschen mit der Natur und mit dem Menschen, die wahre Auflösung des
Streits zwischen Existenz und Wesen, zwischen Vergegenständlichung und Selbst-
bestätigung, zwischen Freiheit und Notwendigkeit, zwischen Individuum und Gattung.
Er ist das aufgelöste Rätsel der Geschichte und weiß sich als diese Lösung."

[67] *Rechtsphilosophie*, SS. 503–504.

[68] *Ibid.*, S. 497.

[69] *Ibid.*

[70] *Ibid.*, S. 504.

[71] *Ibid.*, S. 505.

[72] Vgl. hierzu das Buch von G. Lukacs, *Der Junge Hegel*, Zürich-Wien 1948. Lukacs
zeigt darin, welche Rolle die Probleme der Praxis und speziell der Ökonomie beim
jungen Hegel spielten. Marx hat viele dieser Gedanken selbst wieder entwickelt, denn
er kannte die Hegelschen Frühschriften nicht.

[73] Vgl. oben über Marx, Abschnitt A.

[74] F. Engels, *Herrn Eugen Dührings Umwälzung der Wissenschaft*, Berlin 1953 (im
folgenden: *Anti-Dühring*), SS. 419–420.

[75] *Ibid.*, S. 29.

[76] K. Marx, *Rechtsphilosophie*, S. 491: "Die Kritik für sich bedarf nicht der Selbst-
verständigung mit diesem Gegenstand, denn sie ist mit ihm im reinen. Sie gibt sich
nicht als *Selbstzweck*, sondern nur noch als *Mittel*. Ihr wesentliches Pathos ist die
Indignation, ihre wesentliche Arbeit die Denunziation."

[77] F. Engels, *Ludwig Feuerbach und der Ausgang der klassischen deutschen Philosophie*,
in *Karl Marx und Friedrich Engels. Ausgewählte Schriften in zwei Bänden*, Bd. II,
Berlin 1953 (im folgenden: *Feuerbach*), S. 343.

[78] Vgl. vor allem *Anti-Dühring*, SS. 24–26. – *Feuerbach*, S. 348; *ibid.*, SS. 361–362. –
F. Engels, *Dialektik der Natur*, Berlin 1952, S. 216; *ibid.*, S. 226; *ibid.*, SS. 246–247;
ibid., S. 284.

[79] *Dialektik der Natur*, S. 53: "das Gesetz des Umschlagens von Quantität in Qualität und umgekehrt; das Gesetz von der Durchdringung der Gegensätze; das Gesetz von der Negation der Negation."

[80] *Ibid.*

[81] *Ibid.*, SS. 53–54. – Vgl. *Anti-Dühring*, S. 11.

[82] Engels' Materiebegriff, auf den wir hier nur kurz eingehen können, ist sehr unklar und viel dieser Unklarheit wird sich auf die sowjetische Philosophie übertragen. Einerseits will Engels nichts von einer ganz unbestimmten Urmaterie wissen, die vor allen sinnlich erfahrbaren Materien und diesen zugrunde läge. Bei der Idee einer solchen Materie als Ansichsein ruft er entsetzt: "Hegel hilf!" (*Anti-Dühring*, S. 69; vgl. *ibid.*, S. 470). – Dagegen bezeichnet er 'Materie' einfach als *Abkürzung*, "in die wir viele verschiedene sinnlich wahrnehmbare Dinge zusammenfassen nach ihren gemeinsamen Eigenschaften" (*Dialektik der Natur*, S. 251). – Aber daneben scheint Engels doch oft von 'Materie' als ontologisch-genetischer Grundkategorie zu sprechen, z.B. wenn er von ihr als eine, ewige, unerschaffbare und unzerstörbare spricht: "... wir haben die Gewißheit, daß die Materie in allen ihren Wandlungen ewig dieselbe bleibt..." Und aus dieser ewigen Materie entsteht jedes Seiende, sei es "Sonne oder Dunstnebel, einzelnes Tier oder Tiergattung", oder aber auch "Tiere mit denkfähigem Gehirn..." (*Dialektik der Natur*, S. 28. – Vgl. ebenso *Anti-Dühring*, S. 71; *ibid.*, S. 77). Daß hiermit auch ein grundsätzlicher Monismus gemeint ist, geht aus dem bekannten Text über *Materie-Sein* (*Anti-Dühring*, S. 51) hervor.

[83] Das sprunghafte Entstehen neuer Qualitäten zeigt Engels an Beispielen aus der Physik, Chemie, Biologie, und Geschichte der menschlichen Gesellschaft (*Dialektik der Natur*, SS. 54–60. – *Anti-Dühring*, SS. 152–154). – Die Durchdringung der Gegensätze zeigt sich für Engels hauptsächlich an der Widersprüchlichkeit der Ortsbewegung, aber sie ist zugleich auch Quelle jeder Entwicklung (*Anti-Dühring*, SS. 146–147; *ibid.*, S. 431. – *Dialektik der Natur*, S. 224). – Die Beispiele für Negation der Negation findet Engels z.B. im Wachstum der Pflanze, aber ebenso in der Geschichte (*Anti-Dühring*, SS. 166–170; *ibid.*, SS. 173–174; *ibid.*, SS. 431–432).

[84] *Dialektik der Natur*, S. 271; vgl. *ibid.*, S. 259. – *Anti-Dühring*, S. 79.

[85] *Dialektik der Natur*, S. 207.

[86] *Ibid.*, S. 28.

[87] *Feuerbach*, S. 343.

[88] *Ibid.*, S. 344.

[89] *Ibid.*, SS. 343–345.

[90] *Ibid.*, S. 345; *ibid.*, S. 360.

[91] *Ibid.*, S. 360.

[92] *Ibid.*, SS. 346–347. "... die Hegelsche vorweltliche Existenz der 'absoluten Idee', die 'Präexistenz der logischen Kategorien', ehe denn die Welt war, weiter nichts als ein phantastischer Überrest des Glaubens an einen außerweltlichen Schöpfer."

[93] *Dialektik der Natur*, S. 224: "Die Dialektik, die sog. *objektive*, herrscht in der ganzen Natur, und die sog. subjektive Dialektik, das dialektische Denken, ist nur Reflex der in der Natur sich überall geltend machenden Bewegung in Gegensätzen, die durch ihren fortwährenden Widerstreit und ihr schließliches Aufgehen ineinander, respektive in höhere Formen, eben das Leben der Natur bedingen."

[94] *Anti-Dühring*, S. 418.

[95] *Ibid.*, S. 419.

[96] *Ibid.*, S. 41: "Das kommt davon, wenn man 'das Bewußtsein', 'das Denken' ganz naturalistisch als etwas Gegebnes, von vornherein dem Sein, der Natur Entgegen-

gesetztes, so hinnimmt. Dann muß man es auch höchst merkwürdig finden, dass Be-wußtsein und Natur, Denken und Sein, Denkgesetze und Naturgesetze so sehr zusam-menstimmen. Fragt man aber weiter, was denn Denken und Bewußtsein sind und woher sie stammen, so findet man, daß es Produkte des menschlichen Hirns und daß der Mensch selbst ein Naturprodukt, das sich in und mit seiner Umgebung entwickelt hat; wobei es sich dann von selbst versteht, daß die Erzeugnisse des menschlichen Hirns, die in letzter Instanz ja auch Naturprodukte sind, dem übrigen Naturzusammenhang nicht widersprechen, sondern entsprechen."

[97] Z.B. *Dialektik der Natur*, S. 216: "In Wirklichkeit umgekehrt: die Dialektik des Kopfs nur Widerschein der Bewegungsformen der realen Welt, der Natur, wie der Geschichte."

[98] Vgl. *Anti-Dühring*, S. 11.

[99] *Ibid.*, S. 103.

[100] *Feuerbach*, S. 339. – *Dialektik der Natur*, S. 218.

[101] *Anti-Dühring*, S. 88. – *Dialektik der Natur*, S. 236.

[102] *Anti-Dühring*, S. 103.

[103] *Feuerbach*, S. 337.

[104] *Anti-Dühring*, S. 104.

[105] *Ibid.*, SS. 104–111. Dort sagt Engels auch, daß es sich bei sog. *ewigen Wahrheiten* nur um *Plattheiten* handeln könne, mit einigen Ausnahmen aus den exakten Wissen-schaften. Außerdem sei der Gegensatz von Wahrheit und Irrtum sowieso nicht absolut zu setzen, er habe nur relative Gültigkeit (*Ibid.*, SS. 109–110. – *Feuerbach*, S. 361).

[106] Vgl. *Feuerbach*, SS. 337–338.

[107] *Ibid.*, S. 338.

[108] Vgl. *Anti-Dühring*, SS. 42–43.

[109] *Ibid.*, S. 410.

[110] *Ibid.*, S. 431.

[111] *Dialektik der Natur*, S. 266: "Wie eine Bewegungsform sich aus der andern ent-wickelt, so müssen auch ihre Spiegelbilder, die verschiedenen Wissenschaften, eine aus der andern mit Notwendigkeit hervorgehen."

[112] *Anti-Dühring*, S. 21.

[113] *Dialektik der Natur*, S. 228: Die Gedankendinge, mit denen sich die Mathe-matik beschäftigt, sind nur "Abklatschen der Realität". – *Ibid.*, S. 236: "Einheit von Natur und Geist. Den Griechen von selbst einleuchtend...". – *Ibid.*, SS. 283–284: "Die Tatsache, daß unser subjektives Denken und die objektive Welt denselben Ge-setzen unterworfen sind und daher auch beide in ihren Resultaten sich schließlich nicht widersprechen können, sondern übereinstimmen müssen, beherrscht absolut unser gesamtes theoretisches Denken. Sie ist seine unbewußte und unbedingte Voraussetzung."

[114] *Feuerbach*, SS. 344–345.

[115] F. Engels, *Anteil der Arbeit an der Menschwerdung des Affen*, in: K. Marx – F. Engels, *Ausgewählte Schriften in zwei Bänden*, Bd. II, Berlin 1953, SS. 71–82. – *Dialek-tik der Natur*, SS. 21–22.

[116] *Ibid.*, S. 245.

[117] *Feuerbach*, SS. 345–346. – Vgl. *Dialektik der Natur*, SS. 244–246.

[118] *Dialektik der Natur*, S. 190.

[119] *Ibid.*, S. 246 (eine typische Bemerkung): "Von der 'Natur' Deutschlands zur Zeit, als die Germanen einwanderten, ist verdammt wenig übrig. Erdoberfläche, Klima, Vegetation, Fauna, die Menschen selbst haben sich unendlich verändert und alles

100

durch menschliche Tätigkeit, während die Veränderungen, die ohne menschliches Zutun in dieser Zeit in der Natur Deutschlands, unberechenbar klein sind."
[120] *Ibid.*, S. 191.
[121] *Anti-Dühring*, S. 138: "Hegel war der erste, der das Verhältnis von Freiheit und Notwendigkeit richtig darstellte. Für ihn ist die Freiheit die Einsicht in die Notwendigkeit." – *Ibid.*, SS. 138–139: "Freiheit besteht also in der, auf Erkenntnis der Naturnotwendigkeit gegründeten Herrschaft über uns selbst und über die äußere Natur; sie ist damit notwendig ein Produkt der geschichtlichen Entwicklung."
[122] *Ibid.*, S. 351.
[123] *Ibid.*
[124] *Ibid.*: "Erst von da an werden die Menschen ihre Geschichte mit vollem Bewußtsein selbst machen, erst von da an werden die von ihnen in Bewegung gesetzten gesellschaftlichen Ursachen vorwiegend und in stets steigendem Maß auch die von ihnen gewollten Wirkungen haben. Es ist der Sprung der Menschheit aus dem Reiche der Notwendigkeit in das Reich der Freiheit." – Vgl. *ibid.*, SS. 365–366; *ibid.*, S. 395. – Vgl. *Dialektik der Natur*, S. 192.
[125] *Anti-Dühring*, SS. 353–354.
[126] L. Landgrebe, *loc. cit.*, SS. 56–60. – Vgl. I. Fetscher, *loc. cit.*, S. 70; *ibid.*, S. 95; *ibid.*, SS. 105–108.
[127] Eine interessante, wenn auch kurze Beschreibung dieser Freundschaft findet man in den *Erinnerungen an K. Marx*, von Paul Lafargue, in E. Fromm, *Das Menschenbild bei Marx*, Frankfurt 1963, SS. 207–208.
[128] *Anti-Dühring*, S. 8. – *Feuerbach*, S. 333; *ibid.*, S. 359 (Anmerkung). Aus diesen Stellen ergibt sich erstens, daß Engels Marx als den schöpferischen genialen Geist anerkennt und seinen Ansichten ausnahmslos folgt; zweitens, daß Marx von allen philosophischen Ansichten Engels' Kenntnis hatte und mit ihnen einverstanden war.
[129] In diesem Zusammenhang kann auf eine ausgezeichnete Dissertation verwiesen werden: F. Neubauer, *Das Verhältnis von Karl Marx und Friedrich Engels dargestellt an der Bestimmung der menschlichen Freiheit in deren Schriften*, Meisenheim 1960. Die grundsätzliche Einheit der Gedanken von Marx und Engels wird dort am Beispiel der menschlichen Freiheit ausführlich bewiesen, wobei auch für einige uns beschäftigende Probleme die Übereinstimmung der beiden Denker gezeigt wird.
[130] Vgl. oben, Marx, Abschnitt A. 3.
[131] Z.B. *Feuerbach*, SS. 337–339.
[132] V. I. Lenin, *Materializm i empiriokriticizm*, in *Pol. sobr. soč.*, izd. 5e, tom 18, Moskva 1961 (im folgenden: *ME*), S. 61.
[133] *Ibid.*, S. 146. – Vgl. auch: V. I. Lenin, *Tri istočnika i tri sostavnyx časti marksizma*, in *Pol. sobr. soč.*, izd. 5e, tom 23, Moskva 1961, S. 41: "Učenie Marksa vsesil'no, potomu čto ono verno. Ono polno i strojno, davaja ljudjam cel'noe mirosozercanie..."
[134] Außer den 'Thesen über Feuerbach' kannte Lenin nur die – zusammen mit Engels verfaßte – *Heilige Familie*. Lenins Notizen und Kommentare zu diesem Werk s. in: *Filosofskie Tetradi*, in *Pol. sobr. soč.*, izd. 5e, tom 29, Moskva 1963 (im folgenden: *FT*), SS. 3–40.
[135] Von Engels kannte Lenin den *Anti-Dühring* und *Ludwig Feuerbach*, nicht das Manuskript über die *Dialektik der Natur*.
[136] In *ME* geht es um das Verhältnis zwischen der marxistischen Philosophie und der Philosophie des Empiriokritizismus (vgl. *ME*, S. 61).
[137] V. I. Lenin, *Tri istočnika i tri sostavnyx časti marksizma, loc. cit.*, S. 41: "Učenie Marska ... est' zakonnyj preemnik lučščego, čto sozdano čelovečestvo v XIX veke

v lice nemeckoj filosofii, anglijskoj politiceskoj ékonomii, francuskogo socializma." [138] Weil zwischen beiden Werken Lenins keine eigentlichen Widersprüche zu bestehen scheinen, gehen wir in der folgenden Darstellung nicht ganz konsequent historisch vor, obwohl der erste Abschnitt vor allem *ME*, der zweite hauptsächlich die *FT* betrachtet. Ohne Zweifel besteht jedoch eine große Entwicklung zwischen den wenigen, meist von Engels übernommenen Bemerkungen über Hegel in *ME*, den zu einem Großteil über Hegel handelnden *FT* und Lenins Ratschlag von 1922, die Zeitschrift *Pod znamenem marksizma* solle "... eine Gesellschaft materialistischer Freunde der Hegelschen Dialektik..." sein (*PZM*, I, 1922, tom 3; Vgl. *Unter dem Banner des Marxismus* 1, 1925/26, Heft 1, S. 17).

[139] *ME*, SS. 98–99.

[140] *Ibid.*, S. 149.

[141] *Ibid.*, SS. 39–40; *ibid.*, SS. 71–72.

[142] Lenins Kenntnis von Hegel war zur Zeit von *ME* sehr oberflächlich. – Engels' Dialektik der Natur wurde nicht zu Lebzeiten Lenins veröffentlicht.

[143] Vgl. *ME*, S. 273ff., vor allem S. 275.

[144] Z.B. *ibid.*, S. 131; *ibid.*, S. 149. – Vgl. hierzu H. Fleischer, 'The Materiality of Matter', *Studies in Soviet Thought* 2 (1962), 12–20.

[145] *Ibid.*, S. 30.

[146] *Ibid.*, S. 40.

[147] Vgl. oben: I. Kapitel: 'Hegel', bes. B. 1 und B. 3.

[148] G. V. Plexanov, *Osnovnye voprosy marksizma*, in *Soč.*, tom XVIII, M.-L. 1925, S. 202.

[149] *FT*, S. 544.

[150] *Ibid.*, S. 256; andere Stellen über die Materie: *ibid.*, SS. 129–130 (notiert Hegel über die Materie und ihre Selbstbewegung); *ibid.*, SS. 142–143 (Materie-Substanz); *ibid.*, S. 325 (notiert Aristoteles über die Materie).

[151] *ME*, S. 66.

[152] Vgl. *ibid.*, S. 43; *ibid.*, S. 85: "Itak, po Avenariusu, mozg ne est' organ mysli, mysl' ne est' funkcija mozga. Voz'men Engel'sa, i my sejčas ze uvidim prjamo protivo-položnye étomu, otkryto materialisticeskie formulirovki."

[153] Vgl. *ibid.*, S. 46; *ibid.*, S. 50; usw.

[154] Vgl. *ibid.*, SS. 181–195, vor allem SS. 181–182.

[155] Vgl. *ibid.*, SS. 68–69.

[156] Vgl. *ibid.*, S. 322.

[157] *Ibid.*, S. 19.

[158] *Ibid.*, SS. 22–24.

[159] *Ibid.*, S. 24.

[160] *Ibid.*, S. 151: "Konečno, i protivopoložnost' materii i soznanija imeet absoljutnoe značenie tol'ko v predelax očen' ograničennoj oblasti: v dannom slučae isključitel'no v predelax osnovnogo gnoseologičeskogo voprosa o tom, čto priznat' pervičnym i čto vtoričnym. Za étimi predelami otnositel'nost' dannogo protivopoloženija nesom-nenna."

[161] *FT*: Konspekt knigi Gegelja 'Nauka Logiki' (77–218); – Konspekt knigi Gegelja 'Lekcii po istorii filosofii' (219–278); – Konspekt knigi Gegelja 'Lekcii po filosofii istorii' (279–296); – Konspekt knigi Noelja 'Logika Gegelja' (291–296); – Plan dialek-tiki (logiki) Gegelja (297–302). – K voprosu o dialektike (316–322).

[162] Vgl. *ibid.*, S. 93. Dort sagt Lenin, er sei bemüht "Hegel materialistisch zu lesen".

[163] Obwohl Lenin zuweilen Marx in seiner subjektivistischen Interpretation der

Hegelschen 'Idee' folgt, versteht er doch beim Lesen Hegels', um was es geht. Vgl. z.B. Lenins Kommentare *ibid.*, S. 164: "Logičeskaja ideja est' 'absoljutnaja substancija kak duxa, tak i prirody, vseobščee, vsepronikajuščee'." – *Ibid.*, S. 181: "Dialektika ne v rassudke čeloveka, a v 'idee', t.e. v ob'jektivnoj dejstvitel'nosti." – *Ibid.*, S. 189: "Kant prinjal . . . ne za dialektiku idei (= samoj prirody), otorvav poznanie ot ob'ekta."
[164] *Ibid.*, S. 254.
[165] Vgl. *ibid.*, S. 139; *ibid.*, SS. 178–179; *ibid.*, S. 317; *ibid.*, S. 321.
[166] Vgl. Anmerkungen 145–149.
[167] *FT*, SS. 119–120. Der Zusammenhang mit der Theorie der 'Empfindung' im Fundament der Materie ist bei Lenin nicht ausdrücklich. Das ist unsere Interpretation.
[168] Vgl. *ibid.*, SS. 125–127; – *ibid.*, S. 317.
[169] Vgl. *ibid.*, S. 229.
[170] V. I. Lenin, *Karl Marks*, in *Pol. sobr. soč.*, izd. 5e, tom 26, Moskva 1961, S. 55.
[171] *FT*, S. 203 (13. und 14. der 16 Punkte); – *ibid.*, SS. 211–212; – *ibid.*, S. 322.
[172] *Ibid.*, S. 203 (16. Punkt). Dazu sagt Lenin, dieser Punkt sei nur ein Beispiel des 9. Punktes, welcher den allgemeinen Relationalismus zum Ausdruck bringt.
[173] *Ibid.*, SS. 112–114 (notiert Hegel); – *ibid.*, S. 256; – *ibid.*, S. 317.
[174] *Ibid.*, SS. 124–126 (notiert und unterstreicht Hegel); – *ibid.*, S. 202 (4., 5., und 6. Punkt); – *ibid.*, SS. 209–210; – *Ibid.*, SS. 317–320.
[175] *Ibid.*, SS. 97–98; – *ibid.*, S. 124.
[176] *Ibid.*, SS. 202–203.
[177] *Ibid.*, S. 203.
[178] *Ibid.*, S. 124: "éto ostroumno i verno. Vsjakaja konkretnaja vešč', vsjakoe konkretnoe nečto stoit v različnyx i často protivorečivyx otnošenijax ko vsemuostal'nomu, ergo, byvaet samim soboj i drugim." – *Ibid.*, S. 143: "Pričina i sledstvie, ergo, liš' momenty vsemirnoj vzaimozavisimosti, svjazi (universal'noj), vzaimosceplenija sobytij liš' zven'ja v cepi razvitija materii." – *Ibid.*, S. 146. – *Ibid.*, SS. 178–179.
[179] Vgl. Anmerkung 144.
[180] *FT*, S. 100.
[181] *Ibid.*, S. 208.
[182] *Ibid.*, S. 185.
[183] *Ibid.*, S. 183.
[184] *Ibid.*
[185] Vgl. – außer den Texten von Anmerkungen 182–184 – *ibid.*, S. 151; *ibid.*, S. 256.
[186] Z.B. *ibid.*, S. 99 ('gibkost''); – *ibid.*, S. 131; – *ibid.*, SS. 163–164; – *ibid.*, S. 229, usw.
[187] *Ibid.*, SS. 152–153. – Vgl. *ibid.*, S. 150. Zur hierin implizierten empirischen Methode, vgl. *ibid.*, S. 187.
[188] *Ibid.*, S. 128; – *ibid.*, S. 209; – *ibid.*, S. 263.
[189] *Ibid.*, S. 256: "Dialektičen ne tol'ko perexod ot materii k soznaniju no i ot oščuščenija k mysli etc." – Zur Praxis als Negation der Negation, vgl. Anmerkung 187.
[190] *ME*, S. 123.
[191] *Ibid.*, SS. 124–125.
[192] *Ibid.*, SS. 134–138.
[193] *Ibid.*, S. 139.
[194] *Ibid.*, SS. 276–277.
[195] *FT*, SS. 182–183.
[196] *Ibid.*, S. 164: "čelovek ne možet oxvatit' = otražit' = otobrazit' prirody *vsej*, polnost'ju . . . on možet liš' *večno* približat'sja k étomu. . ." – *Ibid.*, S. 177: "Poznanie est' večnoe, beskonečnoe približanie myšlenija k ob'ektu." – *Ibid.*, S. 189.

[197] Vgl. *ibid.*, S. 515.

[198] *Ibid.*, S. 250.

[199] *Ibid.*, S. 190.

[200] *Ibid.*, S. 252.

[201] *Ibid.*, S. 90; – vgl. *ibid.*, SS. 318–321.

[202] *Ibid.*, S. 131; – *ibid.*, S. 178: "Otdel'noe bytie (predmet, javlenie etc) est' (liš') odna storona idei (istiny). ... Liš' v ix sovokupnosti (zusammen) i v ix otnošenii (Beziehung) realizuetsja istina..." – *Ibid.*, S. 179. – *Ibid.*, S. 180; – *ibid.*, SS. 226–227.

[203] *ME*, S. 146.

[204] *Ibid.*, S. 142; – *ibid.*, SS. 145–146.

[205] Hegels Überlegungen zur Praxis in seinen frühen Werken kannte Lenin nicht. Er bezieht sich auf die Stellen in der *Wissenschaft der Logik*, auf welche auch in der obigen Darstellung Hegels speziell Rücksicht genommen wurde (vgl. Kap. I, Abschnitt C.4).

[206] *FT*, S. 193.

[207] *Ibid.*, S. 194.

[208] *Ibid.*, S. 195.

[209] *Ibid.*

[210] *Ibid.*, S. 198.

[211] *Ibid.*, SS. 172–173; *ibid.*, S. 183; – *ibid.*, S. 193; – *ibid.*, S. 200.

[212] Vgl. oben, Kap. I, Abschnitt C.4.

[213] *Ibid.*, S. 301; – *ibid.*, S. 321.

[214] Lenin gebraucht unseres Wissens nicht den Ausdruck 'dialektische Logik', obwohl er sehr nahe liegt (Dialektik = Logik). Er schließt sich Hegels Kritik der formalen Logik an: *Ibid.*, S. 159. – Doch will er diese scheinbar nicht ausschließen; er ist der Meinung, daß auch die formalen Bestimmungen der Logik (z.B. die Form des Schließens) etwas in der Wirklichkeit widerspiegeln: *ibid.*, S. 163; – *ibid.*, 165. – Aber die formale Logik kann höchstens eine untergeordnete Rolle spielen, denn die eigentliche Logik identifiziert Lenin mit der (dialektischen) Erkenntnistheorie: *ibid.*, S. 156; – *ibid.*, S. 163; – *ibid.*, S. 174; – *ibid.*, S. 204.

[215] Zur Erkenntnistheorie als Erkenntnisgeschichte vgl. *ibid.*, S. 80; *ibid.*, S. 84: "Logika est' učenie ne o vnešnix formax myšlenija, a o zakonax razvitija 'vsex material'-nyx, prirodnyx i duxovnyx veščej', t.e. razvitija vsego konkretnogo soderžanija mira i poznanija ego, t.e. itog, summa, vyvod *istorii* poznanija mira." Vgl. auch *ibid.*, S. 184, wo von der zunächst individuellen ('snačala individual'nom') Widerspiegelung der objektiven Welt im menschlichen Bewußtsein die Rede ist.

[216] Vgl. z.B. *ibid.*, SS. 160–161; – *ibid.*, S. 252.

[217] *Ibid.*, S. 95.

[218] *Ibid.*, S. 221.

[219] *Ibid.*, S. 131: "Prodolženie dela Gegelja i Marksa dolžno sostojat' v dialektičeskoj obrabotke istorii celovečeskoj mysli, nauki i texniki." – *Ibid.*, S. 298: "Dialektika Gegelja est' ... obobščenie istorii mysli, čresvyčajno blagodarnoj kažetsja zadača prosledit' sie konkretnee, podrobnee, na *istorii otdel'nyx nauk*. V logike istorija mysli dolžna, v obščem i celom, sovpadat' s zakonami myšlenija."

[220] *Ibid.*, S. 314.

[221] *Ibid.*, S. 149; – *ibid.*, SS. 321–322.

[222] Vgl. *ibid.* – Der Großteil der *Filosofskie Tetradi* sind Beispiele dafür, wie Lenin Philosophen und philosophische Ansichten in der Geschichte beurteilt. Er hat damit die Methode der Geschichtsschreibung für den Diamat festgelegt. Typisch in dieser

Beziehung ist Lenins kurze Bemerkung zu *Überwegs Grundriß der Geschichte der Philosophie*: "Nečto unleserliches! Istorija imen i knig" (*ibid.* S. 335).

[223] *ME*, S. 238. – Vgl. *ibid.*, S. 244. – Vgl. *ibid.*, S. 358.

[224] *FT*, S. 215.

[225] Eine interessante Argumentation gegen Engels und Lenin findet sich bei dem Marxisten G. Lukacs, *Geschichte und Klassenbewußtsein*, Berlin 1923, S. 220ff. (abgedr. in I. Fetscher, *Der Marxismus. Seine Geschichte in Dokumenten*, Bd. I: *Philosophie. Ideologie*, München 1962, S. 372ff.).

[226] M. Adler kritisiert Lenin, daß er mit dieser Theorie den Materialismus verlassen habe und Panpsychist sei. In M. Adler, *Lehrbuch der materialistischen Geschichtsauffassung* (Soziologie des Marxismus, Bd. I), Berlin 1930, SS. 143–144 (abgedr. in I. Fetscher, *loc. cit.*, SS. 349–351).

[227] Vgl. Kap. IV.

KAPITEL III

DIE UNTERBRECHUNG DER TRADITION: STALIN

Das vorliegende Kapitel teilt sich in drei Abschnitte: (1) Die Entstehung des sowjetischen Hegelianismus; (2) Darstellung der Philosophie unter Stalin; (3) Erklärung der unmittelbar nach Stalins Tod einsetzenden Kritik. Damit soll gezeigt werden, daß die Philosophie unter Stalin eine Unterbrechung der Tradition einer an Hegel orientierten dialektischen Philosophie war.

Im Vergleich zu den übrigen Kapiteln dieser Arbeit ist die Darstellung der Philosophie unter Stalin besonders kurz. Die Gründe hierfür sind: erstens, daß uns das Material, um diese Zeit eingehend darzustellen, zum größten Teil fehlte[1]; zweitens, daß die Probleme der Erkenntnismetaphysik während dieser ganzen Zeit eine sehr geringe Rolle spielten.

A. DIE ENTSTEHUNG DES SOWJETISCHEN HEGELIANISMUS

Der Einfluß Hegels in der sowjetischen Philosophie stammt nicht nur von den 'Klassikern'. Seit den dreißiger Jahren des 19. Jahrhunderts gibt es russische Hegelianer. Ihr Einfluß, nicht nur auf Lenin, sondern auf die sowjetische Philosophie überhaupt, ist von größter Wichtigkeit.

Dmitrij Čiževskij schreibt dazu in seiner Arbeit *Hegel in Rußland* (1934)[2]: "Der Einfluß Hegels in Rußland bildet vielleicht den Höhepunkt der aus Deutschland kommenden Einflüsse im russischen Geistesleben überhaupt. Er zieht sich ununterbrochen vom Anfang der dreißiger Jahre bis zu unserer Gegenwart hin, wobei man, ohne zu zögern, von einem ständigen Wachsen und vor allem von einer ständigen Vertiefung dieses Einflusses reden darf."[3]

Bereits zu Hegels Lebzeiten gab es Russen, die nach Berlin kamen, um seine Vorlesungen zu hören. Unter ihnen sind vor allem I. Kireevskij[4], P. Redkin[5], und K. Nevolin[6] zu nennen. Etwas später kam D. Kr'ukov[7] nach Berlin. Alle wurden von Hegels Philosophie stark beeinflußt und trugen seine Gedanken nach Rußland.

Nach 1840 bildeten sich in Rußland viele Zirkel in denen Hegels Philosophie zum Hauptgegenstand der Diskussionen wurde.[8] Zu den einflußreichen, von Hegel beeinflußten Denkern der vierziger Jahre gehörten z.B. der jung verstorbene Student Stankevič[9], M. Bakunin[10], V. G. Belinskij[11], T. N. Granovskij[12], I. S. Turgenev[13], A. Herzen[14], und eine Gruppe von *Slavophilen* jener Zeit.[15]

Auch unter den *Aufklärern* gehörte Hegels Philosophie zum Mittelpunkt der philosophischen Untersuchungen. So z.B. bei B. N. Čičerin[16] und N. N. Strachov[17], die den Rationalismus in Hegel unterstrichen.

Aber Hegels Einfluß war auch bei den politisch *Radikalen* spürbar, so vor allem bei N. G. Černyševskij.[18] Das Eindringen der *marxistischen* Ideen in Rußland führte keineswegs zu einer Verminderung des Interesses für Hegel, wie schon beim ersten russischen Marxisten, M. I. Sieber[19], später bei G. V. Plechanov[20] und Lenin[21] ersichtlich war. Daneben gab es aber – sogar noch in den ersten Jahren nach der Revolution – nicht marxistische Hegelianer, worunter vor allem N. O. Losskij[22], S. Frank[23], I. A. Il'in[24], und A. F. Losev[25] zu nennen sind.

Obwohl alle hier genannten Denker unter starkem Einfluß der Hegelschen Philosophie ihre Ansichten entwickelt haben, wäre es eine irreführende Vereinfachung, wollte man sie alle rundweg als Hegelianer bezeichnen. Z.B. bestehen zwischen B. N. Čičerin, der Hegels Philosophie zum größten Teil übernimmt, und etwa M. Bakunin und A. Herzen, die sie zu überwinden suchen, in dieser Hinsicht bedeutende Unterschiede. Gerade bei denen, die die sowjetische Philosophie besonders beeinflußt haben, wie M. Bakunin, A. Herzen, N. G. Černyševskij, und G. V. Plechanov, ist das Verhältnis zu Hegel ein komplexes.[26]

Nach der Revolution hatten die Hegelianer zunächst einen schwierigen Stand. Verschiedentlich wurde die Ansicht vertreten, daß die Philosophie in der sozialistischen Gesellschaft überhaupt keine Existenzberechtigung mehr habe. Diese Ansicht fand in O. Minins Parole 'Die Philosophie über Bord!' ihren bekanntesten Ausdruck.[27] In weniger primitiver Form wurde diese These später (nach 1922) von den sog. *Mechanizisten* vertreten.

Den Mechanizisten ging es hauptsächlich darum, erstens die Berechtigung einer eigenständigen, über den Naturwissenschaften stehenden und diese leitenden *Philosophie* zu leugnen; zweitens eine mechanistische Interpretation der *Dialektik* zu geben. In dieser Interpretation verliert die

Dialektik vollständig ihren hegelianischen Charakter und wird zum Ausdruck für die Bewegung und Veränderung überhaupt, welche als mecha-
nische Bewegung verstanden wird. Besonders betonten die Mechanizisten, daß es in den Naturprozessen nicht sprunghaft zu qualitativ
neuen Daseins- oder Bewegungsformen käme.

A. M. Deborin und seine Schüler waren demgegenüber die Vertreter
einer eigenständigen, die Naturwissenschaften leitenden *Philosophie* und
der im Hegel-Engels-Leninschen Sinne verstandenen *Dialektik*. Sie unterstrichen den sprunghaften Charakter der Entwicklung aus inneren Widersprüchen, das Entstehen neuer Qualitäten und die Negation der Negation als Kennzeichen der dialektischen Entwicklung.

Natürlich waren die Vertreter der dialektischen Philosophie überzeugt,
daß Marx, Engels, Lenin und Plechanov die Hegelsche Dialektik 'umgekehrt' haben. Das Substrat der dialektischen Entwicklung ist nicht die
Idee, sondern die Materie. Deborin bemühte sich um eine ontologische
Definition der Materie als solcher: "Im weitesten Sinne ist Materie die
ganze, unendliche konkrete Gesamtheit von 'Vermittlungen' d.h. von
Beziehungen und Verbindungen."[28] Im Anschluß an Plechanov identifiziert er seinen Materiebegriff mit Spinozas Substanzbegriff. Das Denken
wird zum Attribut der Materie, weil die Materie das Denken mit Notwendigkeit hervorbringt.

Der eigentliche Kampf zwischen Deborinisten und Mechanizisten
entbrannte nach der Veröffentlichung von Engels' *Dialektik der Natur*
(1925). Beide Seiten wollten Engels für sich beanspruchen. I. I. Skvorcov-
Stepanov und A. K. Timirjazev polemisierten gegen Deborin vor allem
wegen der Stellung der Philosophie überhaupt und der Frage der qualita-
tiven Sprünge in der Dialektik; N. I. Bucharin und V. N. Sarab'janov
gegen Deborins Auffassung der Dialektik, vor allem gegen die dialektische Negation und die Widersprüche als innere Triebkraft der Entwicklung. L. I. Aksel'rod wehrte sich gegen Deborins Definition der Materie.

Sicher spielte die Veröffentlichung von Engels' *Dialektik der Natur* und
von Lenins *Filosofskie Tetradi* (1929) eine bedeutende Rolle bei der
Entscheidung dieses Kampfes zu Gunsten der dialektischen Philosophie.
Auf der Zweiten Allunionskonferenz der Marxistisch-Leninistischen For-
schungsanstalten (April 1929) kam es zur Verurteilung des Mechani-
zismus. Deborin und seine Anhänger beherrschten nun vollständig die
Philosophie in der Sowjetunion.[29]

B. STALIN

Die absolute Herrschaft der Deborinisten dauerte nur kurze Zeit. Ende 1930 und Anfang 1931 kam es, auf persönliche Veranlassung Stalins, zu ihrer Verurteilung durch die Partei.[30] Der Hauptgrund für diese Verurteilung war sicher, daß die Deborinisten nach ihrem Sieg über die Mechanizisten zu stolz die 'philosophische Führung' im Lande beanspruchten und nicht beachteten, daß die Partei alle Gebiete des Lebens beherrschen wollte. Dieser Grund wurde in dem Vorwurf formuliert, die Deborinisten hätten Theorie und Praxis getrennt und nicht das Leninsche Prinzip der Parteilichkeit befolgt. Außerdem wurde aber auch sofort der Vorwurf gemacht, sie hätten eine *Hegelianisierung des Marxismus* angestrebt, weshalb ihre Ansichten mit Stalins Worten als 'menschewisierender Idealismus' gekennzeichnet wurden.[31]

Von 1930 bis zu seinem Tod hat Stalin die sowjetische Philosophie vollständig beherrscht. Dreimal hat er persönlich in ihren Lauf eingegriffen (1930, 1938, 1950). Die Aufgabe der Philosophen bestand zu dieser Zeit hauptsächlich darin, zu wiederholen was Stalin gesagt hatte. Stalin hatte bestimmt kein theoretisches Interesse an der Philosophie, aber er verstand ihre Bedeutung bei der Interpretation politischer Fragen und bei der kommunistischen Erziehung.

Durch Stalin erhielt der 'Marxismus' erstmals ein offizielles philosophisches System. Marx und Engels hatten sich klar gegen das Konstruieren philosophischer Systeme ausgesprochen. Bei Lenin war dieser Standpunkt (wie oben gezeigt) bereits modifiziert: er plante eine Dialektik = Logik = Erkenntnistheorie, eine historisch-dialektische Synthese des Menschheitswissens. Deborin war von dieser Idee begeistert.[32] Aber Lenins historische Herleitung hatte nichts mit einem starren, offiziellen System zu tun.

Die Idee eines solchen Systems findet sich bereits bei Plechanov[33] und dann bei Stalin. Schon in seiner Artikelserie von 1906/07, *Anarxizm ili socializm* (Anarchismus oder Sozialismus) erklärte letzterer diesen Standpunkt: "Der Marxismus ist ... eine in sich geschlossene Weltanschauung, ein philosophisches System, aus dem sich der proletarische Sozialismus von Marx logisch ergibt. Dieses philosophische System heißt dialektischer Materialismus. ... Weshalb heißt dieses System dialektischer Materialismus? – Weil seine *Methode* die dialektische und seine *Theorie* materialistisch ist."[34]

Die Einteilung des Diamat in dialektische Methode und materialistische Theorie wiederholte Stalin auch 1938 im Kapitel 'Über dialektischen und historischen Materialismus' des *Kratkij kurs istorii VKP (b)* (Kurzer Lehrgang der Geschichte der KPdSU (B)).[35] Seither wurde diese Einteilung für die Darstellungen zur Zeit Stalins obligatorisch.

Nach Stalins dialektischer Methode muß die Welt als ein sich bewegendes und veränderndes Ganzes angesehen werden. Diese Bewegungen und Veränderungen sind teils allmählich, nur quantitativ, teils sprunghaft, wobei eine neue Qualität entsteht. Der allgemeine Grund der Bewegungen und Entwicklungen sind die Widersprüche oder Gegensätze in den Dingen und Erscheinungen. Die Widersprüche bestehen für Stalin darin, daß in jedem Ding eine 'negative' und eine 'positive Seite' ist, d.h. etwas 'Absterbendes' und etwas 'Aufkommendes', zugleich die 'Vergangenheit' und die 'Zukunft'.[36]

So ließe sich Stalins Dialektik – die er in jedem Punkt der 'Metaphysik' gegenüberstellt – zusammenfassen.

Die Bedeutung der *sprunghaften Entstehung neuer Qualitäten*, bzw. des Übergangs rein quantitativer Veränderungen in qualitative als Prinzip der dialektischen Entwicklung hat Stalin eingeschränkt. Die Deborinisten wurden von Stalins Parteiideologen wegen ihrer Überbewertung dieses Prinzips kritisiert.[37] Stalin selbst kam vor allem in seinen *Linguistikbriefen* (1950) darauf zurück. Er untersucht das Prinzip an einem konkreten Beispiel, nämlich der Entwicklung in der Sowjetunion. Dort darf es freilich keine sprunghafte, d.h. revolutionäre Entwicklung mehr geben. Das Prinzip wird auf die antagonistische Klassengesellschaft eingeschränkt.[38]

Das Prinzip der *Negation der Negation* wird bei Stalin überhaupt nie erwähnt, weder in seiner Darstellung der Dialektik von 1906/07, noch in der von 1938. Die Negation der Negation bedeutet die Versöhnung der Gegensätze, bzw. die Einsicht, daß das durch dialektische Negation entstandene Neue nur das Alte in anderer Form ist. Dadurch erhält dieses Prinzip politische Bedeutung. Deborin bezeichnet es in seiner Selbstkritik als einen seiner gröbsten Fehler, daß er dieses Prinzip vertreten habe. "Das bedeutet natürlich", so sagt er, "politisch zu einer Theorie der Interessensolidarität zwischen Bourgeoisie und Proletariat abzugleiten."[39]

Die u.a. aus politischen Gründen erfolgende Einschränkung des einen und Ablehnung des anderen Prinzips der Dialektik durch die stalinistische Philosophie führt zu einer wesentlichen Modifizierung der Dialektik in ihrer Hegel-Engels-Leninschen Prägung. R. Ahlberg, der diese Frage eingehend analysiert, kommt zu der Schlußfolgerung: "Damit vollendet sich bei Stalin die bolschewistische Dialektik als eine evolutionäre *lineare Fortschrittsdialektik*, wie sie seinerzeit von den Mechanizisten konzipiert worden war."[40]

Stalins Darstellung der 'Grundfrage der Philosophie' ist so undifferenziert, daß daraus eigentlich nichts gefolgert werden kann. In seiner Behauptung der Materialität der Welt, des Realismus der Erkenntnis und eines grundsätzlichen Rationalismus folgt er Engels und Lenin. Die Frage, ob er bei der Beschreibung der Erkenntnis an individuelle Erkenntnissubjekte oder an das gesellschaftliche Bewußtsein denkt, ist bereits nicht zu beantworten.[41]

Sicher ist jedoch, daß Stalin den Leninschen Plan einer Erkenntnistheorie (= Logik = Dialektik) weder selbst ausgebaut, noch seine Verwirklichung gefördert hat. Im Gegenteil hat er aber die *formale Logik* durch seinen Eingriff in die Diskussion über das Wesen der Sprache bewußt gefördert. Schon das Dekret des ZK der KPdSU vom November 1946, durch das die Logik als Schulfach eingeführt wurde, hatte zur Folge, daß formal-logische Veröffentlichungen erschienen. Doch vor allem Stalins Erklärung, daß die Sprache nicht klassengebunden sei, führte zu einer lebhaften Tätigkeit auf dem Gebiet der formalen Logik. Nach der Diskussion von 1950/51, bei der die Vertreter der formalen Logik (als einziger wirklicher Logik) zunächst nur eine kleine Minderheit waren, wuchsen ihr Einfluß und ihre Veröffentlichungen ständig.[42] Erst nach Stalins Tod und nach Schwinden seines Einflusses in der Philosophie, kam es zum Ausbau einer *dialektischen Logik* und wurden die Vertreter der formalen Logik 1955 scharf zurechtgewiesen.[43]

Daß Stalin mit Hegel und dem dialektischen Charakter der Philosophie der 'Klassiker' nichts anfangen konnte, ist aus seinen Schriften zur Dialektik und der von ihm geleiteten Verurteilung der Deborinisten ersichtlich. Seine Förderung der formalen Logik, welche sowohl von Hegel als auch von den 'Klassikern' gering geschätzt wurde, weist in dieselbe Richtung. Dieser Anti-Hegelianismus Stalins und der Philosophie des Stalinismus wird heute sowohl in westlichen als auch in sowjetischen Schriften immer wieder angedeutet, z.B. bei R. Ahlberg[44], I. Fetscher[45], H. Fleischer[46], G. L. Kline[47], und G. A. Wetter[48], aber auch etwa bei K. S. Bakradze[49], E. V. Il'enkov[50], und B. M. Kedrov.[51]

C. NACH STALINS TOD

Bezeichnend für die Philosophie unter Stalin ist auch die Art, wie diese nach Stalins Tod beurteilt wurde und welchen Lauf die Philosophie in der Sowjetunion dann nahm. Bei der Diskussion des Buches *Dialektičeskij materializm* (1954; hrg. von G. F. Aleksandrov) in den *Voprosy Filosofii* kam es zu einer Abrechnung mit der Philosophie der Stalinzeit, ohne daß Stalin dabei genannt wurde.[52]

Die gegen das Buch erhobenen Hauptvorwürfe, welche die Redaktion der Zeitschrift zusammenfassend wiederholte, waren:

(1) Das Buch gibt eine falsche Darstellung der *Dialektik*. Es trennt (wie Stalin) die dialektische Methode von der materialistischen Theorie.[53] Gewisse wesentliche Seiten der Dialektik, wie das Gesetz der Negation der Negation, sind (wie bei Stalin) überhaupt nicht beachtet.[54] Der Grund dafür – und das ist gleichzeitig der Hauptvorwurf – ist, daß die Dialektik nicht in Einheit mit der Erkenntnistheorie und Logik ausgearbeitet wurde, daß Lenins *Filosofskie Tetradi* und darin vor allem seine Lehre von der Einheit von Dialektik, Logik, und Erkenntnistheorie nicht genug beachtet wurden.[55]

(2) Das Buch bietet eine ungenügende Ausarbeitung der *Kategorien* der Dialektik. Indem es der (von Stalin stammenden) Einteilung des Diamat in sieben Grundthesen folgt, hat es keinen Platz für die Abhandlung der Kategorien. Das Buch zeigt kein Interesse am Ausbau der *dialektischen Logik*.[56]

(3) Das Buch ist vollkommen *unhistorisch* und kümmert sich nicht um die philosophischen Wurzeln des Marxismus. Besonders bedauerlich ist die einseitige und negative Beurteilung Hegels. Hegels Dialektik ist wissenschaftlich und progressiv, was von dem Autorenkollektiv wegen seiner unhistorischen und einseitigen Haltung nicht gesagt werden kann.[57]

Es ist wirklich eine Ironie der Geschichte und gleichzeitig ein typisches Zeichen für den Wandel in der Beurteilung Hegels, daß derselbe G. F. Aleksandrov, der 1944 durch das Zentralkomitee der KPdSU als Mitherausgeber der dreibändigen 'Geschichte der Philosophie' für die zu hegelianische Darstellung der Dialektik im dritten Band dieses Werkes scharf kritisiert worden war[58], nun ebenso scharf kritisiert wird, weil er Hegel zu wenig beachte.

Nach dieser Diskussion in den *Voprosy Filosofii* und vor allem nach dem 20. Parteitag (1956) beginnen die sowjetischen Philosophen mit einer Neufassung der Dialektik im Licht der Hegel-Engels-Leninschen Tradition. Man kehrt zu *Engels drei Gesetzen* der Dialektik zurück, und führt das Gesetz der Negation der Negation wieder ein; man begibt sich an den Ausbau der *Kategorien* der Dialektik; vor allem aber bemüht man sich schließlich Lenins Plan aus den *Filosofskie Tetradi* durchzuführen, nämlich die *dialektische Logik*. Besonders auffällig ist bald auch das Bestreben, jede These des Diamat *historisch* herzuleiten, wobei Hegels Philosophie erstmals seit Lenin und Deborin wieder genau studiert und differenziert beurteilt wird.[59]

Die Philosophie Stalins und seiner Zeit bildet eine Unterbrechung der hegelianischen Tradition im sowjetischen Diamat. Die hegelianischen Züge erhielt der sowjetische Diamat (1) durch die 'Klassiker', vor allem Engels und Lenin; (2) durch die vorrevolutionären russischen Hegelianer; (3) durch die dialektische Philosophie der Deborinisten. In welchem Sinn Stalins Philosophie diesem historischen Hintergrund gegenüber einen Gegensatz oder eine Neuheit darstellt, sollte im vorliegenden Kapitel kurz gezeigt werden. Daß bald nach Stalins Tod eine neue Bewegung in der sowjetischen Philosophie einsetzte, welche als neue Hinwendung zur Dialektik Engels' und Lenins verstanden werden muß, unterstützt die hier vertretene These.

Wenn hier von der Unterbrechung der hegelianischen Tradition durch Stalin gesprochen wurde, so handelt es sich dabei nicht um eine bewiesene Theorie, sondern um eine Arbeitshypothese. Diese stützt sich auf eine Reihe von Anzeichen in den philosophischen Werken Stalins und seiner Zeit. Diese können aber z.T. auch anders interpretiert werden. Wenn heute auch von sowjetischer Seite viel an der Philosophie Stalins ausgesetzt wird und nicht zuletzt seine mangelnde Betonung der Dialektik und Hegels, so können dafür auch andere Motive geltend gemacht werden. Eine weitere Frage ist, inwieweit Stalin selbst für die 'Unterbrechung' verantwortlich gemacht werden kann. Immerhin scheint die hier vertretene These, vor allem für die Philosophie zur Zeits Stalins im allgemeinen, viel Wahrscheinlichkeit zu haben.

Die Unterbrechung der hegelianischen Tradition zur Zeit Stalins kann schwerlich als die Ära einer neuen, mehr aristotelischen Philosophie angesehen werden. Denn Stalin hat Hegels Dialektik keine andere Philosophie gegenübergestellt. Er behielt die Dialektik, aber sie wurde zur

Banalität. Freilich hätte dies und die Förderung der formalen Logik eine Umformung der sowjetischen Philosophie in dieser Richtung zur Folge haben können, wofür die aristotelischen Strömungen, die es auch heute in der sowjetischen Philosophie gibt, ein Zeichen sind.

ANMERKUNGEN

[1] Außer vielen Büchern aus den ersten dreißig Jahren der sowjetischen Philosophie ist hier vor allem die schwer zugängliche Zeitschrift *Pod znamenem marksizma* zu nennen, aus der sich die wesentlichen Richtungen und Ereignisse der sowjetischen Philosophie bis 1944 ersehen lassen. Da uns dieses Material zum größten Teil fehlt, wird im folgenden oft auf die Sekundärliteratur eingegangen, die es – in geringem Maße – über die Philosophie dieser Zeit gibt.

[2] Dmitrij Čiževskij, *Hegel bei den Slaven*, 1. Aufl., Reichenbach 1934. Wir beziehen uns hier auf die 2. verbesserte Aufl., Darmstadt 1961. Darin: 'Hegel in Rußland', SS. 145–394. Es ist dies die klassische Arbeit über den Einfluß Hegels vor allem im vorrevolutionären Rußland.

[3] *Ibid.*, S. 145.

[4] Vgl. *ibid.*, SS. 151–160.

[5] Vgl. *ibid.*, SS. 160–161.

[6] Vgl. *ibid.*, SS. 161–162.

[7] Vgl. *ibid.*, S. 162.

[8] Vgl. *ibid.*, SS. 163–178.

[9] Vgl. *ibid.*, SS. 179–188.

[10] Vgl. *ibid.*, SS. 189–206.

[11] Vgl. *ibid.*, SS. 207–228.

[12] Vgl. *ibid.*, SS. 229–235.

[13] Vgl. *ibid.*, SS. 236–244.

[14] Vgl. *ibid.*, SS. 263–278.

[15] Vgl. *ibid.*, SS. 245–262.

[16] Vgl. *ibid.*, SS. 301–311.

[17] Vgl. *ibid.*, SS. 312–329.

[18] Vgl. *ibid.*, SS. 343–346.

[19] Vgl. *ibid.*, S. 346.

[20] Vgl. *ibid.*, SS. 371–373.

[21] Vgl. *ibid.*, SS. 373–377. – Vgl. oben, Kap. II, Abschnitt C.

[22] Vgl. D. Čiževskij, *loc. cit.*, SS. 357–358.

[23] *Ibid.*, SS. 358–360.

[24] *Ibid.*, SS. 360–367.

[25] *Ibid.*, SS. 368–370.

[26] M. Bakunin steht in seiner Jugend stark unter Hegels Einfluß. Doch sieht er Hegels Philosophie bald als die Spitze der einseitig theoretischen Bildung an, in der bereits der Anfang der Selbstauflösung liegt. Hegels Philosophie postuliere selbst eine 'neue praktische Welt'. In der Dialektik unterstreicht er die Negation und den Widerspruch, auf Kosten der Negation der Negation oder Synthese. Die Praxis ist daher für ihn Revolution, Vernichtung alles Positiven, Bestehenden: Anarchie (vgl. *ibid.*, SS. 202–206). – Auch bei A. Herzen gibt es eine hegelianische Periode, auf die eine radikal

praktische, alle Philosophie ablehnende Periode folgt. Aber Herzen ist viel länger Philosoph als Bakunin und entwickelt – vor allem in zwei Artikelreihen von 1843 und 1845 – einen persönlich geprägten Hegelianismus. Dieser zeigt sich besonders an seiner Theorie der *Wissenschaft* und der *Wahrheit* (vgl. *ibid.*, SS. 264–279). – N. G. Černyševskij anerkennt bei Hegel einige Grundwahrheiten, obwohl Hegels Philosophie geschichtlich überholt sei. Diese Grundwahrheiten klingen allerdings – wenigstens in Čiževskijs Darstellung – ziemlich banal: das Ziel des Denkens ist die Wahrheit; die dialektische Methode betrachtet die Erscheinungen in ihrer Dynamik und Komplexität; bei Hegel geht es um die ganze Wirklichkeit; die Wahrheit ist konkret (vgl. *ibid.*, SS. 344–345). – G. V. Plechanov versteht und schätzt Hegel vor allem im Anschluß an Engels und erklärt die Dialektik in Engels' Terminologie (vgl. *ibid.*, SS. 371–373). Plechanov ist es außerdem, der – mehr als Lenin – den 'Marxismus' als einheitliche Weltanschauung und *philosophisches System* verstanden und ausgebaut hat (vgl. z.B. *Osnovnye voprosy marksizma*, in *Soč.*, tom XVIII, M.-L. 1925, S. 182; oder: *Filosofskaja évolucija Marksa*, in *a.a.O.*, S. 325).

27 O. Minin, 'Filosofija za bort', *Pod znamenem marksizma (PZM)*, 1922, Nr. 11/12. Entnommen: R. Ahlberg, '*Dialektische Philosophie*' *und Gesellschaft in der Sowjetunion*, Berlin 1960. Vgl. *ibid.*, SS. 11–13. Dieses Buch ist die beste Darstellung der Entwicklung der dialektischen Philosophie bis zu ihrer Verurteilung 1931.

28 A. M. Deborin, *Lenin kak myslitel'*, M. 1924, S. 42. – Entnommen: G. A. Wetter, *Der dialektische Materialismus*, Wien 1958, S. 185.

29 Zum Kampf zwischen Mechanizisten und Deborinisten der hier nur angedeutet werden konnte, vgl. vor allem R. Ahlberg, *a.a.O.*, SS. 11–104. – D. Joravsky, *Soviet Marxism and Natural Science, 1917–1932*, New York-London 1961 (vgl. Besprechung dieses Buches durch D. D. Comey, in *Studies in Soviet Thought* 2 (1962), 142–148). – J. M. Bocheński, *Der sowjetrussische dialektische Materialismus*, Bern 1960, SS. 35–40. – G. A. Wetter, *a.a.O.*, SS. 149–204.

30 Vgl. R. Ahlberg, *a.a.O.*, SS. 104–109.

31 *Ibid.*, SS. 106–107. – Vgl. G. A. Wetter, *a.a.O.*, SS. 158–159.

32 Vgl. R. Ahlberg, *a.a.O.*, S. 35. – Daß Deborin gegen die Konstruktion eines philosophischen Systems in diesem Sinne war, ist an seiner Auffassung der Dialektik als allgemeiner Methodologie ersichtlich. Vgl. dazu *ibid.*, SS. 20–24.

33 Vgl. Anm. 26.

34 J. W. Stalin, 'Anarchismus oder Sozialismus', in *Werke*, I, Berlin 1950, S. 260.

35 J. Stalin, *Fragen des Leninismus*, Berlin 1951, S. 647.

36 *Ibid.*, SS. 648–652. – Vgl. 'Anarchismus oder Sozialismus', *a.a.O.*, SS. 260–263, 268.

37 'Dialektičeskij materializm', in *BSE*, Bd. 22 (1935), S. 159. – Entnommen: R. Ahlberg, *a.a.O.*, S. 125.

38 J. W. Stalin, *Der Marxismus und die Fragen der Sprachwissenschaft*, Berlin 1954, SS. 34–35. – Entnommen: R. Ahlberg, *a.a.O.*, S. 127.

39 *PZM*, 1933, Nr. 3, S. 144. – Entnommen: R. Ahlberg, *a.a.O.*, S. 112.

40 R. Ahlberg, *a.a.O.*, S. 127.

41 G. A. Wetter verweist auf das Durcheinander in dieser Frage und den sich daraus ergebenden 'Kurzschluß': *a.a.O.*, SS. 250–251.

42 Zur Geschichte der sowjetischen Logik, s.: J. M. Bocheński, 'Soviet Logic', *Studies in Soviet Thought* 1 (1961), 29–38. – H. Dahm: 'Renaissance der formalen Logik', *Ost-Probleme*, 1957, 254–267. – G. A. Wetter, *a.a.O.*, SS. 598–610.

43 'Protiv putanicy i vul'garizacii v voprosax logiki', *Voprosy filosofii* (Redaktionsartikel), 1955,3, SS. 158–171.

[44] R. Ahlberg, *a.a.O.*, SS. 120–127, wo Ahlberg das mechanizistische Erbe in der stalinistischen Philosophie untersucht.

[45] I. Fetscher, 'Das Verhältnis des Marxismus zu Hegel', in *Marxismusstudien*, III (hrg. von I. Fetcher), Tübingen 1960, SS. 154–165. Auf diesen Seiten des Artikels beschreibt Fetscher den Kampf um Hegel, der in der *Deutschen Zeitschrift für Philosophie* zwischen 1954 und 1956 ausgetragen wurde. R. O. Gropp vertrat darin die unter Stalin geltende Hegelinterpretation, wandte sich in primitiver Weise gegen eine hegelianisierende Interpretation des jungen Marx und eine Überschätzung Hegels überhaupt (*DZfPh*, 1954,1, 69–112; *ibid.*, 1954,2, 344–383). Unter vielen Beiträgen gegen Gropp war der von W. Harrich der schärfste. Das Heft in dem er erschien (1956,5) wurde zurückgezogen, die Diskussion damit abgebrochen.

[46] H. Fleischer, *Die sowjetische Ontologie (Man.)*, SS. 162–163. Er sagt dort zum Hegel-Engels-Leninschen Prinzip der *Einheit der Gegensätze*: "... daß zur Zeit Stalins – in dessen 'Grundzügen' der Begriff der 'Einheit' überhaupt fehlte – sowjetische Philosophen der Ansicht waren, es sei dies ein unmarxistischer, hegelianischer Begriff; die marxistische Philosophie erkenne nur Gegensätze und Widersprüche an."

[47] G. L. Kline, 'Recent Reinterpretations of Hegel', *The Monist*, **48** (Jan. 1964). Dort schreibt Kline auf SS. 36–37: "... in the Soviet Union the renewal of public interest in Hegel's philosophy dates only from the 'de-Stalinization' campaign of 1956. During the previous quarter century hardly any serious work on Hegel had been published in the Soviet Union [dazu Anmerkung: G. Lukacs sagt, sein Buch über den *jungen Hegel* hätte damals in der SU nicht erscheinen können]. One of Stalin's main charges in 1931 against Academician A. M. Deborin ... was that he had 'idealized Hegel'. ... Stalin went on to brand Hegel's philosophy as an 'aristocratic reaction to the French revolution and to French materialism', and thus totally void of 'progressive' features."

[48] G. A. Wetter, *a.a.O.*, S. 42, erwähnt daß die Frühschriften von Marx erst nach Stalins Tod in der SU geschätzt wurden.

[49] K. S. Bakradze, *Sistema i metod filosofii Gegelja*, Tbilisi 1958. Dort greift er auf SS. 228–231 den Stalinisten R. O. Gropp an, der behauptet, die marxistische Dialektik sei unabhängig von oder höchstens gegen Hegel entwickelt worden, ihre Grundlage sei der Klassenkampf und das Proletariat. Dagegen unterscheidet Bakradze die ökonomisch-politischen von den theoretischen Grundlagen einer Lehre und beurteilt Marx' Beziehung zu Hegel im Anschluß an Lenin. Er wendet sich scharf dagegen, daß Hegels Dialektik reaktionär sei. – Vgl. *ibid.*, S. 10.

[50] E. V. Il'enkov, 'Vopros o toždestve myšlenija i bytija v domarksistskoj filosofii', in *Dialektika – teorija poznanija. Istoriko-filosofskie očerki* (Red. B. M. Kedrov), M. 1964, SS. 21–54, hier S. 21.

[51] B. M. Kedrov, *Edinstvo dialektiki, logiki i teorii poznanija*, M. 1963. Darin SS. 11–17: 'Otricanie edinstva dialektiki, logiki i teorii poznanija pri kul'te ličnosti Stalina'.

[52] G. A. Wetter, *Die Umkehrung Hegels*, Köln 1963, S. 8: "... es war nämlich oft bei den gegen dieses Lehrbuch vorgebrachten Einwänden zu merken, daß die Kritiker Aleksandrov nannten, aber Stalin meinten."

[53] *VF*, 1954,5, 196. – Ibid., S. 199.

[54] *VF*, 1954,4, 202.

[55] *VF*, 1954,5, 199. – Vgl. *ibid.*, S. 203.

[56] *VF*, 1954,5, 199–200. – *Ibid.*, S. 204.

[57] *VF*, 1954,5, 198. – *Ibid.*, S. 204.

[58] Vgl. *Kratkij filosofskij slovar'* (pod red. M. M. Rozentalja i P. F. Judina), M. 1955, S. 82. N.B. daß der Hinweis auf diese Tatsache im neuen *Filosofskij slovar'* (1963) fehlt.

[59] Vgl. dazu G. L. Klines Ansicht, in Anm. 45. – Während auch nach der Verurteilung Deborins die Ausgabe der Werke Hegels bis zu Stalins Tod fortgesetzt wurde (die Bände 2, 5, 6, 7, 8, 9, 10, 11, 12, 13 erschienen während dieser Zeit) und sogar einige Bücher und Artikel über Hegel erschienen, begann doch seit 1956 ein neues Studium Hegels in einem neuen Geist, der dem vor 1931 ähnelt (vgl. K. G. Ballestrem, 'Soviet Historiography of Philosophy', *SST*, **3** (1963), 119–120, Anm. 20 und Anm. 32.

KAPITEL IV

NEUERE SOWJETISCHE ERKENNTNISMETAPHYSIK

A. DIE PROBLEMATIK

Der Gegenstand des vorliegenden Kapitels ist die 'Umkehrung' Hegels, wie sie die neuere sowjetische Philosophie bei der Beantwortung der 'Grundfrage der Philosophie' versucht.

Seit Engels unterscheidet der dialektische Materialismus innerhalb der 'Grundfrage der Philosophie' – über das Verhältnis von Denken und Sein, Geist und Natur, Bewußtsein und Materie – zwei Seiten: die *ontologische* und die *erkenntnistheoretische*. Die ontologische Seite wird so formuliert, daß gefragt wird, welcher der beiden Seinsweisen die Priorität zukomme, der Materie oder dem Bewußtsein. Die erkenntnistheoretische Seite der Frage betrifft die Erkennbarkeit der Welt und die Art unseres Erkennens. Beide Seiten der Frage gehören notwendig zusammen.

Hegels Stellung zu dieser Problematik wurde im ersten Kapitel erklärt. Auch für ihn gehören die ontologische und die erkenntnistheoretische Frage notwendig zusammen. Seine Philosophie ist sowohl ontologisch als auch erkenntnistheoretisch ein *dialektischer Monismus*. Das bedeutet *ontologisch*: eine relationalistische und evolutionistische Sicht der Wirklichkeit, wobei die dialektische Negation das eigentliche Erklärungsprinzip ist; darüber hinaus die Auffassung des Seienden als der *einen* Grundwirklichkeit, welche sich aus sich selbst heraus entwickelt, aktualisiert und differenziert; insbesondere gilt das für den Geist, das Denken oder Erkennen: der Geist ist nur eine der Daseinsweisen der einen Grundwirklichkeit, der 'Idee', und gehört schon ursprünglich (als Möglichkeit) zu ihr. *Erkenntnistheoretisch* bedeutet der dialektische Monismus bei Hegel: die grundsätzliche Einheit von Denken und Sein, von Subjektivem und Objektivem (die im Verlauf der Entwicklung auftretende Verschiedenheit beider Bereiche muß wieder überwunden werden); die Auffassung des Erkenntnissubjekts als eines konkreten Allgemeinen und der Erkenntnis als des historischen Prozesses des Bewußtwerdens der Wirklichkeit; die Erklärung der Erkenntnis als des historischen Prozesses der Entwicklung über relative und abstrakte Wahrheiten zur absoluten und konkreten Wahrheit.

Eine 'Umkehrung' Hegels müßte also in einer Umkehrung der Dialektik und/oder des Monismus auf ontologischem und erkenntnistheoretischem Gebiet bestehen. *Ontologisch* würde die *Umkehrung der Dialektik* bedeuten: ein Aufgeben der relationalistischen und/oder der evolutionistischen Erklärung der Wirklichkeit. *Ontologisch* würde die *Umkehrung des Monismus* bedeuten: die Annahme eines grundsätzlichen Dualismus von Geist und Natur, Bewußtsein und Materie. *Erkenntnistheoretisch* würde die *Umkehrung der Dialektik* bedeuten: ein Aufgeben der relationalistischen und/oder der evolutionistischen Erklärung der Erkenntnis, also etwa die Erklärung des Erkenntnissubjekts als eines einzelnen Individuums, welches in der Erkenntnis nicht wesentlich vom Milieu und dem geschichtlichen Prozeß, in dem es steht, determiniert wäre. *Erkenntnistheoretisch* würde die *Umkehrung des Monismus* bedeuten: die Annahme eines grundsätzlichen Dualismus von Subjekt und Objekt, die Annahme eines spezifischen Bereichs des Subjektiven (Immanenz, Gedankenrelationen, usw.), der sich nicht als einfache Widerspiegelung des Objekts erklären liesse.

Im zweiten Kapitel wurde vor allem gezeigt, wie wenig den 'Klassikern' und besonders Lenin eine Umkehrung Hegels gelungen ist. Es wurde klar, daß – bei aller Verschiedenheit von Hegel, trotz aller Versuche Hegel zu korrigieren, trotz aller Mißverständnisse gegenüber der Hegelschen Philosophie – es sich besonders bei Engels und Lenin im Wesentlichen um einen dialektischen Monismus im oben angegebenen Sinne handelt.

Die Philosophie unter Stalin stellt in gewisser Weise eine Unterbrechung der dialektisch-monistischen Tradition dar, wie im dritten Kapitel gezeigt werden sollte. Allerdings war zu jener Zeit auch das Problembewußtsein den hier aufgezeigten Fragen gegenüber sehr gering. Erst nach Stalins Tod begann die Problematik der 'Grundfrage' und der damit zusammenhängenden Umkehrung Hegels der sowjetischen Philosophie wieder bewußt zu werden, wie am Ende des dritten Kapitels erklärt werden konnte.

Ob und wie im neueren sowjetischen Diamat die obengenannten Möglichkeiten der Umkehrung Hegels realisiert werden, wird im folgenden untersucht. Dazu noch zwei methodologische Vorbemerkungen: (1) Wir werden die sowjetische Beantwortung der ersten Seite der 'Grundfrage' nur relativ kurz behandeln und uns auf die zweite, die erkenntnistheoretische Seite konzentrieren. Denn erstens kommen bei der Behandlung der zweiten Seite der 'Grundfrage' die entscheidenden Thesen der sowjetischen Erkenntnismetaphysik zur Sprache. Zweitens kommt in H. Fleischers Buch *Die Ontologie im Dialektischen Materialismus* (Berlin 1964) vieles über die ontologische Seite der 'Grundfrage' zur Sprache und wird eingehend dokumentiert. (2) Obwohl wir die neuere sowjetische Erkenntnismetaphysik in ihrem Verhältnis zu Hegel darstellen wollen, wird nicht bei jeder der behandelten Fragen auf die entsprechenden Ansichten Hegels zurückverwiesen. Grundsätzlich werden die vorausgehenden Kapitel vorausgesetzt. In Abschnitt D dieses Kapitels findet man zusammenfassend eine Darstellung der typisch hegelianischen Thesen und der typischen Hegelianer unter den heutigen sowjetischen Philosophen.

B. DIE ONTOLOGISCHE SEITE DER 'GRUNDFRAGE DER PHILOSOPHIE'

Die sowjetische Philosophie folgt bei der Umkehrung Hegels den 'Klassikern'. Diese haben die 'Grundfrage der Philosophie' formuliert und eine Interpretation Hegels gegeben. Entsprechend sehen die Formulierungen der 'Grundfrage' und die Interpretationen Hegels in der sowjetischen Philosophie aus.

Im *Filosofskij slovar'* von 1963 findet man die folgende Definition: "Die Grundfrage der Philosophie ist die Frage nach der Beziehung des Bewußtseins zum Sein, des Denkens zur Materie, zur Natur, welche von zwei Seiten betrachtet werden kann: erstens, was ist primär – der Geist oder die Natur, die Materie oder das Bewußtsein, und zweitens, wie verhält sich das Wissen über die Welt zur Welt selbst, oder anders: entspricht das Bewußtsein dem Sein, kann es die Welt wahrhaft abbilden."[1]

Diese Definition folgt genau derjenigen von Engels und Lenin. Aber auch in der Beurteilung des objektiven Idealismus und besonders Hegels folgt die sowjetische Philosophie den 'Klassikern'. Hegels 'Idee' wird nur als ein anderer Ausdruck für Gott verstanden. Alle Wirklichkeit und alles Denken sei für den objektiven Idealismus nur eine Schöpfung Gottes und seines Denkens.[2]

Natürlich wird daher auch von der sowjetischen Philosophie die Umkehrung Hegels so verstanden, daß man an Stelle der *Idee* (= Gott) die *Materie* setzt und an Stelle des *Denkens Gottes* das *Bewußtsein des Menschen*, ferner daß man das *Primat der Materie* gegenüber dem Bewußtsein behauptet.

Daß es sich hier – wegen des grundsätzlichen Mißverstehens Hegels – zunächst um eine reine Umkehrung von Worten und nicht etwa von Prinzipien handelt, sollte nach der obigen Darstellung Hegels klar sein und ist auch schon im Zusammenhang mit der Philosophie der 'Klassiker' erklärt worden. G. A. Wetter hat eine vorzügliche Analyse der Mißverständnisse gegeben, welche in dieser vermeintlichen Umkehrung impliziert sind.[3]

Abgesehen von der direkten Umkehrung Hegels, welche als mißlungen angesehen werden muß, stellt sich nun aber die Frage, ob die sowjetische Philosophie bei der Beantwortung der 'Grundfrage' tatsächlich eine antihegelianische Erkenntnismetaphysik entwickelt oder nicht. Zunächst scheint es nämlich so, als seien der Materialismus und die Widerspiegelungstheorie eine tatsächliche Umkehrung der Hegelschen Grundlagen. Um diese Frage zu klären, muß das allgemeine Verhältnis von Materie und Bewußtsein, wie es der sowjetische Diamat erklärt, untersucht werden.

Der neue *Filosofskij slovar'* beschreibt das Verhältnis zwischen Materie und Bewußtsein, bzw. das Primat der Materie gegenüber dem Bewußtsein folgendermaßen: "... daß (1) die Materie die Quelle des Bewußtseins und das Bewußtsein die Widerspiegelung der Materie ist; (2) das Bewußtsein das Resultat des langdauernden Prozesses der Entwicklung der materiellen Welt ist; (3) das Bewußtsein die Eigenschaft und Funktion der höchstorganisierten Materie, des Kopfhirns ist; (4) die Existenz und Entwicklung des menschlichen Bewußtseins, des Denkens unmöglich ist ohne den sprachlichen materiellen Ausdruck, ohne das Sprechen; (5) das Bewußtsein als Resultat der materiellen Arbeitätigkeit des Menschen entstanden ist; (6) das Bewußtsein gesellschaftlichen Charakter trägt und durch das materielle gesellschaftliche Sein bestimmt wird."[4]

Analysiert man den obigen Text (dem man viele ähnliche beifügen könnte), so sieht man, daß der sowjetische Diamat verschiedene Arten der Abhängigkeit des Bewußtseins von der Materie kennt: (a) eine *historisch-genetische* Abhängigkeit: das Bewußtsein ist ein Resultat der Entwicklung der Materie und speziell der materiellen Arbeitätigkeit der

Menschen; (b) eine *konditionale* Abhängigkeit: Bewußtsein existiert nur dann und dort, wenn bzw. wo materielle Seiende existieren, als Eigenschaft und Funktion des Gehirns und in der Form der Sprache; (c) eine *formal-bestimmende* Abhängigkeit: das Bewußtsein ist Widerspiegelung der materiellen Welt und insbesondere des materiellen gesellschaftlichen Seins. In aristotelischer Terminologie ausgedrückt: die Materie ist *Wirk*ursache, *materielle* und *Formal*ursache des Bewußtseins.

Der obige Text bringt die zwei Hauptprobleme oder Konfusionen zum Ausdruck, welche die ganze sowjetische Literatur über die 'Grundfrage' durchziehen. Das erste Problem liesse sich folgendermaßen formulieren: alles Seiende ist materiell – es gibt Seiendes, welches nicht materiell ist, das Bewußtsein. Das so vollständige Primat der Materie, wie es im obigen Text zum Ausdruck kommt, und darüber hinaus die sowjetische Lehre von der Einheit der materiellen Welt, lassen nämlich die Schlußfolgerung zu, daß alles Seiende materiell ist. Andererseits wird betont, daß das Bewußtsein nicht materiell ist, ja bereits die Stellung der 'Grundfrage' geht von einer gewissen Dualität von Materie und Bewußtsein aus. Das zweite Problem besteht darin, daß bei der Erklärung des Verhältnisses zwischen Materie und Bewußtsein die ontologische und die erkenntnistheoretische Frage dauernd vermischt werden. Das geht bereits daraus hervor, daß bei dieser allgemeinen Erklärung des Verhältnisses von Materie und Bewußtsein, das Bewußtsein ohne weiteres mit Widerspiegelung, Erkenntnis und Denken identifiziert wird. – Wir wollen im folgenden diese beiden Probleme etwas eingehender untersuchen.

1. Problem: alles Seiende ist materiell – es existiert Seiendes, welches nicht materiell ist, das Bewußtsein.

Es ist typisch für die sowjetischen Veröffentlichungen vor 1955, daß sie diese Problematik gar nicht erwähnen. Zwar werden dort sowohl der Dualismus, als auch der Vulgärmaterialismus abgelehnt, aber es wird nicht einmal versucht, eine Erklärung zu geben, warum in der einen materiellen Welt ein qualitativ von allem anderen Verschiedenes, das Bewußtsein, existieren kann. Ein gutes Beispiel für diese Haltung ist die Antwort V. N. Kolbanovskijs auf die Frage: "Ist es richtig zu behaupten, daß das Bewußtsein materiell ist?"[5] Ein weiteres Beispiel kann in dem bekannten Buch: *Dialektičeskij materializm* (hrsg. von G. F. Aleksandrov) von 1954 gesehen werden.[6]

122

Die sowjetische Philosophie hat seither bei der Behandlung dieser Problematik beträchtliche Fortschritte gemacht. Um diese Fortschritte zu verstehen, müssen kurz einige weitere Fragen der sowjetischen Ontologie berührt werden.

Wichtig in diesem Zusammenhang sind die sowjetischen Theorien über die *Materie*. Aus den Veröffentlichungen von H. Fleischer[7] und N. Lobkowicz[8] ist ersichtlich, wie schwierig es war und z.T. noch ist, in den verschiedenen sowjetischen Aussagen über die Materie eine klare und zusammenhängende Theorie zu entdecken. Abgesehen von der verwirrenden Rolle, welche die erkenntnistheoretische Definition der Materie spielt, waren auch die ontologischen Definitionen schwer zu koordinieren. Die Materie erschien einmal als Eigenschaft aller Seienden, einmal als die Wesenseigenschaft des körperlichen, dann aber auch als allgemeinste Gattung, oder auch als Urstoff. In letzter Zeit wurde die Materie jedoch immer öfter als die eine *Grundsubstanz* erklärt, als die *substantia unica*, deren dialektische Selbstbewegung oder Selbstentwicklung die Ursache alles Wirklichen ist. Als solche kann die Materie nicht mehr mit dem Stofflichen oder mit einer konkreten Erscheinungsform identifiziert werden, vielmehr liegt sie diesen zugrunde.

H. Fleischer führt in seinem Buch eine Reihe von Texten an, in welchen sich diese Definition der Materie findet.[9] Einen weiteren wichtigen Beitrag zu dieser Erklärung der Materie bietet ein kürzlich (1965) erschienener Artikel des Leningrader Philosophen M. F. Vorob'ev.[10]

Auch die seit 1955 einsetzende neue Interpretation der *Dialektik* ist in unserem Zusammenhang wichtig. Wie bereits gezeigt wurde[11], entsprach die Interpretation der Dialektik zur Zeit Stalins nicht den Ideen von Engels und vor allem von Lenin, was sich besonders in einer mehr mechanistischen Erklärung der Bewegung äußerte. Inzwischen ist jedoch die Dialektik im ursprünglichen Hegelschen Sinne stark entwickelt worden: eine relationalistische (allgemeine Verbundenheit der Phänomene) und evolutionistische Sicht der Wirklichkeit, in der die dialektische Negation als Erklärungsprinzip fungiert. In der sowjetischen Terminologie bedeutet das vor allem eine Analyse und Interpretation der drei 'Gesetze der Dialektik', von denen das Gesetz der Negation der Negation rehabilitiert und neuerdings viel besprochen wurde. Man darf freilich die sowjetischen Philosophen auch in dieser Frage nicht als einheitliche Gruppe verstehen. Es gibt Ausnahmen, die mit einer vorwiegend dialektischen Sicht der

Wirklichkeit nichts anfangen können. Es gibt auch unter den eigentlichen Dialektikern lebhafte Diskussionen, z.B. über die allgemeine Geltung und Interpretation des Gesetzes der Negation der Negation. Gerade aus diesen Diskussionen, welche H. Fleischer eingehend analysiert und reich dokumentiert hat[12], geht jedoch hervor, daß die Wiederbelebung der eigentlichen Hegelschen Dialektik ein Hauptkennzeichen der heutigen sowjetischen Philosophie ist.

Eine weitere Theorie, welche zum Verständnis der sowjetischen Beantwortung der 'Grundfrage' vorausgesetzt werden muß, betrifft die *Widerspiegelung als Eigenschaft der gesamten Materie (otraženie kak svojstvo vsej materii)*. Auch diese Theorie kann nur im Rahmen der Hegelschen Dialektik vollständig verstanden werden. Nach Hegel ist alles Seiende eine Stufe oder Form der Selbstverwirklichung der einen Grundwirklichkeit, der 'Idee'. Es kann aber nur das verwirklicht werden, was bereits ursprünglich als Möglichkeit vorhanden ist, als 'Ansich' der 'Idee'. Das gilt insbesondere vom Geist, vom Erkennen und Denken. Der Geist gehört bereits ursprünglich als Möglichkeit zur 'Idee' und kann nur deshalb auf einer bestimmten Stufe ihrer Entwicklung zur Wirklichkeit werden. Darin besteht für Hegel die ursprüngliche Einheit von Idee und Geist, von Sein und Denken.

Auch die sowjetische Philosophie geht davon aus, daß das Bewußtsein als Möglichkeit bereits ursprünglich zur Materie gehören muß, daß die Entstehung des Bewußtseins als Verwirklichung einer ursprünglichen realen Möglichkeit der Materie verstanden werden muß.[13] Ansich sei es erstaunlich – so heißt es in den *Osnovy marksistskoj filosofii* – daß das Gehirn die Außenwelt widerspiegeln könne, was auch den Idealisten den Anlaß gäbe, sich das Bewußtsein als etwas Übernatürliches vorzustellen. Tatsächlich sei das Bewußtsein die höchste Form der Widerspiegelung, welche zur Materie als solcher gehöre und sich in verschiedenen, immer höheren Formen verwirkliche.[14] Diese Theorie, welche bereits Lenin als Hypothese formuliert hatte, wird in der neueren sowjetischen Philosophie zum spezifischen genetischen Erklärungsprinzip des Bewußtseins. Zu den Autoren, welche sich um die Darstellung dieses Prinzips und um die Analyse der verschiedenen Formen der Widerspiegelung bemühen, gehören V. G. Anan'ev[15], A. G. Spirkin[16], V. S. Tjuxtin[17], und viele andere.[18]

Die Erklärung der Entstehung des Bewußtseins als Verwirklichung einer ursprünglichen Möglichkeit der Materie widerspricht keineswegs der Vorstellung, daß das Bewußtsein ein *dialektisches* Produkt der Materie ist, d.h. die Materie dialektisch *negiert*. Denn was eine ursprüngliche Möglichkeit der Materie ist, ist auch eine mögliche Negation der Materie und wird, sobald es sich verwirklicht – durch den Sprung, in dem eine neue Qualität entsteht – zu einer wirklichen Negation oder zu einem wirklichen Widerspruch der Materie. Das gilt insbesondere vom Bewußtsein, dem höchsten dialektischen Sprung der Materie. Diese hegelianische Idee ist nicht nur im sowjetischen Diamat impliziert, sondern wurde sogar explizit auf Hegel zurückgeführt und akzeptiert.[19]

Nach dem bisher Gesagten läßt sich die folgende Feststellung machen: zwischen Hegels *Idee* und der *Materie* im heutigen Diamat, zwischen Hegels *Dialektik* und der *Dialektik* im heutigen Diamat, zwischen Hegels Lehre von der ursprünglichen *Einheit von Idee und Geist* und der Lehre des heutigen Diamat über die ursprüngliche *Einheit von Materie und Bewußtsein* (wie sie in der Vorstellung der Widerspiegelung als Eigenschaft der gesamten Materie zum Ausdruck kommt) besteht auffällige Ähnlichkeit und z.T. Übereinstimmung. Diese Übereinstimmung ist natürlich nicht zufällig, sondern hat ihren Grund in dem Einfluß, den Hegel, vor allem über die 'Klassiker', auf den sowjetischen Diamat ausübt.

Diese Übereinstimmung darf aber auch nicht übertrieben werden. Einerseits bleiben – auch in den behandelten Fragen – inhaltliche Verschiedenheiten zwischen Hegel und dem neueren Diamat; dabei braucht nur an Hegels Lehre von der Idee in ihrem Verhältnis zur Natur erinnert zu werden, welche mit keiner sowjetischen Interpretation der Materie in Übereinstimmung gebracht werden kann. Andererseits wird die klar hegelianische Interpretation der bisher behandelten Fragen nicht von allen sowjetischen Philosophen vertreten, wenn auch von einem beträchtlichen Teil.

Für alle diejenigen, welche sich in den bisher behandelten Punkten (explizit oder implizit) an Hegel orientieren, kann freilich die Umkehrung Hegels nur noch ein leeres Gerede sein. Dafür haben sie den Vorteil, daß sie bei der Beantwortung der 'Grundfrage der Philosophie' nicht mehr die offensichtlichen Probleme verschweigen müssen. Sie brauchen auch nicht zu fürchten, daß ihr Problembewußtsein sie entweder zum Vulgärmaterialismus oder zum spiritualistischen Dualismus zwingt. Sie können das Dilemma formulieren: alles Seiende ist materiell – es existiert

Seiendes, welches nicht materiell ist, das Bewußtsein. Denn sie haben eine Antwort: Hegels dialektischen Monismus.

Eine solche offene Stellung des Problems und eine hegelianische Lösung findet man in der heutigen sowjetischen Philosophie immer häufiger. Bei M. N. Rutkevič steht die folgende Formulierung: "Wenn es auf der Welt *nichts gibt außer* der sich bewegenden Materie, ist es dann richtig zu behaupten, daß das Bewußtsein *nicht* Materie ist, und daß die Welt somit *sowohl* Materie *als* Bewußtsein in sich schließt? Doch tatsächlich besteht zwischen diesen Formulierungen nicht der geringste Widerspruch (*nesootvetstvie*)."[20] G. A. Wetter gegenüber, der in dieser Hinsicht Objektionen macht, wird behauptet, er habe nicht das Wesen des *skačok* verstanden.[21]

Auch in A. D. Makarovs *Dialektičeskij materializm* wird das Dilemma offen formuliert, aber als Ausdrucksweise der Vulgärmaterialisten bezeichnet, welche die dialektische Lösung des Problems nicht verstanden haben. In Wirklichkeit ist das Bewußtsein ein dialektisches Produkt der einen, sich selbst entwickelnden Materie. Das bedeutet, daß das Bewußtsein, obwohl es in mancher Beziehung von der Materie abhängt, doch von der Materie unterschieden und ihr gegenüber relativ unabhängig ist. Das Bewußtsein wirkt sogar aktiv auf die Materie ein, durch die bewußte und zielstrebige Praxis.[22] Ähnliche Formulierungen finden sich häufig, so z.B. bei I. D. Andreev[23] oder im *Filosofskij slovar'*.[24]

Vielleicht am konsequentesten und klarsten ist M. F. Vorob'ev: "In die materialistische Sprache übersetzt bedeutet das [er bezieht sich auf einen Hegel-Text – K.G.B.], daß die Materie, indem sie das Bewußtsein als Produkt (Wirkung) ihrer Selbstentwicklung hervorbringt, dadurch selbst die Form ihres ersten, objektiven Daseins negiert und in die entgegengesetzte Form eines sekundären, subjektiven Daseins (*Anderssein*) übergeht. Die eine Materie teilt sich gleichsam in die Gegensätzlichkeit einer äußeren und einer inneren Form ihres Daseins. Zugleich, als *Anderssein* der Materie, hebt [*soxranjaet*] das Bewußtsein die Materie auf, da es nach seinem Inhalt weder vom Menschen, noch von der Menschheit abhängt. Schon Hegel sagte, daß die Ursache sich als Wirkung aufhebt."[25] 'Aufheben' wird hier vor allem im Sinne von 'erhalten' oder 'bewahren' gebraucht.

Die Lösung des Problems der Materialität oder Immaterialität des Bewußtseins, wie sie von einem beträchtlichen Teil der heutigen sowjetischen Philosophen erreicht wurde, hat somit ihren Grund in der Anwendung der Hegelschen Grundideen auf die 'Grundfrage der Philosophie'. Die Materie ist die eine Grundwirklichkeit, die sich selbst dialektisch verwirklicht. Das Bewußtsein ist somit die höchste dialektische Verwirklichung einer ursprünglichen Möglichkeit der Materie, der Widerspiegelung. Als dialektisches Produkt der Materie ist das Bewußtsein zugleich eine Negation der Materie und auch – wie Engels es ausdrückte und wie es dem Wesen der dialektischen Negation entspricht – ihre 'höchste Blüte'.

2. Problem: die Vermischung der ontologischen und der erkenntnistheoretischen Seite der 'Grundfrage'.

Die Vermischung von *Erkenntnistheorie* und *Ontologie*, oder – wie es die Kritiker ausdrücken – die Verwechslung von Realismus und Materialismus, durchzieht den gesamten sowjetischen Diamat. Das ist bereits daran ersichtlich, daß Erkenntnistheorie und Ontologie als zwei Seiten oder Aspekte der *einen* 'Grundfrage' formuliert werden. Es ist weiterhin daraus ersichtlich, daß die *Materie* abwechselnd und übergangslos als erkenntnistheoretische oder als ontologische Kategorie formuliert wird. Auch das *Bewußtsein* wird, selbst wenn es um die allgemeine ontologische Beziehung zur Materie oder Natur geht, immer erkenntnistheoretisch definiert und mit Widerspiegelung, Erkennen bzw. Denken identifiziert.

Die Problematik, welche jeder Beantwortung der 'Grundfrage' dadurch zukam, wurde in der sowjetischen Philosophie lange überhaupt nicht beachtet. Als Beispiele dafür können wiederum G.F. Aleksandrov[26] und V. N. Kolbanovskij[27] dienen. In ihrer Erklärung der 'Grundfrage' im allgemeinen heißt es, der Dualismus sei falsch, denn das Bewußtsein spiegle ja die Materie wider; andererseits sei der Vulgärmaterialismus falsch, denn das widergespiegelte Objekt sei nicht mit der Widerspiegelung identisch. Als ob dadurch, daß man immer wieder auf die Widerspiegelung verweist, zwei sich widersprechende ontologische Theorien widerlegt werden könnten.

Ähnliche Erklärungen, in welchen Erkenntnistheorie und Ontologie ganz selbstverständlich und ohne weitere Erläuterungen vermischt werden, findet man auch in der neueren sowjetischen Philosophie noch häufig. So ist der ungeübte Leser z.B. überrascht, wenn er in der neuesten Ausgabe der *Osnovy* bei der Aufzählung der Probleme, mit welchen sich die

Erkenntnistheorie beschäftigt, liest: "... was ist die Materie, welches ihre Daseinsformen usw.".[28]

Doch auch in dieser Beziehung ist in der Sowjetphilosophie ein neues Problembewußtsein entstanden. Man unterscheidet die zwei Seiten bei der Beantwortung der 'Grundfrage': "Die gnoseologische Beziehung zwischen Materie und Bewußtsein bringt nicht den Seinsgrund (*ratio essendi*) sondern den Erkenntnisgrund (*ratio cognoscendi*) der Dinge zum Ausdruck. Hier ist nicht von der Verbindung zwischen primären und sekundären Stufen der Entwicklung (des Daseins) der sich bewegenden Materie die Rede, nicht von der Substantialität der Materie und vom modalen Charakter des Bewußtseins, sondern von dem Zusammenhang zwischen Objekt und Abbild."[29]

Das neue Problembewußtsein hat aber auch dazu geführt, den Zusammenhang und die Einheit der erkenntnistheoretischen und der ontologischen Seite der 'Grundfrage' neu zu überdenken und zu begründen. Auf den Vorwurf der Kritiker, es handle sich um eine einfache Verwechslung von Materialismus und Realismus, welche von den 'Klassikern' komme und daher nicht mehr zu ändern sei, wird immer häufiger geantwortet. Die Argumente der 'Klassiker' (vor allem Lenins) gegen eine Unterscheidung von Materialismus und Realismus, welche oben bereits behandelt wurden[30], sind dabei vorausgesetzt. Man entgegnet den Kritikern, daß sich unter dem Titel 'Realismus' in der Geschichte bereits alle möglichen Arten von Idealisten versteckt haben. Außerdem impliziere der Materialismus auch eine erkenntnistheoretische Position: da die Materie vor dem Bewußtsein existiert und das Bewußtsein hervorgebracht habe, müsse das Bewußtsein die materielle Welt widerspiegeln und könne auch in der Erkenntnis nicht autonom sein. Dagegen gingen die Kritiker, welche die ontologische und die erkenntnistheoretische Frage trennen wollten, von der Vorstellung des Bewußtseins als einer der Materie gegenüber autonomen und übernatürlichen Seinsweise aus. Zu den sowjetischen Philosophen, welche den Diamat in dieser Hinsicht gegen die Kritik schützen wollen, gehören z.B. T. I. Ojzerman[31] und (in primitiverer Weise) E. Ja. Basin.[32]

Das Problem des Verhältnisses der beiden Seiten der 'Grundfrage', von Ontologie und Erkenntnistheorie, wird aber in der sowjetischen Philosophie nicht in erster Linie als Antwort auf die westlichen Kritiker formuliert. Es wird hauptsächlich im Anschluß an Lenin diskutiert, der gesagt hatte, daß die allgemeine Dialektik, die Logik und die Erkenntnistheorie zusammenfallen. Wegen des vieldeutigen Wortes 'zusammenfallen' (*sovpadat'*) heißt das Problem in der sowjetischen Diskussion das Problem der *sovpadenie*. Es gehört seit etwa 1955 zu den meist besprochenen der sowjetischen Philosophie.

Das Problem ist tatsächlich kein künstliches Interpretationsproblem innerhalb der dogmatisch gebundenen Sowjetphilosophie, obwohl die Diskussion oft diesen Eindruck erwecken konnte. Es ergibt sich notwendig aus dem dialektischen Monismus. Wenn nämlich die Welt als die eine, sich selbst entwickelnde Grundwirklichkeit aufgefaßt wird, so müssen dieselben allgemeinen Gesetze alle Bereiche der Wirklichkeit beherrschen. D.h. im Rahmen einer dialektischen Philosophie: die allgemeinen Gesetze der Dialektik müssen z.B. auch im Bereich der Erkenntnis und des Denkens wirken. Es muß eine grundsätzliche Einheit zwischen Denkgesetzen und Seinsgesetzen, zwischen Erkenntnistheorie und Ontologie bestehen. In diesem Zusammenhang denkt man an Erkenntnistheorie und Logik (als Wissenschaften des subjektiven Bereiches) auf der einen Seite, an die allgemeine Dialektik oder Ontologie auf der anderen Seite.

In neuerer Zeit konnte man die verschiedenen sowjetischen Ansichten zu diesem Thema bereits überblicken und klassifizieren. B. M. Kedrov unterscheidet die folgenden Gruppen: (1) diejenigen, welche eine nur *äußerliche Beziehung* zwischen Erkenntnistheorie und Ontologie sehen und der Meinung sind, daß die Gesetze der Dialektik in Erkenntnistheorie und Ontologie auf jeweils sehr verschiedene Weise anzuwenden sind; (2) diejenigen, welche die *vollständige Identität* der Denk- und Seinsgesetze, von Erkenntnistheorie und Ontologie vertreten; (3) diejenigen, welche zwischen beiden Bereichen keine vollständige Identität, sondern eine *dialektische Einheit* sehen: die Gesetze der Dialektik haben zwar in beiden Bereichen denselben Inhalt, aber nicht dieselbe Form. Die letzte Gruppe bildet die Mehrheit, wie B. M. Kedrov feststellt.[33]

Obwohl Kedrov keine Namen nennt, lassen sich leicht Beispiele für seine Einteilung finden. Zur ersten Gruppe gehören die eigentlichen Ontologen, welche eine von der Erkenntnistheorie unabhängige Ontologie vertreten, selbst wenn sie sich – wie etwa V. P. Rožin[34] – an der dialektischen Erklärung der Erkenntnis beteiligen. Zur zweiten Gruppe, welche die vollständige Identität beider Bereiche vertritt, gehören vor allem

129

V. I. Čerkesov[35], G. G. Gabriél'jan[36], und E. V. Il'enkov.[37] Zur dritten Gruppe gehören z.B. M. N. Alekseev[38], B. M. Kedrov[39], P. V. Kopnin[40], V. I. Mal'cev[41], und M. M. Rozental'.[42] Auch die Mitglieder dieser dritten Gruppe, welche zwischen den beiden ersten eine Mittelstellung einnimmt, glauben wenigstens z.T. nicht an die Möglichkeit einer reinen Ontologie.[43] Diese Gruppe stellt die bedeutendsten Vertreter der sowjetischen dialektischen Logik.

Aus der Diskussion über das Problem der *sovpadenie* ist ersichtlich, daß die sowjetische Philosophie als dialektischer Monismus auch eine dialektische Erkenntnistheorie benötigt. Nachdem die sowjetische Erkenntnistheorie jedoch viele undialektische und aristotelische Züge trägt, war dazu eine spezielle Vorbereitung erforderlich. Die Diskussion über das *sovpadenie*-Problem legte die Grundlagen zu einer dialektischen Interpretation der Erkenntnis, d.h. – in der sowjetischen Terminologie – zur *dialektischen Logik*. Hiermit ist der Übergang zur Behandlung der zweiten, der erkenntnistheoretischen Seite der 'Grundfrage' gegeben.

C. DIE ERKENNTNISTHEORETISCHE SEITE DER 'GRUNDFRAGE DER PHILOSOPHIE'

Bisher haben wir das allgemeine Verhältnis des Bewußtseins zur Materie untersucht, wie es in der sowjetischen Beantwortung der ersten Seite der 'Grundfrage' erscheint. Wir haben festgestellt, daß die sowjetische Lösung des Problems im Sinne eines hegelianischen dialektischen Monismus erfolgt. Darüber hinaus wurde untersucht, warum für die sowjetische Philosophie eine notwendige Einheit zwischen der ersten und der zweiten Seite der 'Grundfrage' besteht und welcher Art – nach den verschiedenen Meinungen der sowjetischen Philosophen – diese Einheit ist. Es zeigt sich, daß eine dialektisch-monistische Beantwortung der ersten Seite der 'Grundfrage' auch eine dialektische Interpretation der Erkenntnis erfordert. Im folgenden geht es also um die sowjetische Antwort auf die zweite, die erkenntnistheoretische Seite der 'Grundfrage'. Erst dann kann die sowjetische Erkenntnismetaphysik in ihrem Verhältnis zu Hegel ganz verstanden werden.

Die dialektische Interpretation der Erkenntnis ist der Inhalt der sowjetischen dialektischen Logik. Dabei wird unterschieden zwischen der 'Dialektik als Logik' einerseits, der 'Dialektik als Erkenntnistheorie' andererseits. Als *Logik* will die dialektische Logik die formale Logik ersetzen bzw. einschränken und eine dialektische Interpretation der Formen des Denkens (Begriff, Urteil, Schlußfolgerung, Analyse-Synthese, usw.) geben. Als *Erkenntnistheorie* will die dialektische Logik die herkömmliche sowjetische Erkenntnistheorie umformen und neu interpretieren, d.h. eine dialektische Erklärung des Wesens der Erkenntnis und der Wahrheit geben. Obwohl beide Aspekte von den dialektischen Logikern in einem notwendigen Zusammenhang gesehen werden, haben sie sich doch bei der Ausarbeitung der dialektischen Logik mehr auf den einen oder den anderen Aspekt konzentriert. So geben z.B. M. N. Alekseev und M. M. Rozental' hauptsächlich eine Darstellung der 'Dialektik als Logik', wogegen z.B. B. M. Kedrov viel über die 'Dialektik als Erkenntnistheorie' geschrieben hat. Uns interessiert im Zusammenhang dieser Arbeit vor allem die dialektische Logik als neue sowjetische *Erkenntnistheorie*.

Die dialektische Logik ist eine Neuheit im Rahmen der sowjetischen Philosophie. Sie ist einerseits die sehr verspätete Verwirklichung eines von Lenin entworfenen Planes. Andererseits ist sie aber ein radikaler Angriff auf viele herkömmliche Ansichten der sowjetischen Erkenntnistheorie. Um Mißverständnisse zu vermeiden, beginnen wir mit einer kurzen Geschichte der sowjetischen dialektischen Logik, an welche sich eine erste allgemeine Bestimmung dieses Gebiets anschließt.

1. *Geschichte und allgemeine Bestimmung*

Die direkte historische Grundlage der sowjetischen dialektischen Logik ist Lenins Plan einer 'Dialektik als Logik und Erkenntnistheorie'. Es wird daher gut sein, Lenins diesbezügliche Ideen, welche er in den *Filosofskie Tetradi* im Anschluß an Hegel entwickelte, hier kurz zu wiederholen. Für Lenin ist die Dialektik auch die Erkenntnistheorie des Marximus (*i est' teorija poznanija marksizma*). Das ist für ihn sogar die Hauptsache (*sut' dela*) der Dialektik als philosophischer Disziplin. Als solche soll sie "nicht die Lehre von den äußeren Formen des Denkens, sondern von den Entwicklungsgesetzen 'aller materiellen, natürlichen und geistigen Dinge', d.h. von der Entwicklung jedes konkreten Inhalts der Welt und ihrer Erkenntnis sein, d.h. das Ergebnis, die Summe, die Schlußfolgerung der *Geschichte* der Erkenntnis der Welt (*itog, summa, vyvod istorii poznanija mira*)."[44]

Für diese Dialektik als Logik und Erkenntnistheorie hat Lenin sogar bereits einen Studienplan entworfen. Die zu untersuchenden Gebiete sind vor allem: die Geschichte der Philosophie, die Geschichte der Naturwissenschaften, der geistige Entwicklungsprozeß des Kindes, die Vorgeschichte des menschlichen Denkens (Entwicklung des Psychischen bei den Tieren), Geschichte der Sprache. Die 'Dialektik als Logik und Erkenntnistheorie' soll eine Verallgemeinerung, Zusammenfassung und dialektische Herleitung dieser Wissensgebiete sein.[45]

Hätte die Herrschaft der Deborinisten in der sowjetischen Philosophie länger gedauert, so wäre es wahrscheinlich bald zu einer Verwirklichung des Leninschen Planes gekommen. Doch Stalin hatte, wie im dritten Kapitel gezeigt wurde, keine Sympathie für Hegel, für den eigentlich dialektischen Charakter des Diamat, und folglich auch nicht für eine dialektische Logik. Unter ihm kam es nicht zum Ausbau der dialektischen Logik.

B. M. Kedrov beschreibt die Situation unter Stalin folgendermaßen: als wahr galt nur, was Stalin sagte; wenn Stalin eine bestimmte Frage nicht erwähnt hatte, galt es sogar als zweifelhaft, ob man diese Frage stellen durfte. Stalin hat die dialektische Logik nie erwähnt. Daher schloß man, daß 'dialektische Logik' nur ein anderer Ausdruck für 'dialektischer Materialismus' sei, und daß es nur eine wirkliche Logik gäbe, die formale. Nach Kedrovs Ansicht war diese Meinung auch noch am Anfang der fünfziger Jahre die in der Sowjetunion vorherrschende.[46]

Obwohl diese und ähnliche Erklärungen mit Vorsicht angesehen werden müssen – denn es ist auch in der Philosophie sehr bequem, die Schuld für alles auf Stalin zu schieben, was während seiner Zeit nicht oder schlecht gemacht wurde –, so erhält man doch beim Lesen der Veröffentlichungen jener Zeit im Grunde denselben Eindruck. Man wiederholte alles, was Stalin sagte. Eine dialektische Logik wurde tatsächlich nicht entwickelt.

Die Frage wurde erst wieder aktuell, als am Ende der vierziger und Anfang der fünfziger Jahre der Aufschwung der formalen Logik begann. Damit stellte sich das Problem der Beziehung zwischen dialektischer und formaler Logik. Meist ging es dabei allerdings um das Verhältnis der allgemeinen Gesetze der Dialektik zu den Gesetzen der formalen Logik, um die Frage, ob das Gebiet der formalen Logik dem Bereich der allgemeinen Dialektik unterzuordnen oder von ihm unabhängig sei. Obwohl dabei viel von dialektischer Logik gesprochen wurde und die Frage gestellt wurde, ob es im Diamat zwei verschiedene oder nur eine Logik geben sollte, hatte doch niemand zu dieser Zeit konkrete Ideen, worin eigentlich die dialektische Logik bestehen sollte.[47]

Wahrscheinlich ist darin auch der Grund zu sehen, warum die in der Diskussion von K. S. Bakradze und N. I. Kondakov vertretene These – es gäbe nur eine Logik, die formale – zunächst viele Anhänger fand. Darüber beklagte sich die Redaktion der *Voprosy Filosofii* in einem Artikel der dritten Nummer des Jahres 1955.[48] Die Vertreter der dialektischen Logik machten sich nun daran, den Inhalt der dialektischen Logik näher zu bestimmen und ihre Grundlagen als philosophischer Disziplin innerhalb der sowjetischen Philosophie zu legen. Diese Arbeit fand ihren ersten Ausdruck in dem Artikel einer Komission des Instituts für Philosophie der Akademie der Wissenschaften: 'Die Einheit der materialistischen Dialektik, Logik und Erkenntnistheorie'. In diesem Artikel, welcher in der sechsten Nummer der *Voprosy Filosofii* des Jahres 1955 veröffentlicht wurde, heißt es: die Gesetze und Kategorien der Dialektik, als Widerspiegelungen der allgemeinen Gesetze und Bestimmungen der Wirklichkeit in unserem Erkennen, sind auch methodologische Prinzipien und auf den Prozeß unserer Erkenntnis anwendbar. "Das bedeutet, daß die Gesetze der Dialektik als Gesetze der Erkenntnis, des Denkens, als Gesetze der dialektischen Logik verstanden werden müssen. Der dialektische Materialismus untersucht auch solche Gesetze, die spezifische Gesetze unserer Erkenntnis sind (z.B. die Gesetzmäßigkeiten der Wechselbeziehung zwischen absoluter und relativer Wahrheit), insofern sie keine unmittelbare Widerspiegelung der materiellen Wirklichkeit selbst sind, sondern eine Widerspiegelung, welche die Erfahrung der Entwicklung aller Wissenschaften und der gesellschaftlichen Praxis der Menschheit verallgemeinert."[49]

Seit 1955 werden also die eigentlichen Grundlagen der sowjetischen dialektischen Logik gelegt. Es geht noch nicht um die Ausarbeitung konkreter Fragen und um das Verfassen 'dialektischer Logiken'. Es geht um die Begründung der dialektischen Logik als Wissenschaft. Die Fragen, um die es dabei in erster Linie geht, betreffen die Beziehung zwischen Ontologie und Erkenntnistheorie, zwischen den Gesetzen der Dialektik als allgemeinen Seinsgesetzen und als Gesetzen der Erkenntnis. Es geht genau um das Problem der *sovpadenie*, welches oben besprochen wurde. Dieses Problem wird seit 1955 zum Gegenstand zahlreicher Untersuchungen.

Ab 1958 beginnen 'dialektische Logiken' zu erscheinen und ihre Zahl ist bisher (1965) immer weiter gestiegen. Allein an Büchern erschienen im Jahre 1958 zwei[50], 1959 drei[51], 1960 zwei[52], 1961 zwei[53], 1962 fünf[54], 1963 vier[55], und 1964 sechs.[56] In diesen Veröffentlichungen werden auch die Grundlagenprobleme der dialektischen Logik besprochen (also das Problem ihrer Beziehung zur formalen Logik und das Problem der *sovpadenie*), aber in den meisten davon bemüht man sich um die Ausarbeitung bestimmter Themen, um die Ausarbeitung der dialektischen Logik als philosophischer Disziplin. Zu den Forschern, die auf diesem Gebiet arbeiten, gehören einige der bekanntesten sowjetischen Philosophen, wie z.B. M. N. Alekseev, P. V. Kopnin und vor allem B. M. Kedrov, den man sowohl quantitativ, als auch qualitativ für den bedeutendsten sowjetischen dialektischen Logiker halten muß.

Nach dieser kurzen Darstellung der Geschichte der sowjetischen dialektischen Logik können wir zu einer ersten *systematischen Erklärung* übergehen. Zunächst wollen wir untersuchen, wie die dialektische Logik in der heutigen sowjetischen Philosophie allgemein definiert wird.

Die *Osnovy marksistskoj filosofii* geben die folgende Beschreibung: "Die dialektische Logik deckt die Dialektik der Erkenntnis auf, d.h. die Gesetze ihrer Entwicklung, auch die Entwicklung der Denkformen. Das aber bedeutet, daß sie die allseitige und tiefste Lehre von der Entwicklung des menschlichen Wissens als Widerspiegelung der Entwicklung der materiellen Welt ist."[57]

Der neue *Filosofskij slovar'* gibt die folgende Definition: "Die dialektische Logik ist die logische Lehre des dialektischen Materialismus, die Wissenschaft von den Gesetzen und Formen der Widerspiegelung der Entwicklung und Veränderung der objektiven Welt im Denken, von den Gesetzmäßigkeiten der Erkenntnis der Wahrheit. ... In der dialektischen Logik sind die Lehre vom Sein und die Lehre von dessen Widerspiegelung im Bewußtsein unzertrennlich verbunden, sie ist eine inhaltliche Logik (*soderžatel'naja logika*)."[58]

Aus diesen beiden Texten, welchen man viele ähnliche beifügen könnte, geht bereits klar hervor, daß die dialektische Logik wesentlich eine dialektische Erklärung der Erkenntnis und des Denkens geben will. Um zu verstehen, wie sehr diese Absicht in mancher Hinsicht der herkömmlichen sowjetischen Erkenntnistheorie widerspricht, wollen wir kurz die zentralen Thesen dieser Erkenntnistheorie skizzieren. Eine eingehende Darstellung der sowjetischen Erkenntnistheorie, hauptsächlich in ihrer herkömmlichen, undialektischen Gestalt, findet man in Th. J. Blakeley, *Soviet Theory of Knowledge.*[59]

Die *Widerspiegelungstheorie* ist die zentrale These der sowjetischen Erkenntnistheorie. Das Wesen der Erkenntnis wird darin gesehen, daß das erkennende Subjekt eine von ihm unabhängige und verschiedene Wirklichkeit widerspiegelt oder abbildet. Man spricht hierbei also von einem einzelnen Subjekt, einem von ihm verschiedenen Gegenstand und der Beziehung der Widerspiegelung zwischen beiden, welche das Wesen der Erkenntnis und der Wahrheit ausmacht.

Eine zweite wesentliche These der sowjetischen Erkenntnistheorie ist der *Empirismus.* Jede Erkenntnis beginnt mit der Erfahrung einer materiellen Wirklichkeit durch die Sinne. Diese Erfahrung wird hauptsächlich durch die materielle Praxis gewonnen. Die sowjetische Erkenntnistheorie lehnt jeden Apriorismus der Erkenntnis scharf ab.

Drittens besitzt die sowjetische Erkenntnistheorie eine Theorie der *Abstraktion.* Sie versteht den Prozeß der Erkenntnis – über die verschiedenen Stufen der Empfindung, Wahrnehmung, Vorstellung zum Begriff – als die Abstraktion des Wesens aus den Erscheinungen, welche den Sinnen zunächst gegeben sind. Sie betont allerdings auch, daß das abstrakte Erkennen oder rationale Denken zurückkehren muß zur sinnlichen Erfahrung (und letzlich zur Praxis), um zu einer konkreten und vollen Erkenntnis zu gelangen.

Diese drei Thesen, von denen die beiden letzteren nur eine nähere Erklärung der ersten sind, bringen das Wesentliche der sowjetischen Erkenntnistheorie im herkömmlichen Sinne zum Ausdruck. Damit erscheint diese Erkenntnistheorie aber als durchaus realistisch oder aristotelisch. Von einer dialektischen Interpretation der Erkenntnis ist nichts zu spüren. Eine nähere Analyse der dialektischen Logik wird zeigen, inwiefern die neue, dialektische Erklärung der Erkenntnis einen Angriff auf diese traditionell aristotelische Position darstellt.

Sowohl bei Hegel, als auch bei den 'Klassikern', als auch in der neueren sowjetischen Philosophie ist die Dialektik eine relationalistische und evolutionistische Sicht der Wirklichkeit. Also müßte eine dialektische Erkenntnistheorie auch eine relationalistische und evolutionistische Erklärung der Erkenntnis geben. Was würde das bedeuten?

Was das Subjekt der Erkenntnis betrifft, so könnte eine relationalistische Erklärung nicht das einzelne Individuum, sondern müßte die

Menschheit als eigentliches Erkenntnissubjekt verstehen. Das einzelne erkennende Individuum würde diesem eigentlichen Erkenntnissubjekt gegenüber eine rein konditionale Rolle spielen. Eine evolutionistische Erklärung könnte nicht vom Erkenntnisprozeß des einzelnen Individuums ausgehen, sondern würde die historische Entwicklung des Menschheitswissens als den eigentlichen Erkenntnisprozeß betrachten. Davon könnte der Erkenntnisprozeß des Individuums nur ein begrenztes und schwaches Abbild sein.

Was den Inhalt der Erkenntnis betrifft, so würde eine relationalistische Erklärung nicht ein einzelnes Erkenntniselement (Aussage) als wahr (oder falsch) ansehen, sondern nur ein Ensemble oder System solcher Elemente. Diesem System würde eine einzelne Aussage entsprechen müssen (Kohärenz), statt in der direkten Beziehung auf einen Gegenstand selbst wahr (oder falsch) zu sein. Eine evolutionistische Erklärung würde die Erkenntnis als den Prozeß des Menschheitswissens zur absoluten Wahrheit verstehen. Der Wahrheitswert einer einzelnen Aussage würde in Funktion der historischen Entwicklung des Menschheitswissens beurteilt werden.

Wir wollen im folgenden untersuchen, inwiefern die sowjetische dialektische Logik tatsächlich eine relationalistische und evolutionistische Erklärung des Subjekts und Inhalts der Erkenntnis gibt.

2. *Die relationalistische Erklärung der Erkenntnis*

Ein Text der *Osnovy* sagt, daß der Diamat erstmals den gesellschaftlich-historischen Charakter der Erkenntnis verstanden habe, wogegen es für die Erkenntnistheorie vor Marx typisch gewesen sei, das einzelne Individuum als Subjekt der Erkenntnis anzusehen.[60]

Ähnlich heißt es in einem Artikel von N. G. Alekseev und E. G. Judin, 'die Probleme des dialektischen Materialismus in den Arbeiten der sowjetischen Philosophen', man müsse bei der Untersuchung des Idealen und des Bewußtseins von einem 'allgemeinen Prinzip' ausgehen. Dieses Prinzip besage, daß man das Bewußtsein nicht als Eigenheit des 'psychologischen Individuums', sondern des 'gesellschaftlichen Individuums' ansehen müsse. Vom psychologischen Individuum sei das Bewußtsein nur unter bestimmten gesellschaftlichen Bedingungen 'angeeignet'.[61]

Im Rahmen der sowjetischen Erkenntnistheorie stellt sich das Problem einer relationalistischen Erklärung des Erkenntnissubjekts also als das Problem der Beziehung zwischen individuellem und 'gesellschaftlichem

Bewußtsein' (*obščestvennoe soznanie*), zwischen psychologischem und 'gesellschaftlichem Individuum'. S. L. Rubinstejn, der bekannteste sowjetische Psychologe (im Bereich der Philosophie), wollte nämlich die psychologische Untersuchung spezifisch auf die psychischen Prozesse des *Individuums* beschränken und dadurch von den übrigen (erkenntnistheoretischen und logischen) Untersuchungen des Bewußtseins unterscheiden.[62] Andere – A. X. Kasymžanov und O. K. Tixomirov – wollen sogar die psychischen Prozesse als Resultat der Geschichte der Menschheit und der Gesellschaft verstehen. Sie loben in dieser Hinsicht L. S. Vygotskij, einen 1934 verstorbenen sowjetischen Psychologen, der als erster eine derartige Psychologie entwickelt habe. Sie kritisieren demgegenüber J. Piaget für seine zu individualistische Erklärung der Entwicklung des Psychischen.[63]

Kann man in der sowjetischen Psychologie darüber diskutieren, so ist es in der neueren sowjetischen Erkenntnistheorie und vor allem bei den dialektischen Logikern klar: das Gesellschaftliche muß in die Analyse des Erkenntnissubjekts unbedingt einbezogen werden. Dementsprechend gibt es in der neueren sowjetischen Erkenntnistheorie viele Überlegungen über das Verhältnis von gesellschaftlichem und individuellem Bewußtsein.

G. M. Gak hat ein ganzes Buch über 'die Lehre vom gesellschaftlichen Bewußtsein im Lichte der Erkenntnistheorie' geschrieben.[64] Darin stellt er die Frage nach dem Verhältnis von gesellschaftlichem und individuellem Bewußtsein mit besonderer Schärfe. Identifiziert man Bewußtsein und Erkenntnis, wie Gak und die meisten sowjetischen Philosophen es tun[65], so erscheint das gesellschaftliche Bewußtsein als die Erkenntnis oder das Wissen einer Gesellschaft und letztlich der Menschheit. Ein bestimmtes gesellschaftliches Bewußtsein ist das Wissen (Ansichten, Vorstellungen, aber auch wissenschaftliche Kenntnisse) einer bestimmten Gruppe oder Klasse zu einer bestimmten Zeit, in einer bestimmten Situation.

Das Verhältnis dieses gesellschaftlichen Bewußtseins zum individuellen Bewußtsein bestimmt Gak nun folgendermaßen: "Wie die Gesellschaft, obwohl sie aus Individuen besteht und ohne sie unvorstellbar ist, eine von der Gesamtheit der Individuen verschiedene Wirklichkeit ist, ebenso kann das gesellschaftliche Bewußtsein, obwohl es auch nicht ohne das Bewußtsein der Individuen besteht, nicht mit der Gesamtheit der individuellen Verstande (*individual'nyx umov*) identifiziert werden, sondern besitzt seine besondere qualitative Charakteristik..."[66] Und etwas weiter heißt es: "Das einzelne Individuum findet immer einen bestimmten Zustand der gesellschaftlichen Erkenntnis vor, bestimmte Vorstellungen und Ideen, welche das Resultat der Erkenntnistätigkeit anderer Menschen sind."[67]

Macht Gak somit den Unterschied (bei gleichzeitiger Wechselwirkung) zwischen individuellem und gesellschaftlichem Bewußtsein sehr klar, so unterstreichen die *Osnovy* den Einfluß des gesellschaftlichen auf das individuelle Bewußtsein: "Das individuelle Bewußtsein ist das Bewußtsein eines Individuums, welches in einer Gesellschaft lebt und auf eine bestimmte Klasse bezogen ist und ist deshalb in seinem Wesen, im Inhalt seiner Ideen (*idejnomu soderžaniju*) ein Ausdruck des gesellschaftlichen, des Klassenbewußtseins."[68]

Ähnlich beurteilt auch L. P. Bueva das individuelle in seiner Beziehung auf das soziale Bewußtsein. "Nach Entstehung und Inhalt ist das individuelle Bewußtsein (d.h. das Bewußtsein des Individuums) ein gesellschaftliches Produkt. ... Aber es kann nicht mit dem gesellschaftlichen Bewußtsein identifiziert werden." Der Grund dafür ist, daß das gesellschaftliche Bewußtsein einen viel weiteren Wissensinhalt und viel mehr verschiedene Existenzformen hat, als das individuelle Bewußtsein. Es ist immer mehr, als die Gesamtheit der Ansichten und des Wissens der Einzelnen. Der Text fährt fort: "Das Subjekt des gesellschaftlichen Bewußtseins ist die Menschheit, deren Entwicklung durch die objektiven Gesetze der Geschichte begründet ist."[69]

Vielleicht am klarsten kommt der Relationalismus bei der Erklärung des Erkenntnissubjekts in einem Artikel von V. A. Lektorskij – einem jungen dialektischen Logiker, der auch in B. M. Kedrovs *sborniki* schreibt – zum Ausdruck. "Das eigentliche gnoseologische Subjekt ist das gesellschaftliche Subjekt, das Individuum erscheint nur in dem Masse als Subjekt, als es sich die von der Gesellschaft im Zeitraum ihrer Geschichte geschaffenen Erkenntnisweisen (*sposobi poznanija*), wie Sprache, logische Kategorien, angesammeltes Wissen usw. anzueignen vermochte. ... Tatsächlich muß das individuelle Subjekt nicht aus den Grenzen seines Selbstbewußtseins 'hinausgehen', da es sich bereits anfänglich 'außerhalb' seiner selbst befindet und nur als Teil und Daseinsform des gesellschaftlichen Subjekts einen Sinn hat. ... Aus dem Gesagten folgt, daß das gnoseologische Subjekt im strengen Sinn des Wortes die Gesellschaft ist, die in der Tätigkeit der Individuen existiert. Die Gesellschaft erscheint als Er-

138

kenntnissubjekt durch die historisch erarbeiteten Arten der Erkenntnistätigkeit und durch das System des angesammelten Wissens.''[70]

V. A. Lektorskij, von dem G. M. Straks sagt, er sei so wirr und unverständlich, wie die westlichen Philosophen, gegen die er schreibt[71], läßt in der hier untersuchten Frage an Klarheit nichts zu wünschen übrig. Das eigentliche gnoseologische Subjekt ist die Gesellschaft, das Individuum ist nur als Teil und Daseinsform des gesellschaftlichen Subjekts von erkenntnistheoretischer Bedeutung.

Nach den hier angeführten Texten könnte vielleicht der Eindruck entstehen, als denke die sowjetische relationalistische Interpretation des Erkenntnissubjekts an ein die Individuen vollständig transzendierendes Bewußtsein, an eine eigene Substanz, oder – in einer anderen Terminologie – an eine Art von *intellectus agens separatus*. Das wäre jedoch eine ganz falsche Interpretation. Selbst V. A. Lektorskij, der den überindividuellen Aspekt des erkenntnistheoretischen Subjekts vielleicht am stärksten hervorhebt, lehnt diesen Standpunkt entschieden ab.[72]

Um die sowjetische dialektische Erklärung des Erkenntnissubjekts – weder als das einzelne Individuum, noch als transzendentes Bewußtsein – zu verstehen, muß man an Hegels Theorie des *konkreten Allgemeinen* zurückdenken. Für Hegel ist das konkrete Allgemeine eine Bestimmung oder Qualität, welche die Einheit und den inneren Zusammenhang in einer Vielheit besonderer und einzelner Bestimmungen bildet. Es besitzt sowohl die Einheit eines abstrakten Genus, als auch die Konkretheit eines Kollektivs. Hegel dachte hierbei sichtlich an das Bild eines *Organismus*: die innere Einheit in einer lebendigen Vielheit verschiedener Teile oder Glieder. Der Organismus als solcher bestimmt sowohl, was allen Teilen gemeinsam ist, als auch, was sie differenziert, indem er jedem Teil seine Funktion zuordnet.

Sowohl Lenin, als auch die heutige Sowjetphilosophie haben diese Theorie sehr geschätzt. Ein gutes Beispiel für die sowjetische Schätzung und Anwendung dieser Theorie ist der Artikel 'Allgemeines' (*vseobščee*) in der *Filosofskaja Enciklopedija*.[73]

Somit wird die sowjetische Erklärung des Gesellschaftlichen im allgemeinen und des gesellschaftlichen Bewußtseins im besonderen leichter verständlich. Das gesellschaftliche Bewußtsein ist ein konkretes Allgemeines, eine Art Organismus, der nur in seinen Gliedern, den individuellen Erkenntnissubjekten, leben kann. Zugleich bestimmt er aber auch ihre Funktionen für das Ganze und bestimmt den Inhalt ihrer Erkenntnis. Darin besteht die relationalistische Erklärung des Erkenntnissubjekts, wie sie in der heutigen sowjetischen Erkenntnistheorie, vor allem im Rahmen der dialektischen Logik, gegeben wird.

3. *Die evolutionistische Erklärung der Erkenntnis*

Zur dialektischen Erklärung der Erkenntnis gehört auch das evolutionistische Element. Dieses zeigt sich in der Darstellung des Erkenntnisprozesses als der *Geschichte des Menschheitswissens in seiner dialektischen Entwicklung.* Es ist von vorneherein einleuchtend, daß bei einer solchen Auffassung das Erkennen des Einzelnen eine nur bedingende und instrumentale Rolle spielen kann und man ein konkretes Allgemeines benötigt, um die Kontinuität und Einheit des Erkenntnisprozesses zu erklären.

Die sowjetische 'Dialektik als Erkenntnistheorie' bietet viele Beispiele für diese evolutionistische Auffassung der Erkenntnis. Oft wird dabei auf Engels und vor allem auf Lenin zurückgegangen, der diesen Aspekt in den *Filosofskie Tetradi* immer wieder hervorhebt. Aber die sowjetischen Philosophen haben auch ihre eigenen Erklärungsweisen. So liest man bei A. G. Spirkin: "Das Bewußtsein des heutigen Menschen ist ein Produkt der Geschichte. Alle Besonderheiten, die es besitzt, sind keineswegs ewig. Sie sind historisch entstanden und haben sich im Verlauf der geschichtlichen Entwicklung verändert. ... Das individuelle Bewußtsein erweist sich somit als die gespeicherte Erfahrung der Geschichte. ... Man sagt, daß das Geheimnis der Erkenntnis der Dinge in der Enthüllung des Geheimnisses ihres Ursprungs liegt. Der Historizismus bildet das eigentliche Herz der Methode und des ganzen Systems des dialektischen Materialismus."[74]

P. V. Kopnin sagt: "... es ist notwendig ... das Erkennen selbst als gesellschaftlich-historischen Prozeß anzusehen."[75] M. M. Rozental' formuliert denselben Gedanken im Schlußwort seiner 'Grundlagen der dialektischen Logik' folgendermaßen: "Der menschliche Gedanke (*mysl'*), das Erkennen, ist historisch, daher ist auch die Wissenschaft vom Denken eine Wissenschaft über dessen historische Entwicklung, über den Prozeß der stufenweisen Entstehung und Herausbildung der Gesetze der Erkenntnis."[76]

M. M. Rozental's Folgerung, daß deshalb, weil die Erkenntnis ein

140

historischer Prozeß ist, auch die Erkenntnistheorie eine historische Wissenschaft ist, wird von praktisch allen dialektischen Logikern angenommen. Das heißt aber, daß die Erkenntnistheorie nicht nur ein historisch sich entwickelndes Objekt hat, sondern auch selbst sich historisch entwickelt und daher die heutige Erkenntnistheorie ein Resultat der Geschichte der Erkenntnis ist. "Die materialistische Dialektik ist eine Erkenntnistheorie, aber nicht in dem beschränkten Sinne, wie die alte Gnoseologie..., sondern im weitesten Sinne ... als das Resultat der gesamten Geschichte der Erkenntnis der Welt und der praktischen Tätigkeit des Menschen."[77]

Daß die dialektische Erkenntnistheorie die Erkenntnis als historischen Prozeß zu untersuchen habe, dafür könnte man noch viele Beispiele anführen. Es mag genügen, hier auf zwei so verschiedene Denker wie V. P. Rožin und G. S. Grigor'ev zu verweisen, welche in dieser Beziehung die genau gleiche Meinung vertreten.[78]

Es stellt sich nun die Frage, was eine solche Erkenntnistheorie, die den Erkenntnisprozeß als historischen Prozeß auffaßt, über den Erkenntnisprozeß des Einzelnen zu sagen hat. V. I. Šinkaruk gibt darauf eine Antwort, indem er auf Hegel verweist, der dieses Problem gelöst hat "... indem er den individuellen Erkenntnisprozeß als Reproduktion (*vosproizvedenie*) der Hauptstufen des historischen Erkenntnisprozesses ansah (Ableitung der Erkenntnistheorie aus der Geschichte der Erkenntnis)...".[79] Schon Engels war, wie wir gesehen haben, über diesen Parallelismus des individuellen und des historischen Bewußtseins begeistert. Es ist weiter nicht verwunderlich, daß die sowjetische Philosophie diese Begeisterung teilt.

Wenn die dialektische Erkenntnistheorie somit die Wissenschaft von der gesetzmäßigen historischen Entwicklung des Erkennens oder des Menschheitswissens sein soll, so ist damit noch nicht die Möglichkeit einer solchen Wissenschaft erklärt. Es bleiben nämlich Schwierigkeiten, welche eine solche Wissenschaft unmöglich zu machen scheinen. Eine solche Schwierigkeit besteht darin, das eigentliche Objekt dieser Wissenschaft zu bestimmen. Es ist schwer vorzustellen, wie man den Erkenntnisprozeß anders als am einzelnen erkennenden Individuum und letztlich aus der Erfahrung des eigenen Erkennens untersuchen kann. Dies kann aber nicht das Objekt und auch nicht die Methode einer historischen Erforschung des Erkennens sein.

Die sowjetische Philosophie besitzt darauf eine Antwort. Sie untersucht das gesellschaftlich-historische Erkennen oder Wissen in seiner *objektivierten Form*. Durch die Sprache, welche notwendig zum Erkennen gehört, wird der einzelne Erkenntnisakt objektiviert. Durch die Schrift erreicht das objektivierte Erkennen oder Wissen eine gewisse Selbständigkeit und erhält sich im Verlauf der Geschichte. Je mehr sich das menschliche Wissen entwickelt, desto unabhängiger wird dieses objektivierte Wissen vom einzelnen Erkenntnisakt. Für das erkennende Individuum wird es zum 'idealen Objekt', welches durch Lernen und Erziehung angeeignet bzw. übermittelt werden muß. Nur indem es sich dieses objektivierte Wissen aneignet, kann das Individuum den Stand des Wissens seiner Zeit erreichen. Und nur wenn es diesen Stand des Wissens erreicht hat, kann es in eine erkenntnistheoretisch bedeutsame Beziehung zur materiellen Wirklichkeit treten und vielleicht etwas Positives zum Menschheitswissen beitragen. Solche Gedanken wurden zunächst von S. L. Rubinstejn entwickelt[80], aber werden heute auch von anderen, wie A. G. Spirkin[81] und V. A. Lektorskij[82] angenommen. Die dialektische Erkenntnistheorie untersucht also dieses objektivierte Wissen, oder – wie S. L. Rubinstejn es ausdrückt – 'System wissenschaftlichen Wissens' (*sistema naučnogo znanija*) in seiner historischen Entwicklung.

Eine weitere Schwierigkeit der 'Dialektik als Erkenntnistheorie' ist die, daß sie voraussetzt, daß das Erkennen oder Wissen der Menschheit sich gesetzmäßig entwickelt. Wenn das nicht so wäre, so könnte die Erkenntnistheorie auch keine Gesetze darin entdecken, könnte nicht verallgemeinern und könnte nicht als die Folgerung aus der Geschichte des Wissens erscheinen. Die Gesetze an welche hierbei gedacht wird, sind natürlich die Gesetze der Dialektik. Aber auch für diese Schwierigkeit hat die sowjetische Philosophie eine alte Hegelsche Antwort: die *Einheit des Logischen und des Historischen*.

Die sowjetischen Philosophen sind sich bewußt, daß es sich hierbei um ein hegelianisches Prinzip handelt und loben Hegel für die geniale Erfindung. Wie Lenin akzeptieren sie Hegels Satz aus der Einleitung zur *Geschichte der Philosophie*, "daß die Aufeinanderfolge der Systeme der Philosophie in der Geschichte dieselbe ist, als die Aufeinanderfolge in der logischen Ableitung der Begriffsbestimmungen der Idee". Allerdings kritisieren sie Hegel meist auch für seine Überbetonung des Logischen in diesem Prinzip.[83]

142

Dabei handelt es sich jedoch um eine erstaunliche Verwechselung, bei welcher das anfängliche Mißverstehen der Hegelschen 'Idee' eine Rolle spielt. In der sowjetischen Philosophie bedeutet das 'Logische' das Subjektive, den Bereich der Erkenntnis, wogegen das 'Historische' das Objektive, die Wirklichkeit in ihrer Entwicklung ist.[84] Für Hegel ist aber umgekehrt gerade das 'Logische' das Objektive, die ontologische Struktur, wogegen das 'Historische' sich speziell auf die Entwicklung des Geistes als Subjekt, z.B. die Entwicklung der Erkenntnis bezieht. Die sowjetischen Philosophen glauben jedoch, sie sprächen in derselben Terminologie wie Hegel, ein Mißverständnis das auf die 'Klassiker' zurückgeht. Wenn nun die sowjetischen Philosophen sagen, sie wollten Hegels Priorität des Logischen umkehren und durch eine Priorität des Historischen ersetzen, so kehren sie in Wirklichkeit gar nichts um, sondern wiederholen das Gleiche in umgekehrter Terminologie: das Logische entspricht dem Historischen (d.h. das Subjektive entspricht dem Objektiven). Eine andere sowjetische Terminologie bringt das Gleiche weniger zweideutig zum Ausdruck: die subjektive Dialektik entspricht der (widerspiegelt die) objektive Dialektik.

Das 'Logische' ist die subjektive Dialektik – ein bestimmtes System von Begriffen oder Kategorien – insofern sie (in verallgemeinernder und zusammenfassender Form) die objektive Wirklichkeit in ihrer *Entwicklung* widerspiegelt. Die Widerspiegelung des Historischen im Logischen bedeutet jedoch in der dialektischen Erkenntnistheorie zwei verschiedene Sachverhalte: (1) ein bestimmtes System von Kategorien spiegelt die objektive *Wirklichkeit* in ihrer dialektischen Entwicklung wider; (2) es spiegelt *seine eigene Geschichte* wider, d.h. wie sich dieses System in der Geschichte des menschlichen Wissens herausformte. Diese zwei Arten von Widerspiegelung, der objektiven Wirklichkeit, oder der eigenen Geschichte, sind ganz verschieden, denn die Objekte sind jeweils ganz verschieden. In gewisser Beziehung sind sie sogar entgegengesetzt: nur am *Ende* seiner Entwicklung erreicht das Erkennen das, was die letzte Grundlage und der *Anfang* der dialektischen Entwicklung der Wirklichkeit ist.[85]

Die 'Dialektik als Erkenntnistheorie' untersucht vor allem die zweite Art der Widerspiegelung, die der Geschichte eines Systems oder einer Theorie in diesem System oder in dieser Theorie selbst. Sie erklärt die Entstehung der Kategorien und Gesetze, welche die Entwicklung eines

143

Systems oder einer Theorie beherrschten und welche sich in dieser wiederfinden. Somit ist es die Aufgabe der 'Dialektik als Erkenntnistheorie', die Geschichte des menschlichen Wissens zu untersuchen, zu zeigen, daß sie sich den Gesetzen und Kategorien der Dialektik entsprechend entwickelte und daraus Schlußfolgerungen über die Natur der Erkenntnis im allgemeinen und über ein bestimmtes Wissensgebiet im besonderen zu ziehen.

Die sowjetischen Philosophen machten sich natürlich vor allem an die *Geschichte der Philosophie* und versuchten, das heutige philosophische System des Marxismus-Leninismus als Resultat und zusammenfassende Widerspiegelung der Geschichte der Philosophie zu erklären. Man zeigt, daß die Thesen und Kategorien des Diamat und Histomat das Ergebnis der dialektischen Entwicklung des menschlichen Denkens sind, einer Entwicklung durch Widersprüche, die Entstehung von qualitativ neuen Ideen, die Negation von Ansichten und Negationen von Negationen.

Seit einigen Jahren hat diese Art der Analyse der Geschichte der Philosophie in der Sowjetunion große Fortschritte gemacht. Für die Zeit vor 1955 war es typisch, daß historische Studien unabhängig von den systematischen philosophischen Arbeiten unternommen wurden.[86] Seither ist es immer mehr zur Regel geworden, daß systematische Abhandlungen eine historische Einleitung haben. In dieser Einleitung müssen besonders die progressiven Tendenzen in der Geschichte gezeigt werden, welche zu der gereiften Lösung des gegebenen Problems durch den Diamat oder Histomat führten. Fast jeder Artikel der *Voprosy Filosofii* und der *Filosofskie Nauki* folgt heute dieser Methode. Besonders gute Beispiele sind auch die Artikel in der *Filosofskaja Enciklopedija,* deren erste drei Bände seit 1960 erschienen sind.

Darüber hinaus steigt auch die Zahl der rein historischen philosophischen Veröffentlichungen an. Hegel wurde von allen Philosophen der Geschichte in der sowjetischen Geschichtsschreibung der Philosophie sicher die größte Aufmerksamkeit geschenkt.[87] Dennoch ist gerade Hegel gegenüber die Haltung der meisten sowjetischen Philosophen unausgeglichen und sogar unehrlich. Man will nicht zugeben, wie viel der Diamat Hegel verdankt, wie sehr er in seinen grundlegendsten Thesen von Hegel abhängt. So kommt es sehr oft zu ganz falschen Interpretationen Hegels, von denen schwer zu sagen ist, ob sie aus Unkenntnis, oder aus der

Absicht entstehen, den Diamat vor dem Vorwurf des Hegelianismus zu retten.[88]

Seit neuerer Zeit gibt es eine Reihe von Veröffentlichungen, welche die Geschichte der Erkenntnis als dialektischen Prozeß und die Kategorien der Dialektik als Stufen in der Geschichte des Wissens zu erklären versuchen. Nachdem es sich dabei wirklich um eine im Rahmen der sowjetischen Erkenntnistheorie ganz neue Art des Philosophierens handelt, wollen wir die Titel einiger solcher Arbeiten angeben: B. M. Kedrov, 'Über die dialektisch-logische Verallgemeinerung der Geschichte der Naturwissenschaften'[89]; B. M. Kedrov, 'Die Geschichte der Erkenntnis als Prozeß und seine Dialektik'[90]; B. M. Kedrov, 'Versuch einer methodologischen Analyse wissenschaftlicher Entdeckungen'[91]; A. P. Šeptulin, 'Die Kategorien der Dialektik als Stufen der Erkenntnis'[92]; A. P. Šeptulin, 'Die Wechselbeziehung der Kategorien der Dialektik als Ableitung aus der Geschichte der Philosophie'[93]; A. P. Šeptulin, 'Die Kategorien als Entwicklungsstufen der Erkenntnis'[94]; V. I. Stoljarov 'Ansatz zu einer dialektischen Ausarbeitung der Geschichte der wissenschaftlichen Erkenntnis'.[95]

Die hier genannten Veröffentlichungen sind erst in neuester Zeit (vor allem 1964) erschienen. Sie werden auch von ihren Autoren mehr als erste Versuche angesehen. Es ist daher noch etwas früh, ihren Erfolg innerhalb der dialektischen Erkenntnistheorie zu beurteilen. Alle folgen sie jedoch dem Prinzip, das P. V. Kopnin auf folgende Weise formuliert hat: "... die Abfolge (*posledovatel'nost'*) der Kategorien muß auf verkürzte und verallgemeinerte Art die ganze Geschichte ihrer Herausbildung und Entwicklung widerspiegeln."[96] In der Geschichte des Erkennens haben sich die Kategorien von einfachen und abstrakten, zu immer komplizierteren und konkreteren entwickelt. Deshalb muß man auch in der logischen Unterordnung der Kategorien von den Kategorien ausgehen, welche das einfache, gewöhnliche, offensichtliche, unmittelbare Sein der Dinge bestimmen und zu den tieferen und konkreteren Kategorien übergehen.[97]

P. V. Kopnin beschränkt jedoch das Prinzip der Einheit des Logischen und des Historischen insofern als er die Entwicklungsordnung der objektiven Wirklichkeit von der logischen Abfolge der Kategorien und von der historischen Abfolge ihrer Entstehung im menschlichen Wissen unterscheidet. Während die Einheit zwischen der logischen Abfolge und der historischen Abfolge der Entstehung der Kategorien eine vollständige ist, wird die Entwicklungsordnung der objektiven Wirklichkeit als andersartig bezeichnet. Hegel, der diese objektive Dialektik ebenfalls mit den zwei ersten Arten der Dialektik identifizieren will, wird als (objektiver) Idealist verdammt.[98] "Die Abfolge im System der Kategorien kann logischen Charakter tragen, sie kann die Abfolge in der Entwicklung unseres Wissens über die Phänomene der Außenwelt ausdrücken, aber nicht die Entwicklung dieser Phänomene selbst."[99] Als Beispiel nennt Kopnin, daß es keinen Sinn habe, danach zu fragen, ob die Qualität oder die Quantität als erste in der Wirklichkeit entstanden sei, wohl aber, welche der beiden Kategorien in der Geschichte des Wissens zuerst auftrete. Ähnlich unterscheidet z.B. auch B. M. Kedrov die objektive und die subjektive Dialektik und modifiziert die Parallelität ihrer Entwicklung.[100] Allerdings unterstreichen sowohl Kopnin wie Kedrov, daß jede Kategorie der Erkenntnis dennoch eine Bestimmung der Wirklichkeit widerspiegle, wenn auch die Entwicklung in Erkenntnis und Wirklichkeit sich nicht entsprechen.

B. M. Kedrov ist es, der vor allem die erkenntnistheoretische Bedeutung der Gesetze der Dialektik zu zeigen versucht, nämlich ihre Anwendbarkeit auf die Geschichte der Erkenntnis. Da er selbst auch Naturwissenschaftler ist, wählt er oft Beispiele aus der Physik, Chemie oder Biologie, um den dialektischen Verlauf des Menschheitswissens zu beschreiben. So nimmt er z.B. die Geschichte der Theorien über die Entstehung der Arten, oder die Geschichte der Entdeckung der Spektralanalyse. Er erklärt diese Geschichte dialektisch: verschiedene Erklärungen, die plötzliche Entstehung einer ganz neuen Hypothese, die Synthese zwischen verschiedenen Theorien und Hypothesen auf einer höheren Ebene der Erklärung. Er versucht mit viel Material nachzuweisen, wie die drei Gesetze der Dialektik in der Geschichte des Menschheitswissens und besonders in der Geschichte der Naturwissenschaften wirken.[101]

Wir kommen hiermit zu einem vorläufigen Abschluß unserer Darstellung der dialektischen Erklärung der Erkenntnis, wie sie die sowjetische Erkenntnistheorie – vor allem im Rahmen der neueren Veröffentlichungen zur dialektischen Logik – zu geben versucht. Der Unterschied zwischen der herkömmlichen aristotelischen und der neuen dialektischen Erklärung der Erkenntnis ist dabei bereits offensichtlich geworden.

Dieser Unterschied und die sich daraus ergebenden Schwierigkeiten zeigen sich ganz besonders in den sowjetischen Betrachtungen über die Wahrheit.[102]

4. *Wahrheit*

"Die Hauptfrage der dialektischen Logik ist die Frage nach der Wahrheit", wie es in den *Osnovy* heißt. Auch die dialektische Logik hat somit die Frage der Wahrheit zu untersuchen, ja für viele dialektische Logiker ist das die Hauptfrage.[103]

Die Wahrheit wird in der sowjetischen Philosophie genauso definiert wie die Erkenntnis: als Widerspiegelung der objektiven Wirklichkeit in der Erkenntnis des Subjekts. So heißt es z.B. in der *Filosofskaja Enciklopedija*: "Wahrheit ist die adäquate Widerspiegelung der objektiven Wirklichkeit durch das erkennende Subjekt, welche den erkennbaren Gegenstand so reproduziert, wie er außerhalb und unabhängig vom Bewußtsein existiert."[104]

Wie bei der herkömmlichen Definition der Erkenntnis, so wird auch bei dieser ersten Definition der Wahrheit an ein Erkenntnissubjekt gedacht, an ein 'außerhalb und unabhängig' von ihm existierendes Objekt und an die Relation der (adäquaten) Widerspiegelung, welche das Wesen der Wahrheit ausmacht.

Die erste Wesenseigenschaft der Wahrheit ist ihre *Objektivität*. Die Objektivität der Wahrheit (d.h. die Objektivität der Erkenntnis) besteht – wie Lenin sagte und die sowjetische Philosophie wiederholt – darin, daß der Inhalt der Erkenntnis 'weder vom Menschen noch von der Menschheit' abhängt.[105] Obwohl also das Objekt in der Erkenntnis in der Form des Subjektiven, Psychischen oder Idealen existiert, darf der Inhalt der Erkenntnis nicht subjektiv gefärbt sein. Nur so kann die Widerspiegelung objektiv, d.h. adäquat sein.

Nachdem die sowjetische Philosophie die Wahrheit einfach mit der Erkenntnis identifiziert und nicht als zur Erkenntnis in ihrer höchsten Form oder in ihrer Vollendung (dem Akt des Urteils) gehörig betrachtet, sieht sie auch alle Formen der Erkenntnis als mögliche Träger von Wahrheit an. So liest man z.B. über die *Sinneserkenntnis*: "Nicht nur die Formen des rationalen oder theoretischen Erkennens – Begriffe, Urteile und Syllogismen – sondern auch die Formen der Sinneserkenntnis – Empfindungen, Wahrnehmungen, und Vorstellungen – enthalten objektive Wahrheit."[106]

Über die Wahrheit (oder Falschheit) von *Begriffen* entstanden in der sowjetischen Philosophie verschiedene Meinungen. Vor allem während der Blütezeit der formalen Logik wurde die Ansicht vertreten, daß man eigentlich nur bei Urteilen von Wahrheit sprechen könne, nicht aber bei Begriffen. Zu den Vertretern dieser Meinung gehörten V. F. Asmus[107], D. P. Gorskij, und P. V. Tavanec[108], ebenso der polnische Philosoph A. Šaff, dessen Buch 'Einige Probleme der marxistisch-leninistischen Wahrheitstheorie' ins Russische übersetzt wurde.[109] Andere waren auch zu dieser Zeit bereits anderer Ansicht, wie z.B. K. S. Bakradze, der behauptete, die Wahrheit von Begriffen zu negieren käme von einer Verwechslung zwischen Begriffen und Worten, da Worte tatsächlich nur in der Zusammensetzung eines Satzes wahr sein könnten.[110] In der neueren sowjetischen Erkenntnistheorie und vor allem bei den dialektischen Logikern wird meistens über die Wahrheit von Begriffen gesprochen, bzw. diese Frage als bereits positiv entschieden vorausgesetzt.[111] L. O. Reznikov, der dieses Problem im Einzelnen untersucht hat, zeigt jedoch, daß erstens die sowjetische Erkenntnistheorie unter 'Begriffen' nicht die einfachsten Elemente der Erkenntnis versteht, sondern komplexe Begriffe, welche das Resultat einer Reihe von Urteilen sind; zweitens, daß die Wahrheit des Begriffes nicht nur von der adäquaten Widerspiegelung des Inhalts des Objekts abhängt, sondern auch von der Widerspiegelung der Existenz eines Objekts.[112]

Die sowjetische Erkenntnistheorie spricht auch von der Wahrheit von *Schlußfolgerungen*. Oft scheint man das nicht im strengen Sinne zu meinen, sondern will wohl nur andeuten, daß korrekte Schlußfolgerungen ein wichtiges Mittel zur Erkenntnis der Wahrheit sind.[113] Anders ist es jedoch bei V. I. Čerkesov, der eine notwendige Übereinstimmung zwischen Wahrheit und logischer Richtigkeit sieht.[114] Da die sowjetischen Philosophen allgemein annehmen, daß auch den Formen des Denkens (also z.B. der Ableitung in ihrer formalen Struktur) etwas in der der objektiven Wirklichkeit entspricht, wovon sie nur Abbilder sind, ist diese These gar nicht so abwegig. Dennoch muß V. I. Čerkesov als eine Ausnahme angesehen werden. Denn nicht nur gibt es sowjetische Philosophen welche die Frage der Wahrheit von derjenigen der logischen Richtigkeit trennen[115], sondern V. I. Čerkesov ist sogar von anderen dialektischen Logikern sehr scharf kritisiert worden.[116]

Wenn man die Wahrheit einfach mit der Erkenntnis identifiziert und grundsätzlich alle Formen der Erkenntnis zu Trägern der Wahrheit macht, so ist es schwer die *Falschheit* zu erklären. Denn die Falschheit scheint dann gar kein Subjekt mehr zu haben, von dem sie (als Privation) ausgesagt werden könnte. Denn wo Erkenntnis ist, da ist auch Widerspiegelung und damit Wahrheit. Die Falschheit wäre die einfache Negation der Erkenntnis. Von falschen Vorstellungen und Theorien zu sprechen, scheint in diesem Zusammenhang keinen Sinn zu haben.

Die sowjetische Erkenntnistheorie sagt tatsächlich sehr wenig über die Falschheit. Man spricht natürlich dauernd von den falschen Theorien der Gegner usw., aber eine Erklärung der Falschheit in den Kategorien der Erkenntnistheorie gibt es kaum. Manchmal wird die Falschheit mit der beschränkten, einseitigen oder relativen Widerspiegelung identifiziert, wobei also Falschheit mit teilweisem Nichtwissen gleichgesetzt wird.[117] Ein Grund warum es – wenn überhaupt – nur zu einer so unbefriedigenden Erklärung der Falschheit und des Irrtums kommt, kann darin gesehen werden, daß die meisten sowjetischen Erkenntnistheoretiker nicht den Unterschied zwischen Bedeutung und Bezeichnung kennen. Es wird allgemein nicht unterschieden, inwiefern das Erkennen auf einen objektiven Bedeutungsinhalt und inwiefern es auf ein existierendes Objekt bezogen ist. Die Widerspiegelungstheorie ist in dieser Hinsicht viel zu undifferenziert, bzw. man sieht diese Unterscheidung sogar mit Mißtrauen an.[118] L. O. Reznikov scheint einer der Wenigen zu sein, welche diesen Unterschied erwähnen und daher auch zu einer besseren Erklärung der Falschheit kommen: eine falsche Vorstellung bedeutet zwar etwas, aber es entspricht ihr nichts in der Wirklichkeit.[119] Allerdings wendet er sich dagegen, den objektiven Bedeutungsinhalt zu hypostasieren, denn das widerspräche der materialistischen Widerspiegelungstheorie und führte zum objektiven Idealismus.[120] Die nominalistische Alternative, welche Bedeutung und Bezeichnung identifiziert, lehnt er ausdrücklich ab, indem er die Bedeutung auf das Allgemeine in der Wirklichkeit (und die Bezeichnung auf den einzelnen Gegenstand) bezieht.[121]

Bis hierhin ist die sowjetische Theorie der Wahrheit mehr oder weniger aristotelisch. Sie ist natürlich auch in dem bisher Gesagten nicht ganz aristotelisch, weil Aristoteles die Wahrheit nicht einfach mit der Erkenntnis identifiziert, sondern als Vollendung der Erkenntnis im Urteil betrachtet. Immerhin findet man bisher nichts von der dialektischen Erklärung der Erkenntnis im sowjetischen Wahrheitsbegriff. Dennoch zeigt sich auch der dialektische Aspekt im sowjetischen Wahrheitsbegriff und zwar bereits in seiner von Lenin übernommenen Form. Er kommt in der Erklärung der Wahrheit als *Prozeß,* als *relativer* bzw. *absoluter* und als *konkreter* zum Ausdruck.

Bereits Lenin stellte in Bezug auf die Wahrheit zwei verschiedene Fragen: (1) Kann die menschliche Erkenntnis die Wirklichkeit so wie sie ist wiedergeben, d.h. gibt es objektive Wahrheit? (2) Erkennen wir die Wirklichkeit auf einmal, vollständig, oder stufenweise, allmählich? Auch die sowjetische Erkenntnistheorie stellt die Frage nach der Wahrheit in dieser doppelten Form.[122] Die Lehre über die relative bzw. absolute Wahrheit, aber auch über die Wahrheit als Prozeß und als konkrete, gibt auf die zweite Frage Antwort.

In der *Wahrheit als Prozeß* kommt die evolutionistische Seite der Dialektik in ihrer Anwendung auf die Erkenntnistheorie zum Ausdruck. Dabei wird einerseits an den Erkenntnisprozeß im erkennenden Individuum gedacht, welcher sich – um die Wahrheit zu erreichen – durch die verschiedenen Stufen der sinnlichen und rationalen Erkenntnis entwickeln muß, um schließlich seine Verifizierung und Anwendung in der Praxis zu finden. Andererseits und vor allem denkt man dabei jedoch an den historischen Prozeß der Entwicklung des menschlichen Erkennens oder Wissens. Nur so läßt sich Lenins Ausspruch verstehen, daß die Erkenntnis eine 'ewige, unendliche Annäherung des Denkens an das Objekt' sei. Ähnlich heißt es in der sowjetischen Philosophie: "Das Erkennen ist nicht eine kurze, einmalige Annahme, sondern ein lang dauernder, komplizierter, unendlicher Prozeß..."[123] Und an anderer Stelle: "Der dialektische Materialismus versteht die Wahrheit – im Gegensatz zum metaphysischen Materialismus – als den geschichtlich bedingten Prozeß der Widerspiegelung der Wirklichkeit."[124] In der neuesten sowjetischen Philosophie, nämlich im Rahmen der dialektischen Logik, hat sich vor allem G. S. Batiščev um eine Interpretation und Weiterentwicklung des Leninschen 'die Wahrheit ist ein Prozeß' bemüht. Er geht dabei von der Erkenntnis in ihrer überindividuellen und historischen Entwicklung aus. In dieser dialektischen Entwicklung der Erkenntnis, im Zusammenhang mit der Praxis, kommt es zur immer größeren Annäherung und zum immer weiteren 'Zusammenfallen' des Erkennens mit der objektiven Wirklichkeit.[125]

Die sowjetische Lehre von der *relativen* bzw. *absoluten Wahrheit* gibt eine nähere Erklärung der Wahrheit als Prozeß. Das menschliche Erkennen ist nämlich in seiner historischen Entwicklung erst unvollständig und vorläufig, wird aber im Lauf dieser Entwicklung immer mehr zum vollständigen und endgültigen Wissen. Darin liegen die zwei verschiedenen Bedeutungen, in welchen sowohl 'relative Wahrheit' als auch 'absolute Wahrheit' gebraucht werden. 'Relative Wahrheit' bedeutet einmal das *unvollständige* Erkennen der Wirklichkeit, also die quantitative Unvollkommenheit des menschlichen Wissens. In diesem Sinne heißt es: "Die relative Wahrheit ist das Wissen, welches im Grunde die Wirklichkeit getreu widerspiegelt, aber nicht vollständig, sondern in gewissen Grenzen, unter bestimmten Bedingungen und Beziehungen. In der weiteren Entwicklung der Wissenschaft wird dieses Wissen präzisiert, ergänzt, vertieft und konkretisiert."[126]

Aber 'relative Wahrheit' bedeutet darüber hinaus auch das nur *vorläufige* Wissen, also sozusagen die qualitative Unvollkommenheit vieler Kenntnisse. Deshalb muß das menschliche Wissen in seiner Entwicklung nicht nur ergänzt und ausgebaut werden, sondern die Wahrheit vieler Erkenntnisse ist auch zeitgebunden, Erkenntnisse müssen durch andere ersetzt werden. Deshalb heißt es: "So wie sich alles in der Welt verändert und entwickelt, verändert sich auch die Wahrheit."[127] Z.B. gehören die Theorie über die Atome als unteilbare Elemente aller Dinge und die Theorie des Nominalismus zu den relativen Wahrheiten in diesem zweiten Sinne.[128] Sie waren für ihre Zeit wahr, mußten aber später ersetzt werden. Dabei ist zu beachten, daß hier nicht etwa die Veränderung der Wirklichkeit, sondern die immanente Entwicklung des menschlichen Wissens bewirkt, daß Wahrheiten 'alt werden'.

Entsprechend der Unterscheidung von zwei Bedeutungen der 'relativen Wahrheit', unterscheidet die sowjetische Erkenntnistheorie auch zwei Bedeutungen der 'absoluten Wahrheit'. 'Absolute Wahrheit' bedeutet einmal das *vollständige*, allumfassende Erkennen der Wirklichkeit. Darin besteht das Ziel und die ideale Grenze der historischen Entwicklung des Menschheitswissens. Aber 'absolute Wahrheit' bedeutet andererseits auch das *endgültige*, unmstößliche Wissen. Die absolute Wahrheit in diesem zweiten Sinne findet sich nicht nur als Ziel der Entwicklung, sondern auf vielen Stufen und in der Entwicklung des Menscheitswissens als solcher. "Die absolute Wahrheit ist nicht nur die Grenze, auf die unsere Erkenntnis hinstrebt, aber die sie in Wirklichkeit niemals erreicht. Die Erkenntnis ist absolut, wenn sie sich auf dem Wege der objektiven Wahrheit bewegt, und nur in dieser Bewegung findet sie ihre Absolutheit. Ohne die Bewegung des Erkennens gibt es keine absolute Wahrheit. ... Deshalb gibt es auf allen Gebieten des wissenschaftlichen Wissens absolut wahre Sätze, welche im weiteren Verlauf der Wissenschaft nicht mehr widerlegt werden können."[129] In diesem zweiten Sinn kann die sowjetische Philosophie auch sagen, daß jede objektive Wahrheit Momente der relativen, aber auch der absoluten Wahrheit in sich schließt.[130] F. G. Knyšov trat kürzlich mit dem Vorschlag auf, den Ausdruck 'absolute Wahrheit' nur noch in diesem zweiten Sinn zu gebrauchen.[131]

Ein weiteres wesentliches Merkmal der Wahrheit in der sowjetischen Erkenntnistheorie ist die *Konkretheit*. Hiermit kommt vor allem die relationalistische Seite der Dialektik in ihrer Anwendung auf die Erkenntnis zum Ausdruck. Auch dieser Teil der sowjetische Wahrheitstheorie kommt von Lenin und wird oft in Lenins Worten beschrieben.[132] Wie die Phänomene der Wirklichkeit, so sind auch alle Begriffe, Behauptungen, Theorien, usw., wesentlich aufeinander bezogen. Nur im Zusammenhang mit dem Ganzen kann eine bestimmte Erkenntnis wahr sein, "im isolierten Fragment des Wissens stirbt die Wahrheit".[133] B. M. Kedrov drückt den Gedanken so aus: "Die Konkretheit der Wahrheit bedeutet, daß die Behauptung, von deren Wahrheit die Rede ist, in ihrer Beziehung zu allen übrigen Behauptungen betrachtet wird, die sich auf denselben Kreis von Phänomenen beziehen."[134] Da der dialektische Materialismus aber lehrt, daß alle Phänomene der Wirklichkeit wesentlich aufeinander bezogen sind, so kann Kedrovs Beschränkung auf einen Kreis von Phänomenen nicht als endgültig angesehen werden. Tatsächlich handelt es sich hier um die Übertragung der Dialektik als allgemeinen konstitutiven Relationalismus auf die Erkenntnis.[135] Dabei wird aber das evolutionistische Element nicht ausgeschlossen: "Der marxistische philosophische Materialismus betrachtet den Begriff der Konkretheit der Wahrheit im Zusammenhang mit der Kategorie der Historizität. Ein Begriff ist nur wirklich konkret, wenn er bestimmte historische Bedingungen widerspiegelt, sie in Betracht zieht, auf sie bezogen ist."[136]

In der Lehre von der Konkretheit der Wahrheit kommt auch der Gedanke zum Ausdruck, daß die wahre Erkenntnis die Form eines wissenschaftlichen *Systems* hat und diesem System als solchem Wahrheit zukommt. Den Systemcharakter der Wahrheit beschreibt P. V. Kopnin

152

folgendermaßen: "Das konkrete Wissen über einen Gegenstand bildet immer ein bestimmtes *System*, eine Gesamtheit bestimmter Urteile, in der die objektive Wahrheit enthalten ist. Urteil oder Begriff entdecken besondere Eigenschaften, Seiten, Gesetzmäßigkeiten im Gegenstand, aber das System des wissenschaftlichen Wissens spiegelt den Gegenstand in der Einheit seiner mannigfaltigen Seiten, Beziehungen und Vermittlungen wider."[137]

In der sowjetischen Theorie der Wahrheit, wie wir sie dargestellt haben, kommt somit ein gewisser Widerspruch zum Vorschein. Denn diese Theorie ist einerseits aristotelisch, andererseits ausgesprochen hegelianisch. B. M. Kedrov – einer der Wenigen die sich mit dieser Problematik überhaupt auseinandersetzen – sieht darin allerdings keinen Widerspruch, sondern den notwendigen Zusammenhang zwischen der 'materialistischen' und der 'dialektischen' Seite der sowjetischen Wahrheitstheorie. Nach seiner Ansicht ergänzen sich diese Seiten besonders gut.[138] Daß diese Ergänzung doch nicht so ideal ist und notwendig auf Kosten der einen oder der anderen Seite geht, wollen wir unten erklären. Zuvor muß jedoch noch ein wichtiger letzter Teil der sowjetischen Erkenntnistheorie untersucht werden: die Lehre von der *Praxis*.

5. *Praxis*

"Der Marxismus-Leninismus versteht unter Praxis die gesellschaftlich-historische Tätigkeit der Menschen, welche auf die Veränderung der Umwelt gerichtet ist."[139] Diese allgemeine Definition enthält die meisten Aspekte der Praxis, wie sie in sowjetischen Untersuchungen dargestellt wird.

Zunächst ist die Praxis für die sowjetische Philosophie, wie bereits für Marx, eine typisch menschliche, ja *die* typisch menschliche Tätigkeit. Jede praktische Tätigkeit impliziert einen Akt der Erkenntnis (das zu verändernde Objekt muß erkannt sein) und des Willens, nämlich das Setzen und Anstreben eines Zieles (die Veränderung des erkannten Objekts). Somit ist die Praxis notwendig bewußte und zielgerichtete Tätigkeit.[140]

Das Objekt der praktischen Tätigkeit ist die materielle Umwelt des Menschen. Daher ist die Praxis wesentlich materielle oder 'gegenständliche' Tätigkeit, die Umformung der materiellen Wirklichkeit nach den Bedürfnissen und Zielen des Menschen. Deshalb erscheint die materielle Produktion als Grundform aller Praxis.[141]

153

Zwischen dem Subjekt und dem Objekt der praktischen Tätigkeit besteht eine gegenseitige Beziehung oder Wechselwirkung. Indem der Mensch die Natur umformt, verändert er sich selbst. Das umformende Subjekt wird selbst im Prozeß der Praxis umgeformt.[142] Aber wie in der dialektischen Auffassung der Erkenntnis, wird auch die Praxis nicht als Tätigkeit des einzelnen Individuums, sondern des gesellschaftlichen Individuums und letztlich der Gesellschaft als konkreten Allgemeinen angesehen. Das Subjekt der Praxis ist somit gesellschaftlich, die Praxis eine 'gesellschaftlich-historische Tätigkeit'. Die Wechselbeziehung zwischen Subjekt und Objekt der Praxis wird folglich so gedeutet, daß die Menschheit, indem sie die Natur umformt, sich selbst verändert und entwickelt. Darin besteht das eigentliche Wesen der Geschichte.[143]

Die Beziehung zwischen Praxis und Erkenntnis, oder zwischen Praxis und Theorie, steht im Mittelpunkt der meisten sowjetischen Untersuchungen dieses Themas. Die Praxis wird dabei als *Grundlage, Wahrheitskriterium,* und *Ziel* aller Erkenntnis bestimmt.

Alle sowjetischen Philosophen sind sich darin einig, daß die Praxis die *Grundlage* der Erkenntnis ist. Das wird zunächst in einem allgemein historischen Sinne verstanden. Durch die Praxis wurde der Mensch (bzw. der Affe) zum Menschen und entwickelte seinen Verstand und Willen. Nicht die Materie oder Natur als solche kann für die dialektische Entstehung und Weiterentwicklung des Bewußtseins in der Geschichte verantwortlich gemacht werden, sondern die Arbeit, die Umformung der Materie oder Natur.[144] Andererseits ist aber die Praxis auch die Grundlage der Erkenntnis jedes einzelnen Subjekts.

Die Praxis wird von allen sowjetischen Philosophen als das einzige wirkliche *Wahrheitskriterium* der Erkenntnis angenommen. Allerdings ist dieses Kriterium für eine einzelne Erkenntnis oder Theorie nie absolut, weil Erkenntnis und Praxis sich ständig weiterentwickeln. In diesem Zusammenhang ist viel vom wissenschaftlichen Experiment als Kriterium der Wahrheit und als Form der Praxis die Rede.[145] Das Experiment als Praxisform anzusehen ist natürlich recht problematisch, denn es scheint berechtigt, das Experiment als höchst theoretische Verhaltensweise anzusehen, oder wenigstens als passive sinnliche Anschauung, nicht aber als praktisch umformend. Die Verifizierung durch die Sinne wird aber vom Diamat, im Gegensatz zum 'metaphysischen Materialismus', nicht als Praxisform angenommen, bzw. nur in einem sehr beschränkten Sinne.[146] Immerhin glaubt man deshalb, weil im Experiment ein den Verhältnissen in der Natur entsprechender Zustand künstlich hervorgebracht wird, vom Experiment als Praxisform sprechen zu können Meistens ist jedoch, wenn von Praxis als Wahrheitskriterium die Rede ist, an die Anwendung von Erkenntnissen in der Industrie usw. gedacht. Daß ein Auto fährt, oder daß eine Brücke stehen bleibt, wird als Verifizierung der zur Konstruktion benötigten Theorien angesehen. Gleichzeitig wendet sich die sowjetische Erkenntnistheorie jedoch – wie Lenin – gegen den pragmatistischen Wahrheitsbegriff: die Wahrheit folgt nicht aus dem Nutzen, sondern die objektive Wahrheit ist die Voraussetzung und Ursache für den Nutzen, für die praktische Bedeutung einer Erkenntnis.[147]

Die Praxis ist nicht nur Grundlage und Wahrheitskriterium, sondern auch das *Ziel* aller Erkenntnis. Diese typisch Marx'sche Idee wird allerdings nicht von allen sowjetischen Erkenntnistheoretikern in gleichem Maße geteilt bzw. betont. Bei Marx wird, wie wir gesehen haben, die Erkenntnis zum (notwendigen) Mittel der Praxis, zum Mittel der Umformung und Vermenschlichung der Natur. Der selbständige Wert einer reinen Erkenntnis oder Theorie wird geleugnet. Das hervorstechendste Beispiel für diese Haltung ist seine Ablösung der Philosophie durch die 'Kritik', welche die aufs Praktische gerichtete Erkenntnis als solche ist. Bei Lenin dagegen wird – wie bei Hegel und im Anschluß an diesen – die Praxis in die Erkenntnistheorie einbezogen. Daher steht bei Lenin die Praxis als Wahrheitskriterium im Vordergrund. Die Praxis dient zur Verifizierung der Erkenntnis, nicht mehr die Erkenntnis nur der Verwirklichung praktischer Aufgaben. Daher behält auch bei Lenin die Philosophie als Theorie und System ihre eigene Berechtigung und relative Selbständigkeit.

Diese zwei verschiedenen Haltungen gegenüber der Praxis als Ziel aller Erkenntnis finden sich in der sowjetischen Philosophie wieder. Eigentlich ist die Hegel-Leninsche Haltung die bei weitem überwiegende. Die Praxis als Ziel der Erkenntnis wird oft gar nicht oder nur beiläufig erwähnt.[148] Aber auch die Marx'sche Richtung hat ihre Vertreter, wie z.B. A. G. Spirkin: "Das letzte Ziel des Menschen liegt weder im Wissen als solchen, noch in der Anwendung [des Wissens] auf die Wirklichkeit, sondern in der die Welt umformenden praktischen Tätigkeit, in Bezug auf welche das Wissen als notwendiges Mittel erscheint."[149]

Sowohl die Vertreter der vorwiegend Marx'schen, als auch die der vorwiegend Hegel-Leninschen Richtung, versuchen heute eine dialektische Interpretation der Praxis zu geben. Diese Lösung besteht darin, Praxis und Erkenntnis in einer inneren, dialektischen Einheit zu sehen und die Frage der Praxis im Zusammenhang mit der dialektischen Lösung der 'Grundfrage' zu beantworten.

M. N. Rutkevič, der bekannteste sowjetische Denker auf diesem Gebiet[150], wurde 1955 kritisiert, weil er Theorie und Praxis zu sehr getrennt und die Praxis eigentlich aus dem Bereich der Erkenntnis ausgeschlossen habe, indem er sie auf die direkte Veränderung und Umformung materieller Objekte beschränkte.[151] Eine extrem gegensätzliche Haltung vertraten z.B. G. Klaus und D. Wittich in einer Diskussion über die Praxis, im Rahmen der *Deutschen Zeitschrift für Philosophie,* an der sich auch sowjetische Philosophen beteiligten. G. Klaus und D. Wittich wollten den Begriff der Praxis sublimieren, indem sie auch geistige Tätigkeit dazu rechneten, insofern diese im Erkenntnisprozeß als 'unmittelbare Grundlage, unmittelbares Ziel und unmittelbares Wahrheitskriterium' anderer Erkenntnisse auftreten.[152]

In der ostdeutschen Diskussion erklärte M. N. Rutkevič die dialektische Einheit von Theorie und Praxis in ihrem Zusammenhang mit der 'Grundfrage der Philosophie'. Tatsächlich entspricht nach seiner Meinung das Verhältnis von Praxis und Erkenntnis, oder von materieller und geistiger Tätigkeit, genau dem allgemeinen Verhältnis von Materie und Bewußtsein. So wie wir einerseits sagen 'Alles Seiende ist Materie' und andererseits 'Bewußtsein ist keine Materie', ebenso sagen wir einerseits 'Alle menschliche Tätigkeit ist Praxis' und andererseits 'Geistige Tätigkeit ist keine Praxis'. "In beiden Fällen beinhaltet der Begriff 'Praxis' die materielle Tätigkeit der Menschen, aber im ersten Fall (außerhalb der Grenzen der Gnoseologie) geht alles in unsere Tätigkeit, im zweiten Fall (innerhalb der Gnoseologie) nicht alles in diese Materialität ein. *Ohne Dialektik* kann man sich in diesen 'Feinheiten' tatsächlich verirren und auf der Jagd nach einer äußerlich 'einfachen' Lösung zur direkten Identifizierung von Praxis und Theorie kommen."[153]

Die dialektische Lösung der 'Grundfrage', wie sie in der neueren sowjetischen Philosophie gegeben wird, besteht darin, das Bewußtsein oder die Erkenntnis als ein dialektisches Produkt der einen Materie zu erklären, die ihre inneren Möglichkeiten und Ziele selbst verwirklicht. Somit ist das Bewußtsein einerseits eine Daseinsform der Materie, andererseits hat es ('innerhalb der Grenzen der Gnoseologie') eine gewisse Unabhängigkeit gegenüber der Materie. Wie wir gesehen haben, führt aber die gesellschaftlich-historische Entwicklung der Erkenntnis zur immer größeren Übereinstimmung und zum immer größeren 'Zusammenfallen' des Bewußtseins mit der Materie in der absoluten Wahrheit.

In dem so verstandenen Verhältnis des Bewußtseins zur Materie, tritt die Praxis sozusagen als Bindeglied, oder als das vermittelnde Element auf. Die Praxis bewirkt, wie wir gesehen haben, daß das Bewußtsein aus der Materie entsteht; die Praxis bewirkt auch die Fortentwicklung des Bewußtseins zu immer höheren Stufen; die Praxis bewirkt schließlich, daß die Übereinstimmung des Bewußtseins mit der Materie keine nur erkenntnismäßige, theoretische, sondern eine wirkliche Übereinstimmung, ein wirkliches 'Zusammenfallen' ist. Daraus erklärt sich sowohl die Verschiedenheit, als auch die innere Einheit von Praxis und Erkenntnis. "Theorie und Praxis sind philosophische Kategorien, welche die geistige und die materielle Seite des einen gesellschaftlich-historischen Prozesses der Erkenntnis und Umformung der Natur und Gesellschaft bedeuten."[154]

Die dialektische Erklärung der Praxis, im Zusammenhang mit der dialektischen Lösung der 'Grundfrage' ist neuerlich in verschiedenen Veröffentlichungen zum Ausdruck gekommen. In der ostdeutschen Diskussion waren es vor allem H. Kreschnak und W. Lerche, welche die Ansicht vertraten, daß die Praxis, als das Bindeglied zwischen Materie und Bewußtsein, die Aufhebung des Gegensatzes zwischen Materiellem und Geistigem, Objektivem und Subjektivem bewirke.[155] Unter den sowjetischen Philosophen sind vor allem G. S. Batiščev[156] und G. S. Grigor'ev[157] zu nennen. G. S. Batiščev betont vor allem, daß die 'Wahrheit als Prozeß' das wirkliche, immer vollständigere 'Zusammenfallen' des Bewußtseins mit der Materie ist. In diesem Prozeß, dessen Subjekt etwas Überindividuelles (Gesellschaft, Menschheit) ist, gehören Erkenntnis und Praxis notwendig zusammen, sie bilden eine Einheit in der Verschiedenheit. G. S. Grigor'ev sieht die Praxis als das vermittelnde Element zwischen Denken und Sein, Bewußtsein und Materie im Prozeß der Geschichte an. Er gibt eine dialektische Analyse der Praxis im Sinne und in der Terminologie des jungen Marx (Entfremdung, Vergegenständlichung, Vermenschlichung der Natur).

157

Hiermit haben wir einen kurzen Überblick über die dialektische Interpretation der Erkenntnis in der neueren sowjetischen Erkenntnistheorie
gegeben. Damit ist auch die dialektische Lösung der zweiten Seite der
'Grundfrage' aufgezeigt. Jetzt stellt sich die Frage, inwiefern dadurch
der herkömmliche sowjetische Realismus und Aristotelismus in der
Erkenntnistheorie modifiziert wurde.

6. *Modifizierung des Realismus*

Der aristotelische Realismus in der sowjetischen Erkenntnistheorie wurde
oben durch die drei folgenden Theorien formuliert: *Widerspiegelung,
Empirismus, Abstraktion.* Wir wollen jetzt untersuchen, ob und wie dieser
Realismus durch die neueren Entwicklungen in der sowjetischen Erkenntnistheorie modifiziert wurde.

Theorie der Abstraktion. – Wenn es im Prozeß der Erkenntnis zu einer
Abstraktion des Wesens aus den Erscheinungen kommen soll, so muß
dabei zweierlei vorausgesetzt werden: (1) daß die Wirklichkeit als solche
das Objekt der Erkenntnis ist; (2) daß das Subjekt sich im Akt der
Erkenntnis passiv, aufnehmend verhält, ohne seine subjektiven Bedürfnisse, Ziele, Kategorien, usw., in die Wirklichkeit zu projezieren. Die
dialektische Einheit von Erkenntnis und Praxis geht aber davon aus, daß
die vom Menschen umgeformte Wirklichkeit das eigentliche Objekt der
Erkenntnis ist, und daß der Mensch sich im Prozeß der Erkenntnis nicht
passiv-aufnehmend, sondern aktiv-umformend verhält.

Jedes Bewußtsein ist auch gesellschaftliches Bewußtsein; aber das
Objekt des gesellschaftlichen Bewußtseins ist das gesellschaftliche Sein,
d.h. das Leben der Gesellschaft, oder – wie es A. N. Iliadi ausdrückt –
"die Einheit der Materiellen und geistigen Tätigkeit" der Gesellschaft.[158]
Das gesellschaftliche Bewußtsein spiegelt das gesellschaftliche Sein nicht
passiv wider, sondern "... es hat auch einen aktiven Anteil bei der
Schaffung des neuen Seins. Das bezieht sich in gleichem Maße sowohl auf
die natürliche, als auch auf die gesellschaftliche Wirklichkeit."[159] Das neue
Sein, welches vom gesellschaftlichen Bewußtsein und durch die materielle Praxis geschaffen wird, ist das eigentliche Objekt der Erkenntnis. Es gibt kein Erkenntnisobjekt das nicht ein Resultat der natürlichen oder gesellschaftlichen Wirklichkeit wäre.[160] Der Mensch hat als
Erkenntnisobjekt immer mehr sein 'künstliches Milieu', d.h. die nach
seinen subjektiven Zielen und ihren objektiven Gesetzen umgeformte

158

Natur. In der Erkenntnis selbst verhält er sich (den objektiven Gesetzen gemäß) aktiv umformend.

Empirismus. – Der Empirismus innerhalb des sowjetischen Realismus geht davon aus, daß jede Erkenntnis von der Erfahrung (zunächst der Sinneserkenntnis) ausgeht und in dieser Erfahrung ihre Verifikation findet. Durch die dialektische Auffassung des Erkenntnissubjekts als konkreten Allgemeinen und des Erkenntnisprozesses als historischer Entwicklung wird diese Theorie beträchtlich modifiziert. Es wird hier nämlich nicht mehr von der Erfahrung des Einzelnen, sondern von der Erfahrung der Gesellschaft oder der Gattung gesprochen, welche vererbbar sei. So heißt es in den *Osnovy*: "Wenn man sagt, daß unser ganzes Wissen in letzter Instanz aus der Erfahrung stamme, so ist das Subjekt dieser Erfahrung die Menschheit."[161] A. N. Iliadi wendet sich gegen B. Russell, welcher sagt, daß das Wissen jedes Menschen im Grunde von seiner eigenen individuellen Erfahrung abhinge. Das sei Agnostizismus. Dagegen: "... für den dialektischen Materialismus ist die persönliche Erfahrung eine Einheit von gesellschaftlicher und individueller Erfahrung, wobei die individuelle, 'atomare' Erfahrung aus der Praxis entsteht. Daraus folgt, daß das Wissen des Individuums seiner Natur nach nicht persönlich, sondern gesellschaftliches Wissen ist, und daß die Erfahrung einer Person im Grunde genommen die Erfahrung der Gesellschaft ist."[162]

Widerspiegelung. – In der Auffassung der Erkenntnis als gesellschaftlich-historischen Prozeß wird die Widerspiegelungstheorie weitgehend verändert und eingeschränkt. Die Behauptung, daß die subjektive Dialektik die objektive widerspiegle, bringt viele Schwierigkeiten mit sich. Es kommt zu zwei ganz verschiedenen Arten der Widerspiegelung: einmal die Widerspiegelung der Wirklichkeit in der Erkenntnis, andererseits die Widerspiegelung ihrer eigenen Entstehungsgeschichte in jeder Erkenntnis. Wir haben gesehen, daß beide Arten der Widerspiegelung keineswegs übereinstimmen.

Natürlich bringt all das eine verschiedene Vorstellung des Wesens der Erkenntnis und der *Wahrheit* mit sich. Der Gegensatz zwischen der realistischen und der dialektischen Vorstellung der Wahrheit findet sich schon bei Lenin, aber verschärft sich noch im Rahmen der dialektischen Logik. Am klarsten tritt dieser Gegensatz am Beispiel der Relativität oder Veränderlichkeit der Wahrheit hervor. Im gesellschaftlich-historischen Prozeß der Erkenntnis und gleichzeitigen Umformung der Wirklichkeit können Wahrheiten 'alt werden', d.h. falsch werden. Wir haben bereits zwei Beispiele solcher 'Wahrheiten' genannt: der Atomismus der Antike und der Nominalismus im ausgehenden Mittelalter. Beide Theorien – so sagt die sowjetische Philosophie und Geschichtsschreibung – waren richtig zu ihrer Zeit, aber sind heute falsch. Nicht deswegen, weil sich die Struktur der Dinge oder die Natur der Erkenntnis, d.h. die objektive Wirklichkeit inzwischen gewandelt hätte. Sondern weil die Erkenntnis als gesellschaftlich-historischer Prozeß sich inzwischen weiterentwickelt hat. Hier geht es also nicht mehr um die *Übereinstimmung* mit der Wirklichkeit, sondern um die *Kohärenz* mit einem Wissenssystem und mit den praktischen Bedürfnissen einer Epoche. Immer wenn in der sowjetischen Philosophie von *progressiven* Theorien (gegenüber reaktionären) gesprochen wird, ist dieser Begriff der Wahrheit als Kohärenz impliziert: progressiv ist eine Theorie dann, wenn sie dem Wissen einer Epoche und den praktischen Bedürfnissen der aufsteigenden Klasse entspricht, bzw. nützt.

Die Wahrheit als Kohärenz zeigt sich auch besonders in der 'Konkretheit der Wahrheit'. Eine einzelne Erkenntnis kann nie wahr sein, sondern nur ein System. Der Stand des Wissens einer Epoche, welcher sich in einer Vielheit objektivierten Wissens offenbart, wird so für das Individuum und sein Erkennen maßgebend. Das Individuum identifiziert sogar das Wissen seiner Zeit mit der objektiven Wirklichkeit, wie V. A. Lektorskij erklärt: "Indem es seine subjektive Begrenzung erfaßt, verbindet das individuelle Subjekt das im gesellschaftlichen System erarbeitete Wissen mit der objektiven Wirklichkeit, im Grunde genommen identifiziert er sie sogar und betrachtet seine eigene Unterordnung unter das objektive Wissenssystem als dem Objekt gemäß (*kak slevodanie ob'ektu*)."[163]

G. S. Batiščev zieht aus der 'Wahrheit als Prozeß' die Konsequenzen: "Die Wahrheit ist nämlich das *Zusammenfallen* (*sovpadenie*) des Denkens mit dem Objekt und nicht einfach ihr gegenseitiges Entsprechen (*sootvetstvie*). Ein solches Zusammenfallen ist wesentlich ein Prozeß, oder, was dasselbe ist, ein Resultat, welches *nicht* von der Tätigkeit, die es hervorbringt, die es produziert, *getrennt werden kann.* ... Die Wahrheit ist keineswegs ein psychologischer Prozeß, der sich im individuellen Bewußtsein bewegt; sie ist ein *über*individueller und *außer*psychischer Prozeß, ein Prozeß, der nur als die *ideale* Seite des einen materiellen

Prozesses des 'Versenkens' (*bogruženie*) des Menschen in die von ihm anzueignende Natur mittels der aktiven gegenständlich-schöpferischen Tätigkeit erscheint. ... Die Wahrheit ist keine Beziehung der 'Entsprechung' zwischen einer 'Kopie' und einem Objekt, keine passive Nachahmung, sondern die aktive 'Entfaltung' (*razvertyvanie*) des Objekts im Prozeß der Tätigkeit, das Zusammenfallen der *Form der tätigen Bewegung* mit dem, wie das Objekt an sich ist..."[164]

Aus diesem Text geht hervor, daß die dialektische Interpretation der Wahrheit nicht nur zu einem Begriff der Wahrheit als Kohärenz führt, sondern im Zusammenhang mit der Praxis auch zu einem *ontologischen* Wahrheitsbegriff. Nach dem Auseinandertreten von Materie und Bewußtsein, wobei das Bewußtsein als dialektische Negation der Materie erscheint, ist die Wahrheit der Prozeß des immer vollständigeren Zusammenfallens von Bewußtsein und Materie, oder von Denken und Sein. Damit kommt die sowjetische Philosophie auch in der Beantwortung der zweiten Seite der 'Grundfrage' zu einer eindeutig hegelianischen Antwort, nämlich zum Hegelschen Wahrheitsbegriff.

D. DIE SOWJETISCHE ERKENNTNISMETAPHYSIK IN IHREM VERHÄLTNIS ZU HEGEL

Die Absicht dieses Kapitels war, die neuere sowjetische Erkenntnismetaphysik in ihren Grundzügen darzustellen. Was wir unter 'Erkenntnismetaphysik' verstehen, behandelt die sowjetische Philosophie in ihrer Beantwortung der 'Grundfrage der Philosophie'. Bei der Beantwortung der zwei Seiten der 'Grundfrage' will die sowjetische Philosophie zu einer Umkehrung Hegels kommen. Unter spezieller Berücksichtigung dieser Tatsache haben wir die neuere sowjetische Erkenntnismetaphysik darzustellen versucht. Dabei wurde das im ersten Kapitel über Hegel Gesagte vorausgesetzt, es wurde nicht immer im Einzelnen darauf verwiesen.

Zu Beginn dieses Kapitels wurde formuliert, worin eine tatsächliche Umkehrung Hegels bestehen könnte. Es wurde gezeigt, daß Hegels Philosophie sowohl ontologisch als erkenntnistheoretisch ein dialektischer Monismus ist und daß Ontologie und Erkenntnistheorie für Hegel in einem notwendigen Zusammenhang stehen. Eine Umkehrung Hegels könnte also nur in einer Umkehrung, d.h. Ablehung des Monismus und/ oder der Dialektik in Hegels Sinne bestehen. Da auch die sowjetische

Philosophie einen notwendigen Zusammenhang zwischen Ontologie und Erkenntnistheorie sieht, müßte diese Umkehrung oder Ablehnung sowohl in der Ontologie als in der Erkenntnistheorie erfolgen.

Durch die Untersuchungen dieses Kapitels konnte gezeigt werden, daß die neuere sowjetische Philosophie tatsächlich keine Umkehrung Hegels in diesem Sinne erreicht. Sowohl bei der Beantwortung der ersten, allgemein-ontologischen Seite der 'Grundfrage' als auch bei der Beantwortung der zweiten, erkenntnistheoretischen Seite der 'Grundfrage' vertritt die neuere sowjetische Philosophie einen dialektischen Monismus.

Für die erste Seite der 'Grundfrage' wurde diese Tatsache am Beispiel neuerer sowjetischer Untersuchungen über die Materie, die Dialektik und die Widerspiegelung als Eigenschaft der Materie als solcher gezeigt. Dadurch wird der *Materialismus* grundlegend modifiziert. Die Materie als *substantia unica*, welche vor allen konkreten Erscheinungen und diesen zugrunde liegt und sich auch nicht mehr auf die Stofflichkeit reduzieren läßt, erlaubt den Vergleich der sowjetischen 'Materie' mit Hegels 'Idee'. Die Dialektik als Relationalismus und Evolutionismus auf der Grundlage der dialektischen Negation hat die sowjetische Philosophie mit Hegel gemeinsam. Die Theorie der Widerspiegelung als Eigenschaft der Materie als solcher, zur Erklärung der Möglichkeit der Entstehung des Bewußtseins und des Erkennens, begründet die ursprüngliche Einheit von Materie und Bewußtsein, bzw. von Sein und Denken im Diamat und bei Hegel. Man findet daher statt eines Materialismus die Hegelsche Vorstellung der Idee, welche sich selbst dialektisch entwickelt und welche, wegen der ursprünglichen Einheit von Denken und Sein, den Geist oder das Erkennen dialektisch aus sich hervorbringt.

Was die zweite Seite der 'Grundfrage' betrifft, so wurde die dialektische und monistische Art die Erkenntnis zu erklären, wie sie in neueren sowjetischen Veröffentlichungen (vor allem zur dialektischen Logik) vertreten wird, an verschiedenen Beispielen gezeigt. Eine relationalistische Auffassung der Erkenntnis findet man vor allem in der Erklärung des Erkenntnissubjekts als konkreten Allgemeinen, in der Erklärung des Wissens als Wissen der Menschheit, in der Theorie über das objektive und objektivierte Wissenssystem (*sistema naučnogo znanija*), in der Theorie der Konkretheit der Wahrheit und in der impliziten Auffassung der Wahrheit als Kohärenz. Die evolutionistische Auffassung der Erkenntnis kommt in der Vorstellung der Erkenntnis als gesellschaftlich-historischen Prozesses

162

zum Ausdruck, ebenso in der Theorie der relativen und absoluten Wahrheit und der Wahrheit als Prozeß. Es wurde bereits erklärt, wie dadurch der erkenntnistheoretische *Realismus* grundlegend modifiziert wird und wie es (vor allem durch die 'Einheit der Denk- und Seinsgesetze' und durch die 'Einheit von Erkenntnis und Praxis') letztlich zu einer monistischen Vorstellung der Erkenntnis und einem dialektisch-ontologischen Wahrheitsbegriff kommt.

Statt einer Umkehrung entsteht so der Eindruck einer grundsätzlichen Übereinstimmung mit Hegel. Diese Analyse der Übereinstimmung, welche sich auch weitgehend in der Terminologie wiederfindet, liesse sich noch in viele Einzelheiten vorantreiben. Einige hegelianische Thesen, welche wir im ersten Kapitel dargestellt haben, finden sich ziemlich unverändert in der sowjetischen Philosophie wieder. So z.B. Hegels Lehre von der inneren Finalität, von der realen Möglichkeit, von der Qualität, von der wahren Unendlichkeit. Wir haben, um den Gedankengang nicht zu komplizieren, diese Aspekte bei der Darstellung der sowjetischen Philosophie nicht oder nur beiläufig erwähnt. Eine weitere vergleichende Analyse würde unseren Gedankengang stützen.

Wenn nun vielleicht der Eindruck enstanden wäre, als solle die sowjetische Erkenntnismetaphysik als konsequent und eindeutig hegelianisch erklärt werden, so wäre dieser Eindruck irreführend. Tatsächlich findet man in vielen sowjetischen Darstellungen der hier untersuchten Frage sowohl hegelianische, als auch unhegelianische Aspekte. Man kann sogar die sowjetischen Philosophen in mehr oder weniger hegelianische einteilen.

Daß oft in einer Veröffentlichung die hegelianischen und die unhegelianischen Thesen scheinbar völlig unproblematisch nebeneinander stehen, kommt nicht zuletzt von den 'Klassikern'. Es war die Absicht des zweiten Kapitels zu zeigen, daß das Verhältnis der 'Klassiker' zu Hegel sehr vielfältig und unkonsequent ist. Man denke nur an den Begriff der Materie, oder der Erkenntnis, oder der Praxis. Es ist nicht erstaunlich, daß viel von dieser Inkonsequenz sich im sowjetischen Diamat wiederfindet. Es gibt natürlich ganze Gebiete der sowjetischen Philosophie, die wir nicht oder nur am Rande berührt haben, welche gar nicht oder wenig von Hegel beeinflußt sind: die Naturphilosophie, die formale Logik, die Semantik, die Methodologie der Wissenschaften, und z.T. auch der Histomat.

Was wir bisher als einen Konflikt von Ideen – nämlich hegelianischen mit grundsätzlich aristotelischen – angesehen haben, liesse sich auch als Konflikt von zwei Gruppen darstellen: der Hegelianer mit den Aristotelikern. Eine solche Einteilung vereinfacht natürlich zu sehr. Immerhin kann es interessant sein, am Ende dieser Untersuchungen und in Funktion des oben Gesagten jetzt einige Beispiele für beide Gruppen zu erhalten.

Zunächst muß gesagt werden, daß uns auf dem Gebiet der Ontologie und Erkenntnistheorie kein einziger sowjetischer Philosoph bekannt ist, bei dem die Einflüsse Hegels nicht zu spüren wären, denn dann müßte er die Grundlagen des Diamat bekämpfen. Allerdings ist V. P. Tugarinov ein markantes Beispiel für eine ganz unhegelianische Auffassung im Bereich der Ontologie. Denn Tugarinov gibt eine substantielle Erklärung des Seienden im Sinne des Aristoteles.[165] Er muß aber in dieser Hinsicht als Außenseiter betrachtet werden. Seine Auffassung wurde mehrfach kritisiert.[166] A. I. Uemov, der als einziger neben Tugarinov das Seiende in Dinge, Eigenschaften und Relationen einteilt, vertritt jedoch ganz im Gegenteil zu Tugarinov das Primat der *Relation*.[167]

Man findet auch in der Erkenntnistheorie heute noch völlig unhegelianische Autoren. So sind D. P. Gorskijs Ansichten, z.B. über die Abstraktion, völlig realistisch und undialektisch.[168] Auch bei L. O. Reznikov findet man gar keine dialektischen Einflüsse.[169] Aber Gorskij ist eben formaler Logiker und Reznikov Semantiker, zwei Gebiete in denen wie gesagt Hegels Einfluß gering ist.

Im allgemeinen kann man sagen, daß die eigentlichen Ontologen (d.h. diejenigen, welche neben der dialektischen Logik noch eine selbständige Ontologie bestehen lassen) weniger hegelianisch sind als die dialektischen Logiker. Man könnte sie im weiten Sinne Hegelianer nennen, aber tatsächlich tun sie nichts dafür, um die hegelianischen Einflüsse im Diamat weiter zu stärken. Zu dieser Gruppe kann man z.B. V. P. Rožin und M. N. Rutkevič zählen.

Die Hegelianer im strengen Sinne sind die dialektischen Logiker. Sie haben am meisten zur dialektischen Erklärung der Erkenntnis und zur Modifizierung des Realismus beigetragen. Ihr allgemeines Verhältnis zu Hegel zeigt sich besonders in ihrer Stellung zur *sovpadenie-Frage*. In dieser Hinsicht müssen z.B. B. M. Kedrov und P. V. Kopnin, besonders aber V. I. Čerkesov, G. G. Gabriél'jan und E. Il'enkov als Hegelianer angesehen werden. Zur Hegelianisierung der sowjetischen Erkenntnismetaphysik in besonderen Fragen haben z.B. die Folgenden beigetragen: G. S. Batiščev, G. S. Grigor'ev, V. A. Lektorskij, A. P. Šeptulin, M. F. Vorob'ev.

Man könnte viele weitere Beispiele anführen, denn die dialektische Logik ist inzwischen eine sehr weit verbreitete philosophische Disziplin.

Man kann abschließend sagen, daß in der sowjetischen Philosophie – was die hier behandelten Probleme betrifft – die hegelianischen Ansichten immer mehr überwiegen. Damit wird bestätigt, daß die Dialektik sich nicht mit dem Materialismus einerseits, mit dem Realismus andererseits verträgt. Daß die Entwicklung in der sowjetischen Philosophie mehr in Richtung auf die Dialektik geht, hat sicher seinen Grund nicht zuletzt darin, daß die dialektische Tradition in der Sowjetunion den bei weitem ausgebauteren und verfeinerteren Begriffsapparat besitzt, als der primitive Materialismus und naive Realismus. Zur Zeit bedeutet also ein Wachsen des Problembewußtseins in den hier behandelten Fragen zugleich ein Wachsen der Dialektik.

ANMERKUNGEN

[1] *Filosofskij slovar'*, M. 1963 (im Folgenden: *FS*), S. 330.

[2] Vgl. *Osnovy marksistskoj filosofii*, M. 1963, S. 12 (im Folgenden: *OMF*). – T. I. Ojzerman, 'O materialističeskom rešenii vtoroj storony osnovnogo voprosy filosofii', *VMU*, 1959, 153.

[3] G. A. Wetter, *Die Umkehrung Hegels*, Köln 1963, SS. 30–33, 49–53.

[4] *FS, a.a.O.*

[5] V. N. Kolbanovskij, 'Pravil'no li utverždat' čto soznanie material'no?', *VF*, 1954,4, 236–238.

[6] *Dialektičeskij materializm* (pod red. G. F. Aleksandrova), M. 1954. Darin SS. 326–376: 'Pervičnost' materii i vtoričnost' soznanija'.

[7] H. Fleischer, *Die Ontologie im Dialektischen Materialismus*, Berlin 1964 (Man.), Kap. I. – Ders., 'The Materiality of Matter', *SST*, 1962,1, 12–20.

[8] N. Lobkowicz, 'Materialism and Matter in Marxism-Leninism', in *The Concept of Matter*, Notre Dame U.P. 1963, SS. 430–464.

[9] H. Fleischer, *Die Ontologie im Dialektischen Materialismus*, Berlin 1964 (Man.), SS. 19–22.

[10] M. F. Vorob'ev, 'Kategorii materii i soznanija v marksistskoj dialektičeskoj logike', in *Filosofija* (otv. red. V. P. Rožin), L. 1965, SS. 50–66.

[11] Vgl. Kap. III, Abschnitt B.

[12] H. Fleischer, *a.a.O.*, Par. 6.53; vgl. vor allem 'Negation, Fortschritt und Wiederkehr in Prozessen der Entwicklung', SS. 251–268.

[13] Vgl. hierzu vor allem I. P. Čueva, 'Vozmožnost i dejstvitel'nost' v stanovlenii soznanija', in *Problema vozmožnosti i dejstvitel'nosti* (otv. red. B. A. Čagin), M.-L. 1964, SS. 96–116.

[14] *OMF*, SS. 126–127.

[15] V. G. Anan'ev, *Teorija oščuščenij*, L. 1961, SS. 19ff.

[16] A. G. Spirkin, *Proisxoždenie soznanija*, M. 1960. – Ders., 'Materija i soznanie', *VF*, 1963,10, 136–149, vor allem SS. 141ff.

[17] V. S. Tjuxtin, 'O suščnosti otraženija', *VF*, 1962,5, 59–71. Ders., '"Kletočka" otraženija i otraženie kak svojstvo vsej materii', *VF*, 1964,2, 25–34.

[18] Z.B. P. K. Anoxin, 'Operežajščee otraženie dejstvitel'nosti', *VF*, 1962,7, 97–111. – V. G. Afanas'ev, *Osnovy marksistskoj filosofii*, M. 1960, SS. 70ff. – *Dialektičeskij materializm* (pod red. A. D. Makarova i dr), M. 1960, SS. 104ff. – V. I. Kremjanskij, 'Tipy otraženija kak svojstva materii', *VF*, 1963,8, 131–142. – N. V. Medvedev, *Teorija otraženija i ee estestvenno-naučnoe obosnovanie*, M. 1963.

[19] M. F. Vorob'ev, 'Zakon perexoda količestva v kačestvo v logike Gegelja', *VLU*, 1959,2, 52–60, vor allem SS. 57–58.

[20] M. N. Rutkevič, *Dialektičeskij materializm*, M. 1960, S. 145.

[21] *Ibid.*, S. 149.

[22] *Dialektičeskij materializm* (Makarov), *a.a.O.*, SS. 89–92, 98–101.

[23] I. D. Andreev, *Dialektičeskij materializm*, M. 1960, S. 163.

[24] 'Osnovnoj vopros filosofii', in *FS*, S. 330.

[25] M. F. Vorob'ev, 'Kategorii materii i soznanija v marksistskoj dialektičeskoj logike', *a.a.O.*, SS. 54–55: "V perevode na materialističeskij jazyk éto označaet, čto materija poroždaja soznanie kak produkt (sledstvie) svoego samorazvitija, tem samym otricaet form svoego pervičnogo, ob'ektivnogo suščestvovanija i perexodit v protivopoložnuju formu vtoričnogo, sub'ektivnogo suščestvovanija (*ino*bytie). Edinaja materija kak by razdvaivaetsja na protivopoložnosti vnešnej i vnutrennej form svoego suščestvovanija. Vmeste s tem buduči in*obytiem* materii, soznanie soxranjaet materiju, ibo po svoemu soderžaniju ono ne zavisit ni ot čeloveka, ni ot čelovečestva. Ešče Gegel' govoril, čto pričina soxranjaet sebja kak dejstvie."

[26] Vgl. Anm. 6.

[27] Vgl. Anm. 5.

[28] *OMF*, S. 26.

[29] M. F. Vorob'ev, *a.a.O.*, S. 61.

[30] Vgl. Kapitel II, Engels (Abschnitt B.4) und Lenin (Abschnitt C.2).

[31] T. I. Ojzerman, 'O materialističeskom rešenii vtoroj storony osnovnogo voprosa filosofii', *VMU*, 1959,3, 147–155. – Ders.: 'Osnovnoj filosofskij vopros i kritika sovremennogo idealizma', *VF*, 1960,8, 137–148.

[32] E. Ja. Basin, 'Opredelenie ponjatija "materii" v dialektičeskom materializme i ego buržuaznye "kritik"', in *Protiv sovremennyx buržuaznyx fal'sifikatorov marksistskoleninskoj filosofii* (otv. red. M. T. Iovčuk i V. A. Malinin), M. 1964, SS. 84–100.

[33] B. M. Kedrov, *Edinstvo dialektiki, logiki i teorii poznanija*, M. 1963, SS. 18–21. Ähnliche zusammenfassende Beschreibungen der verschiedenen sowjetischen Meinungen zu diesem Thema finden sich z.B. bei N. G. Alekseev und E. G. Judin, 'Problemy dialektičeskogo materializma v rabotax sovetskix filosofov', *VF*, 1964,12, 151–152. – M. M. Rozental', 'O razrabotke dialektiki kak logiki i teorii poznanija', *VF*, 1964,10, 16. Auf westlicher Seite wurde die sowjetische Diskussion um das *sovpadenie*-Problem behandelt von: T. J. Blakeley, 'Is Epistemology possible in Diamat?', *Studies in Soviet Thought (SST)*, 1962,2, 99–101. – Ders., *Soviet Theory of Knowledge*, Dordrecht 1964, SS. 19–24. – H. Fleischer, *Die Ontologie im Dialektischen Materialismus*, Berlin 1964, SS. XI–XIV.

[34] V. P. Rožin, 'O dialektičeskoj logike kak nauki', in *Voprosy dialektiki i logiki* (red. V. P. Rožin), L. 1964, SS. 3–16.

[35] V. I. Čerkesov, *Materialističeskaja dialektika kak logika i teorija poznanija*, M. 1962, z.B. S. 283.

[36] G. G. Gabriél'jan, *Marksistskaja logika kak dialektika i teorija poznanija*, Erevan 1963, SS. 7–64.

[37] E. V. Il'enkov, 'Vopros o toždestve myšlenija i bytija v domarksistskoj filosofii', in *Dialektika – teorija poznanija. Istoriko-filosofskie očerki* (red. B. M. Kedrov), M. 1964, SS. 21–54.

[38] M. N. Alekseev, 'Soderžanie i struktura kursa "Dialektičeskaja logika"', *VF*, 1964,1, 76–85.

[39] B. M. Kedrov, *a.a.O.*

[40] P. V. Kopnin, *Dialektika kak logika*, Kiev 1961, SS. 18–39.

[41] V. I. Mal'cev, *Očerk po dialektičeskoj logike*, M. 1964, SS. 168–188.

[42] M. M. Rozental', *Principy dialektičeskoj logiki*, M. 1964, SS. 107–118.

[43] Vgl. z.B. P. V. Kopnin, *a.a.O.*, SS. 32–33 (Kritik an Rutkevič); SS. 36–37 (Kritik an Rožin); S. 133 (gegen Tugarinov); S. 134 (gegen E. S. Kuz'min): "V marksizme net ontologii, kak takovoj, a, sledovatel'no, in ne možet byt' sistemy ontologičeskix kategorii."

[44] V. I. Lenin, *Filosofskie Tetradi*, in *Pol. sobr. soč.*, izd. 5e, tom 29, M. 1963, S. 84 (Vgl. Kap. II, Anm. 215).

[45] *Ibid.*, S. 314.

[46] B. M. Kedrov, *a.a.O.*, SS. 11–12.

[47] Zum Streit zwischen dialektischer und formaler Logik vgl. die folgenden Arbeiten: J. M. Bocheński, 'Soviet Logic', *SST*, **1** (1961), 29–38. – H. Dahm, 'Renaissance der formalen Logik', *Ostprobleme*, 1957,8, 254–267. – A. Philipov, *Logic and Dialectic in the Soviet Union*, New York 1952. – G. A. Wetter, 'Die Logik', in *Der dialektische Materialismus*, Wien 1958, SS. 593–623.

[48] *VF*, 1955,3, 158.

[49] 'Edinstvo materialističeskoj dialektiki, logiki i teorii poznanija', *VF*, 1955,6, 239–240.

[50] V. S. Bibler, *O sisteme kategorii dialektičeskoj logiki*, Stalinabad 1958. – V. I. Mal'cev, *O nekotoryx čertax dialektičeskogo logiki (Uč. zap. filosof. f-ta MGU, Vyp. 190)*, 1958.

[51] M. N. Alekseev, *Dialektika form myšlenija*, M. 1959. – Eli de Gortari, *Vvedenie v dialektičeskuju logiku* (= Introduccion a la logica dialectica), M. 1959. Vgl. *ibid.* E. K. Vojšvillo, 'Vstupitel'naja stat'ja', SS. 5–30.

[52] M. N. Alekseev, *Dialektičeskaja logika. Kratkij očerk*, M. 1960. – M. M. Rozental', *a.a.O.*

[53] M. N. Alekseev, *Dialektičeskaja logika kak nauka*, M. 1961. – P. V. Kopnin, *a.a.O.*

[54] V. I. Čerkesov, *a.a.O.* – *Dialektika i logika. Formy myšlenija. Sbornik st.* (obšč. red. B. M. Kedrov), M. 1962. – *Dialektika i logika. Zakony myšlenija. Sbornik st.* (obšč. red. B. M. Kedrov), M. 1962. – A. X. Kasymžanov, *Problema sovpadenija dialektiki, logiki i teorii poznanija*, Alma-Ata 1962. – S. B. Krymskij, *Genezis form i zakonov myšlenija*, Kiev 1962.

[55] Z. Abdil'din, A. Kasymžanov, L. Naumenko, M. Bakanidze, *Problemy logiki i dialektiki poznanija*, Alma-Ata 1963. – G. G. Gabriél'jan, *a.a.O.* – B. M. Kedrov, *a.a.O.* – M. M. Rozental', *Lenin i dialektika*, M. 1963.

[56] *Dialektika – teorija poznanija. Istoriko-filosofskie očerki. Sbornik st.* (obšč. red. B. M. Kedrov), M. 1964 (im Folgenden: *Dialektika – teorija poznanija*, I). – *Dialektika – teorija poznanija. Problemy naučnogo metoda. Sbornik st.* (Obšč. red. B. M. Kedrov),

M. 1964 (im Folgenden: *Dialektika – teorija poznanija*, II). – V. I. Mal'cev, *Očerk po dialektičeskoj logike*, M. 1964. – A. K. Maneev, *Predmet formal'noj logiki i dialektika*, Minsk 1964. – V. I. Šinkaruk, *Logika, dialektika i teorija poznanija Gegelja (Problema toždestva logiki, dialektiki i teorii poznanija v filosofii Gegelja)*, Kiev 1964. – *Voprosy dialektiki i logiki. Sbornik st.* (otv. red. V. P. Rožin), L. 1964.

[57] *OMF*, S. 258 (Übersetzung aus *Grundlagen der marxistischen Philosophie*, Ost-Berlin 1961, S. 328).

[58] *FS*, S. 127.

[59] T. J. Blakeley, *Soviet Theory of Knowledge*, Dordrecht 1964.

[60] *OMF*, S. 253.

[61] N. G. Alekseev und E. G. Judin, *a.a.O.*, S. 155.

[62] S. L. Rubinštejn, *Bytie i soznanie*, M. 1957, SS. 47–48.

[63] A. X. Kasymžanov, *a.a.O.*, S. 127. – O. K. Tixomirov, 'Obščestvennoistoričeskij podxod k razvitiju psixičeskoj dejatel'nosti celoveka', *VF*, 1961,12, 144–147.

[64] G. M. Gak, *Učenie ob obščestvennom soznanii v svete teorii poznanija*, M. 1960.

[65] Vgl. *ibid.*, S. 6.

[66] *Ibid.*, S. 28.

[67] *Ibid.*, S. 29.

[68] *OMF*, S. 561.

[69] L. P. Bueva, 'Individual'noe soznanie i uslovija ego formirovanija', *VF*, 1963,5, 67–79, hier S. 67.

[70] V. A. Lektorskij, 'Problema sub'ekta – ob'jekta v teorii poznanija', *VF*, 1964,5, 24–34, hier S. 31, 33.

[71] *VF*, 1962,2, 170–171.

[72] V. A. Lektorskij, *a.a.O.*, S. 33.

[73] *Filosofskaja Enciklopedija* (im Folgenden: *FE*), I, M. 1960, SS. 301–303. Der Autor ist E. Il'enkov.

[74] A. G. Spirkin, *Proisxoždenie soznanija*, M. 1960, S. 14, 15, 16.

[75] P. V. Kopnin, 'Marksistskaja filosofija kak metod naučnogo poznanija', *VF*, 1960,5, 139.

[76] M. M. Rozental', *Principy dialektičeskoj logiki*, M. 1960, S. 474.

[77] P. V. Kopnin, *Dialektika i logika*, Kiev 1961, S. 40.

[78] V. P. Rožin, 'O dialektičeskom logike kak nauke', in *Voprosy dialektiki i logiki*, L. 1964, SS. 4–5. – G. S. Grigor'ev, 'Teorija poznanija dialektičeskogo materializma o edinstve myšlenija i bytija', in *Voprosy teorii poznanija*, Perm' 1961, S. 23.

[79] V. I. Šinkaruk, *a.a.O.*, S. 289.

[80] S. L. Rubinštejn, *a.a.O.*, SS. 41–54.

[81] A. G. Spirkin, *a.a.O.*, S. 14. – Ders., 'Materija i soznanie', *VF*, 1963,10, 144.

[82] V. A. Lektorskij, *a.a.O.*, SS. 31–34.

[83] Vgl. z.B. S. F. Efimov, 'Sovpadenie dialektiki, logiki i teorii poznanija v filosofii Gegelja', in *Dialektika – teorija poznanija*, I, S. 82. – E. Il'enkov, 'Logičeskoe i istoričeskoe', in *FE*, III, M. 1964, SS. 242–245. – B. M. Kedrov, 'Istorija poznanija kak process i ego dialektika', in *Dialektika – teorija poznanija*, II, SS. 21–22.

[84] Vgl. z.B. *OMF*, SS. 279–280.

[85] Vgl. E. Il'enkov, *a.a.O.*

[86] Es ist bezeichnend, daß in der Diskussion über G. F. Aleksandrovs *Dialektičeskij materializm* im Jahre 1955 besonders die Tatsache kritisiert wurde, daß das Buch – abgesehen von Zitaten der 'Klassiker' – völlig unhistorisch war.

[87] Vgl. allein die folgenden Bücher über Hegel, welche seit 1956 erschienen: K. S.

Bakradze, *Sistema i metod filosofii Gegelja*, Tbilisi 1958. – F. I. Georgiev, *Protivopoložnost' marksistskogo i gegeljevskogo učenija o soznanii (psixologičeskaja teorija Gegelja)*, M. 1961. – K. I. Gulian, *Metod i sistema Gegelja*, I (M. 1962), II (M. 1963). (Übersetzung aus dem Rumänischen, unter der Redaktion und mit einem Nachwort von K. S. Bakradze.) – T. Ojzerman, *Filosofija Gegelja*, M. 1956. – M. F. Ovsjannikov, *Pervye filosofskie raboty molodogo Gegelja*, Učen. zap. Mosk. obl. ped. in-ta, M. 1956. – Ders., *Filosofija Gegelja*, M. 1959. – A. A. Piontkovskij, *Učenie Gegelja o prave i gosudarstve*, M. 1963. – V. A. Samovskij, *V. I. Lenin ob osnovnyx principax istoriko-filosofskoj koncepcii Gegelja*, M. 1958. – V. V. Sokolov, *Filosofija Gegelja*, M. 1959. – Beachtlich ist auch die folgende Tatsache: bis 1955 erschien in den *VF* kein einziger Artikel über Hegel. 1955 erschien einer (von P. Togliatti), 1956 zwei, 1957 fünf. Seither erschienen immer wieder Artikel über Hegel in dieser Zeitschrift.

[88] Als Beispiel für falsche Interpretationen Hegels vgl. z.B. S. F. Efimov, *a.a.O.* Obwohl dieser Artikel zum Besten gehört was in der Sowjetunion über Hegel geschrieben wurde, sind auch dort z.B. die Mißverständnisse über die Idee und Gott zu finden.

[89] B. M. Kedrov, 'O dialektiko-logičeskom oboĺsčenii istorii estestvoznanija', *VF*, 1960,1, 61–74.

[90] B. M. Kedrov, 'Opyt metodologičeskogo analiza naučnix otkritij', *VF*, 1960,5, 63–78.

[91] B. M. Kedrov, 'Istorija poznanija kak process i ego dialektika', in *Dialektika – teorija poznanija*, II, S. 7–39.

[92] A. P. Šeptulin, 'Kategorii dialektiki kak stupeni poznanija', *VF*, 1964,6, 27–36.

[93] A. P. Šeptulin, 'Vsaimosvjaz kategorij dialektiki kak vyvod iz istorii filosofii', *FN*, 1965,2, 12–21.

[94] A. P. Šeptulin, 'Kategorii kak stupeni razvitija poznanija', in *Dialektika – teorija poznanija*, I, S. 280–294.

[95] V. I. Stoljarov, 'Podxod k dialektičeskoj obrabotke istorii naučnogo poznanija', in *Dialektika – teorija poznanija*, II, SS. 163–198.

[96] P. V. Kopnin, *a.a.O.*, S. 134.

[97] *Ibid.*, S. 135.

[98] *Ibid.*

[99] *Ibid.*, S. 138.

[100] B. M. Kedrov, *a.a.O.*, SS. 16–17. Kedrov unterscheidet beide Bereiche dadurch, daß in der Wirklichkeit vieles *zusammen* existiert, was in der Erkenntnis *nacheinander* vorkommt. So entspricht der Entwicklung der Erkenntnis, die sich immer mehr zum innersten Wesen der Wirklichkeit vorarbeitet, in der Wirklichkeit selbst nichts.

[101] Vgl. Anm. 88, 89, 90. – Vgl. ebenfalls B. M. Kedrov, 'Protivorečivost' processa poznanija i kritika idealizma', in *Dialektika – teorija poznanija*, II, SS. 40–62.

[102] *OMF*, S. 257.

[103] Vgl. z.B. P. V. Kopnin, *a.a.O.*, S. 92. – B. M. Kedrov, *Edinstvo dialektiki, logiki i teorii poznanija*, M. 1963, SS. 81–83. – G. Batišček, 'Istina i princip sovpadenija dialektiki, logiki i teorii poznanija', in *FE*, II, M. 1962, SS. 349–350.

[104] *FE*, II, M. 1962, S. 345.

[105] Vgl. *ibid.*, S. 347. – *OMF*, S. 258.

[106] *Dialektičeskij materializm* (Makarov), M. 1960, S. 127.

[107] V. F. Asmus, *Logika*, M. 1947, S. 70.

[108] *Logika* (pod red. D. P. Gorskogo i P. V. Tavanca), M. 1956, S. 72.

[109] A. Šaff, *Nekotorye problemy marksistsko-leninskoj teorii istiny*, M. 1953, S. 12.

[110] K. S. Bakradze, *Logika*, Tbilisi 1951, SS. 96–97.

[111] Vgl. z.B. I. D. Andreev, *Osnovy teorii poznanija*, M. 1959, SS. 283–284. – L. O.

Reznikov, 'K voprosu ob istinnosti ponjatija', in *Voprosy logiki*, L. 1960, SS. 42–65. – *FE*, II, M. 1962, S. 345. – P. V. Kopnin unterscheidet zwischen dem Begriff in der *formalen* und in der *dialektischen* Logik. Letzteren versteht er "kak osobyj vid suždenija, osobaja forma znanija, pretendujščego na istinu" (*a.a.O.*, S. 269). – Ähnlich unterscheidet auch I. Ja. Čupaxin zwischen dem Begriff als einfachem Element der Erkenntnis und als Teil eines Urteils (als solcher hat er keine Wahrheit), oder als komplexem Begriff, der Urteile impliziert: 'Kategorija istiny i ponjatie', *VLU*, 1964,4, 55–63.

[112] L. O. Reznikov, *a.a.O.*

[113] Vgl. z.B. V. I. Evčuk, 'Konkretnost' istiny i ee značenie v processe poznanija', in *Voprosy marksistsko-leninskoj filosofii*, M. 1956, S. 122. – *FE*, II, *a.a.O.*

[114] V. I. Čerkesov, *a.a.O.*, SS. 80–135, besonders SS. 98–113.

[115] Vgl. z.B. L. B. Baženov, 'O prirode logičeskoj pravil'nosti', in *Voprosy logiki*, M. 1955, SS. 107–117.

[116] P. V. Kopnin, I. S. Narskij und V. A. Smirnov, 'Ser'eznye nedostatki v knige po materialističeskoj dialektike', *VF*, 1964,4, 165–170.

[117] Vgl. I. D. Andreev, *a.a.O.*, SS. 245–247, 259–260. – *Dialektičeskij materializm*, M. 1960, SS. 301–302.

[118] Vgl. G. Brutjan, *Teorija poznanija obščej semantiki*, Erevan 1959, S. 135.

[119] L. O. Reznikov, *a.a.O.*

[120] L. O. Reznikov, *Gnoseologičeskie voprosy semiotiki*, L. 1964, SS. 38–69, besonders SS. 42–44, 59–60.

[121] L. O. Reznikov, 'Dialektičeskij materializm i neopozitivizm ob otnošenii jazyka k dejstvitel'nosti', in *Filosofija marksizma i neopozitivizm. Sbornik st.* (pod red. T. I. Ojzermana i dr.), M. 1963, SS. 427–445. – Diesen Hinweis verdanke ich W. F. Boeselager.

[122] Vgl. *OMF*, S. 259.

[123] I. D. Andreev, *a.a.O.*, S. 252.

[124] *FE*, II, M. 1962, S. 347.

[125] G. S. Batiščev, *a.a.O.* – Ders., 'Istina kak process', in *Dialektika – teorija poznanija*, I, SS. 252–266.

[126] *OMF*, S. 261.

[127] V. I. Evčuk, *a.a.O.*, S. 123.

[128] Vgl. z.B. *Dialektičeskij materializm* (Makarov), M. 1960, SS. 346–347.

[129] *OMF*, S. 260.

[130] *Ibid.*

[131] F. G. Knyšov, 'K voprosu ob opredelenii ponjatij absoljutnoj i otnositel'noj istin', *VMU*, 1964,4, 49–59.

[132] Vgl. z.B. G. S. Batiščev, *a.a.O.*, S. 265.

[133] G. S. Batiščev, in *FE*, II, M. 1962, S. 349.

[134] B. M. Kedrov, *Edinstvo dialektiki, logiki i teorii poznanija*, M. 1963, S. 92.

[135] Bereits F. I. Xasxačix, der im zweiten Weltkrieg gefallene sowjetische Philosoph, hat das genau gesehen. Vgl: *O poznavaemosti mira*, Deutsche Ausgabe, Berlin 1953, S. 102.

[136] V. I. Evčuk, *a.a.O.*, S. 127. – Vgl. auch: K. B. Vartapetjan, *O nekotoryx osnovnyx voprosax marksistskoj-leninskoj gnoseologii*, Erevan 1963, SS. 239–240, 262.

[137] P. V. Kopnin, *a.a.O.*, S. 391.

[138] B. M. Kedrov, *a.a.O.*, SS. 81–97.

[139] A. P. Kasakov, V. Ja. El'meev, 'Ob absoljutnosti i otnositel'nosti praktiki kak kriterija istiny', in *Dialektičeskij materializm*, L. 1958, S. 180.

[140] Vgl. z.B. V. P. Rožin, *Marksistsko-leninskaja dialektika kak filosofskaja nauka*, L.

170

1957, SS. 112–113. – V. A. Lektorskij, *a.a.O.*, SS. 27–28. – Ju. G. Gajdukov, *Rol' praktiki v processe poznanija*, M. 1964, SS. 65–66.

[141] Vgl. *FS*, SS. 449–450. – Ju. G. Gajdukov, *a.a.O.*, SS. 70ff.

[142] Vgl. V. A. Lektorskij, *a.a.O.* – Ju. G. Gajdukov, *a.a.O.*, S. 68.

[143] Vgl. A. P. Kasakov, V. Ja. El'meev, *a.a.O.*, S. 180. Ju. G. Gajdukov, *a.a.O.*, SS. 68–69. – M. N. Rutkevič, *Dialektičeskij materializm*, M. 1960, S. 262, 264.

[144] Vgl. *OMF*, S. 123, 289. – A. G. Spirkin, *Proisxoždenie soznanija*, M. 1960, SS. 17–26. – M. N. Trubnikov, 'Poznanie kak forma predmetnoj dejatel'nosti', in *Dialektika – teorija poznanija*, I, SS. 266–267.

[145] Vgl. *OMF*, S. 293. – D. P. Gorskij, 'Istina i ee kriterij', *VF*, 1962,2, 128ff.

[146] Vgl. M. N. Rutkevič, *a.a.O.*, S. 261.

[147] Vgl. *OMF*, SS. 291–292.

[148] Zu denen, welche die Praxis als *Ziel* aller Erkenntnis nicht oder nur beiläufig erwähnen, gehören z.B.: *OMF*, *FS*, Ju. G. Gajdukov, *a.a.O.*

[149] A. G. Spirkin, *a.a.O.*, SS. 9–10.

[150] M. N. Rutkevič, *Praktika – osnova poznanija i kriterij istiny*, M. 1952. Dieses Buch war für lange Zeit die wichtigste sowjetische Veröffentlichung über die Praxis.

[151] Vgl. den Redaktionsartikel der *VF*, 1955,1, 144–149.

[152] G. Klaus und D. Wittich, 'Zu einigen Fragen des Verhältnisses von Praxis und Erkenntnis', *Deutsche Zeitschrift für Philosophie* (im Folgenden: *DZfPh*) 1961,11, 1377–1396.

[153] M. N. Rutkevič, 'Für eine dialektische Auffassung der Praxis', *DZfPh*, 1962,11, 1430–1445, hier SS. 1437–1438. – Vgl. eine ähnliche Erklärung bei Ju. G. Gajdukov, *a.a.O.*, SS. 66–68.

[154] *FS*, S. 449.

[155] H. Kreschnak, 'Zur Dialektik von Praxis und Erkenntnis', *DZfPh*, 1962,8, 1047–1067, vgl. besonders SS. 1058–1059, 1061–1062. – W. Lerche, 'Erkenntnis und materielle Veränderung – zwei Seiten der Praxis', *DZfPh*, 1962,9, 1167–1175, vgl. besonders S. 1168.

[156] G. S. Batiščev, 'Istina kak process', in *Dialektika – teorija poznanija*, I, SS. 252–266. – Vgl. ders. in *FE*, II, SS. 349–350.

[157] G. S. Grigor'ev, 'Teorija poznanija dialektičeskogo materializma o edinstve myšlenija i bytija', in *Voprosy teorii poznanija*, Perm' 1961, SS. 23–47.

[158] A. N. Iliadi, *Praktičeskaja priroda čelovečeskogo poznanija*, M. 1962, S. 44.

[159] *Ibid.*, S. 48.

[160] Ju. A. Ždanov unterscheidet zwischen zwei Formen der objektiven Realität, einmal als absolut vom Menschen unabhängiger, andererseits als von ihm umgeformter: 'O dvux formax ob'ektivnoj real'nosti', in *Materialy sovešanija zavedujuščix kafedrami nauk vuzov RSFSR*, Izd. MGU 1960, SS. 106–114. A. N. Iliadi ist gegen diese Unterscheidung: alles Seiende – als Objekt des gesellschaftlichen Bewußtseins – ist vom gesellschaftlichen Bewußtsein und der Praxis geprägt (A. N. Iliadi, *a.a.O.*, S. 48).

[161] *OMF*, S. 270.

[162] A. N. Iliadi, *a.a.O.*, SS. 55–58, hier S. 58.

[163] V. A. Lektorskij, *a.a.O.*, S. 32.

[164] G. S. Batiščev, 'Istina kak process', in *Dialektika – teorija poznanija*, I, SS. 261–263.

[165] Vgl. H. Fleischer, *a.a.O.*, SS. 77ff.

[166] *Ibid.*, SS. 78–79: die Kritik von P. V. Kopnin und I. B. Novik.

[167] A. I. Uemov, *Vešči svojstva i otnošenija*, M. 1963. – Vgl. H. Fleischer, *a.a.O.*, S. 79.

[168] D. P. Gorskij, *Voprosy abstrakcii i obrazovanie ponjatij*, M. 1961.

[169] L. O. Reznikov: vgl. Anm. 111, 120, 121.

171

KAPITEL V

KRITIK

Die vorliegende Arbeit ist die *Darstellung* eines bestimmten – sehr grundlegenden und bedeutenden – Teils der sowjetischen Philosophie. Die Darstellung erfolgte unter einem besonderen Gesichtspunkt: der Beziehung dieses Teils der sowjetischen Philosophie zu Hegel. Ist somit die Darstellung der sowjetischen Philosophie die Hauptaufgabe dieser Arbeit, so wird die *Kritik* zur Nebensache. Dieses letzte Kapitel erhält dadurch mehr den Charakter eines kritischen Schlußwortes, als einer eingehenden Untersuchung. Das ist einerseits bedauerlich, denn nach dem bisher Gesagten scheint eine sorgfältige Kritik besonders erforderlich. Andererseits entspricht es dem Rahmen einer historischen und nicht systematischen Arbeit, die Betonung auf die Darstellung zu legen.

A. DIE MÖGLICHKEITEN DER KRITIK

Zunächst wollen wir kurz überlegen, welches die verschiedenen Möglichkeiten oder Arten der Kritik der sowjetischen Philosophie sind. Die hier gegebene Aufzählung und Einteilung dieser Möglichkeiten erhebt nicht den Anspruch auf Vollständigkeit. Weiterhin sind die hier erwähnten Arten der Kritik an sich nicht nur auf die sowjetische Philosophie, sondern auf verschiedene philosophische und andere Theorien anwendbar. Wir untersuchen sie hier aber unter dem Gesichtspunkt ihrer Anwendbarkeit auf die sowjetische Philosophie.

Wir unterscheiden vier verschiedene Möglichkeiten der Kritik der sowjetischen Philosophie, wovon die beiden ersten immanente, die beiden letzten transzendente sind: (1) eine methodologische, (2) eine inhaltliche, (3) eine historische, und (4) eine systematische Kritik.

1. *Die methodologische Kritik*

Die methodologische Kritik besteht darin, zu zeigen, daß die sowjetische Philosophie in bestimmten Punkten gegen das allgemein anerkannte rationale Vorgehen im wissenschaftlichen Denken, d.h. vor allem gegen bestimmte Prinzipien und Regeln der formalen Logik verstößt. Wenn man z.B. der sowjetischen Philosophie wegen ihrer primitiven Ausdrucksweise, ungenügender Unterscheidungen, mangelnder Konsequenz oder Widersprüchlichkeit Vorwürfe macht, so übt man diese Art der Kritik. Es handelt sich dabei insofern um eine immanente Kritik, als die Prinzipien oder Kriterien der Kritik auch von den sowjetischen Philosophen – im allgemeinen sogar auch von den dialektischen Logikern – grundsätzlich anerkannt werden.

2. *Die inhaltliche Kritik*

Die immanente inhaltliche Kritik ist die am wenigsten kritische Kritik. Sie besteht darin, die Unvollständigkeit der sowjetischen Philosophie an ihren eigenen Prinzipien und besonders an der Philosophie der 'Klassiker' zu messen und zu zeigen. Sie ist die eigentliche 'revisionistische' Kritik, welche nicht die Grundlagen ablehnt, sondern die sowjetische Philosophie aus dem wahren Verständnis ihrer eigenen Grundlagen erneuern will. Z.B. gehören die Versuche, die sowjetische Philosophie von Marx und vor allem vom jungen Marx ausgehend zu kritisieren und zu erneuern, zu dieser Richtung. Aber auch alle anderen Versuche, die sowjetische Philosophie zu einem größeren Selbstverständnis zu bringen und sie nur in Hinblick darauf zu kritisieren, gehören hierher.

3. *Die historische Kritik*

Die historische Kritik besteht darin, die Abhängigkeit und/oder Ähnlichkeit der sowjetischen Philosophie mit anderen Philosophien in der Geschichte aufzuzeigen. Darin scheint zunächst keine Kritik enthalten zu sein, sondern nur eine besondere Art der Interpretation, zumal die sowjetische Philosophie selbst ihre Abhängigkeit von der Geschichte der Philosophie zugibt und interpretiert. Die Kritik besteht jedoch darin zu zeigen, daß die sowjetische Philosophie, die zwar zugibt historische Vorfahren zu haben, in grundlegenden Fragen jedoch einmalige Originalität in Anspruch nimmt, gerade bei der Lösung dieser grundlegenden Probleme von anderen Philosophien abhängig ist. Besonders kritisch wird diese historische Reduktion dann, wenn sie zeigen kann, daß die sowjetische Philosophie in grundlegenden Fragen gerade von Philosophien abhängig ist, die sie bekämpft und überwunden zu haben glaubt. Es handelt sich dabei deshalb um eine transzendente Kritik, weil die Prinzipien der Kritik – nämlich die historische Vergleichbarkeit im allgemeinen und die Vergleichbarkeit mit bestimmten 'feindlichen' Philosophien im besonderen – von der sowjetischen Philosophie selbst negiert werden.

4. *Die systematische Kritik*

Die systematische Kritik richtet sich gegen das System der sowjetischen Philosophie bzw. gegen einen Teil dieses Systems, indem sie dessen Grundlagen oder Prinzipien kritisiert, denen gegenüber sie andere Prinzipien vorschlägt und deren Wahrheit verteidigt. Im Gegensatz zur methodologischen oder formalen ist sie eine inhaltliche Kritik. Im Gegensatz zur immanenten inhaltlichen ist sie eine transzendente inhaltliche Kritik, denn sie vertritt gegenüber der sowjetischen Philosophie notwendig gegensätzliche Prinzipien und ein anderes System. Im Gegensatz zur historischen Kritik geht es ihr um die systematische Widerlegung der kritisierten sowjetischen Prinzipien.

Die hier genannten vier Arten oder Möglichkeiten der Kritik wurden in den westlichen Arbeiten über die sowjetische Philosophie natürlich nicht isoliert angewandt. Vielmehr kam es in den meisten Untersuchungen, soweit sie kritisch und nicht nur doxographisch waren, zur Anwendung aller vier Möglichkeiten. Dennoch lassen sich die verschiedenen Autoren danach unterscheiden, auf welche Art der Kritik sie die Betonung legen.[1] In unserer Arbeit stand eine bestimmte Art der historischen Kritik im Vordergrund.

B. DIE HISTORISCHE REDUKTION

Aus dem was oben über die historische Kritik gesagt wurde ist klar ersichtlich, daß unsere Darstellung der sowjetischen Philosophie eine grundlegende Kritik impliziert. Die sowjetische Philosophie versteht sich selbst als die höchste, endgültige dialektische Entwicklungsstufe der Geschichte der Philosophie. Somit glaubt sie, bei aller Abhängigkeit von der Geschichte und vor allem von den progressiven Ideen in der Geschichte, etwas grundsätzlich Neues zu sein. Ihre Neuheit erklärt sie einerseits aus den grundlegend veränderten ökonomisch-gesellschaftlichen Umständen im Sozialismus, welchen notwendig eine ganz neue Weltanschauung entsprechen muß. Andererseits erklärt sie sie aus der denkerischen Originalität und Genialität der 'Klassiker'. Einen besonderen und sehr bedeutenden Grund ihrer Neuheit sieht sie in der Umkehrung Hegels, bzw. in der Synthese von Dialektik und Materialismus.

Demgegenüber ging unsere Arbeit von der Voraussetzung aus, daß die sowjetische Philosophie sich sehr wohl auf ihre Abhängigkeit von und Ähnlichkeit mit vorausgehenden Philosophien und speziell der Philosophie Hegels hin untersuchen liesse. Von dieser Voraussetzung ausgehend kamen wir zu dem Schluß, daß die sowjetische Philosophie hinsichtlich der Erkenntnismetaphysik oder der 'Grundfrage der Philosophie' gerade in ihrer heutigen Form mit Hegel weitgehend übereinstimmt. Inwieweit diese Übereinstimmung vorhanden ist und worin sie besteht, wurde im letzten Teil des vierten Kapitels zusammenfassend dargestellt.

Ist die vorliegende Arbeit die erste, welche die Abhängigkeit der sowjetischen Philosophie von Hegel eingehender untersucht, so wurde der Gedanke dieser Abhängigkeit natürlich keineswegs zum ersten Mal hier formuliert. Die Grundeinsicht, auf welcher auch unsere Untersuchung fußt, nämlich daß die Hegelsche Dialektik und der Materialismus zwei unvereinbare Teile der sowjetischen Philosophie sind, wurde vor allem von J. M. Bocheński und G. A. Wetter verschiedentlich formuliert.[2] Diese Einsicht wurde durch die Untersuchung der neueren sowjetischen Philosophie bestätigt. Das größere Problembewußtsein der sowjetischen Philosophie hat neuerdings in dem von uns untersuchten Fragenbereich zu einer Betonung und Ausarbeitung der dialektischen Seite sowohl in der Ontologie wie in der Erkenntnistheorie geführt. Dadurch kam es konsequenterweise zu einer grundlegenden Modifizierung des Materialismus und Realismus.

Die Modifizierung des Materialismus und Realismus geht aus vielen sowjetischen Texten explizit hervor, wie oben gezeigt werden konnte. Dennoch geht das sowjetische Problembewußtsein nicht so weit, diese Modifizierung zuzugeben und konsequent weiterzuführen. Neben dialektischen Erklärungen der Materie und ihrer Selbstentwicklung, neben dialektischen Erklärungen der Einheit von Denken und Sein, Materie und Bewußtsein, neben dialektischen Erklärungen der Erkenntnis und ihrer Entwicklung zur absoluten Wahrheit – neben all dem findet man auch in der heutigen Sowjetphilosophie ganz 'vulgärmaterialistische', bzw. dualistische, bzw. realistische Erklärungen dieser Probleme.

Besonders unkonsequent ist die sowjetische Philosophie in ihrer Beurteilung Hegels und in der Beurteilung ihrer eigenen Beziehung zu Hegel.

Einerseits wird die Abhängigkeit von Hegel oft einfach verschwiegen, so z.B. in den meisten Darstellungen der Wahrheitstheorie, wo die Übereinstimmung sich bis in die Einzelheiten der Terminologie zeigt. Andererseits werden die Lehren Hegels sowohl gelobt, als auch kritisiert. Dabei geht die Kritik oft von einem mangelnden Verständnis Hegels aus. Das grundlegendste Mißverständnis, welches wir schon bei allen drei 'Klassikern' gefunden haben, besteht in der Auffassung der Hegelschen 'Idee' und vieler der daraus folgenden Hegelschen Theorien. Die sowjetische Philosophie versteht nicht den grundsätzlich immanenten Charakter der Hegelschen Philosophie und sieht den objektiven Idealismus im allgemeinen, Hegels Idealismus im besonderen als eine versteckte Art des transzendenten Spiritualismus an.

Aus der historischen Kritik folgt somit eine methodologische Kritik: die sowjetische Philosophie ist unkonsequent und unklar, indem sie die dialektischen und die undialektischen Seiten ihrer Philosophie einfach nebeneinander bestehen läßt. Sie ist unkonsequent in ihrer Beurteilung Hegels. Ihre Hegel-Interpretation fußt auf Mißverständnissen, welche von den 'Klassikern' übernommen wurden und nur durch eine unvoreingenommene und eingehende Analyse Hegels beseitigt werden könnten.

C. DIE SYSTEMATISCHE KRITIK

Eine eingehende systematische Kritik gehört, wie bereits gesagt, nicht in den Rahmen dieser Arbeit. Wir müssen uns daher auf einige Bemerkungen beschränken, welche den Weg andeuten sollen, auf dem sich eine systematische Kritik bewegen müßte.

Obwohl auch in den hier behandelten Fragen die Übereinstimmung der sowjetischen Philosophie mit Hegel keineswegs vollkommen und noch viel weniger bewußt und konsequent durchgeführt ist, folgt aus dem bisher Gesagten etwas für die systematische Kritik sehr wichtiges: eine Kritik der *sowjetischen Philosophie* bezüglich der hier behandelten Probleme muß zugleich eine Kritik bestimmter grundlegender Lehren der *Hegelschen Philosophie* sein.

Daraus ergibt sich zugleich die Schwierigkeit und das Interesse einer solchen systematischen Kritik. Es ist natürlich leichter die philosophische Unbrauchbarkeit z.B. der verschiedenen 'vulgärmaterialistischen' bzw. erkenntnistheoretischen sowjetischen Materiedefinitionen nachzuweisen, als die Theorie der *substantia unica* in ihrer dialektischen Selbstverwirklichung zu kritisieren, durch welche die sowjetische 'Materie' weitgehend der Hegelschen 'Idee' entspricht. Natürlich ist es z.B. leichter die Mangelhaftigkeit der physiologischen Erklärung der Erkenntnis nachzuweisen, als die Theorie der Widerspiegelung als Eigenschaft der Materie als solcher, womit die Möglichkeit der Entstehung des Bewußtseins und der Erkenntnis ähnlich wie durch Hegels ursprüngliche Einheit von Denken und Sein in der Idee erklärt wird. Daß dadurch jedoch die sowjetische Philosophie ein viel höheres Niveau erreicht – nämlich das Niveau der Hegelschen Erkenntnismetaphysik – und dadurch an Interesse für den philosophischen Kritiker gewinnt, braucht weiter nicht bewiesen zu werden.

Im Verlauf der Arbeit haben wir vor allem drei grundlegende Thesen untersucht: den Relationalismus, den Evolutionismus und den Monismus. Sowohl die ontologische als auch besonders die erkenntnistheoretische Bedeutung dieser Thesen wurde gezeigt. Daraus, daß alle drei Thesen sich sowohl bei Hegel wie im heutigen Diamat finden, ergab sich die Folgerung, daß dem Diamat keine wirkliche Umkehrung Hegels gelungen ist und er vielmehr in diesen Prinzipien mit Hegel übereinstimmt. Deshalb wird eine grundlegende systematische Kritik diese drei Thesen kritisieren müssen. Wir wollen kurz wiederholen, worin der Relationalismus, der Evolutionismus und der Monismus bei Hegel und im Diamat bestehen.

Der *Relationalismus* erklärt die einzelnen Seienden als Knotenpunkte oder Bündel von Relationen. Das Eigentliche und Primäre sind die Relationen; Substanzen oder Subjekte sind etwas seinsmäßig daraus Folgendes. Es ist beachtlich, daß diese bei Hegel so stark vertretene Theorie sich bei zwei so verschiedenen Denkern wie F. H. Bradley[3] einerseits, Lenin andererseits wiederfindet. Lenin steht Hegel in dieser Hinsicht aber noch näher als Bradley; denn von Lenin wird der Relationalismus wie von Hegel dialektisch verstanden, der Relationalismus wird zu einer Wesenseigenschaft der Dialektik. Diese dialektische Auffassung erklärt den Relationalismus auf der Grundlage der dialektischen Negation. Alles Seiende wird durch alles Andere, durch sein Anderes zugleich negiert und bestimmt. Durch diese dialektische Negation sind alle Seienden konstitutiv und wechselseitig aufeinander bezogen. Das erklärt sowohl den allgemeinen Zusammenhang der Phänomene, als auch die in jedem Einzelnen vorhandenen Widersprüche, durch welche die verschiedenen Teile eines Dinges konstitutiv und wechselseitig aufeinander bezogen sind. Der so verstandene Relationalismus findet sich auch in der heutigen sowjetischen Auffassung der Dialektik.

In seiner Anwendung auf die Erkenntnistheorie bedeutet der Relationalismus sowohl bei Hegel wie im heutigen Diamat die Leugnung der Selbständigkeit des einzelnen Erkenntnissubjekts, des einzelnen Erkenntnisakts oder des einzelnen Erkenntnisinhalts. Das einzelne Erkenntnissubjekt wird als Teil oder Glied eines konkreten Allgemeinen verstanden, nämlich des objektiven Geistes oder des gesellschaftlichen Bewußtseins. Jeder einzelne Erkenntnisakt bzw. Erkenntnisinhalt kann nur in dem Zusammenhang des Menschheitswisens bzw. eines Systems erkenntnistheoretische Bedeutung haben, 'konkret wahr' sein.

Der *Evolutionismus* sieht die Bewegung und Entwicklung als Wesenseigenschaft des Seins oder der Materie als solcher an. Er glaubt, daß die Bewegung im Sein im Großen und Ganzen eine Aufwärtsbewegung zu immer größerer Vollkommenheit ist. Relationalismus und Evolutionismus gehören für Hegel und den Diamat notwendig zusammen: die dialektische Negation, durch welche die Seienden wechselseitig konstitutiv aufeinander bezogen sind, ist zugleich auch der Grund, die Quelle oder Triebkraft ihrer Bewegung und Entwicklung. Das Schema dieser progressiven Entwicklung ist für Hegel und den Diamat die (dialektische) Negation eines gegebenen Zustands und die (dialektische) Negation der Negation.

Auf die Erkenntnistheorie angewandt bedeutet der Evolutionismus die Erklärung der Erkenntnis als der Erkenntnis der Menschheit in ihrer historischen Entwicklung zur absoluten Wahrheit. Daß somit die Wahrheit auf jeder Stufe der historischen Erkenntnis relativ ist und die Wahrheit im Ganzen als Prozeß bezeichnet wird, folgt für Hegel und den Diamat aus der evolutionistischen Erklärung der Erkenntnis.

Der *Monismus* ist bei Hegel und im Diamat die grundsätzliche Leugnung jeder Transzendenz. Auch der Monismus hängt mit dem dialektischen Relationalismus zusammen: wenn alles Seiende durch die dialektische Negation konstitutiv und wechselseitig aufeinander bezogen ist, kann kein Seiendes existieren, welches die anderen transzendieren würde und ihnen gegenüber ein Absolutes wäre. Das gilt auch insbesondere für den Geist oder das Bewußtsein. Dennoch schließt der Monismus für Hegel und den Diamat nicht die dialektische Entwicklung zu immer größerer

Vollkommenheit aus. Allerdings erklärt der Monismus diese Entwicklung auf eine bestimmte Weise. Er lehnt jede äußere Aktualisierung und äußere Finalisierung der Entwicklung ab und erklärt die Entwicklung als Selbstverwirklichung einer inneren 'realen' Möglichkeit und als Verwirklichung eines immanenten Ziels durch die eine Grundwirklichkeit.

In seiner Anwendung auf die Erkenntnistheorie bedeutet der Monismus folgendes: Sein und Denken, bzw. Materie und Widerspiegelung gehören grundsätzlich und ursprünglich zusammen. Daher ist das Entstehen des Erkennens oder Denkens nur die Selbstverwirklichung einer ursprünglich zur Grundwirklichkeit gehörenden Möglichkeit. Das Erkennen hat in der Einheit der Denk- und Seinsgesetze den Grund seiner Möglichkeit. Daraus folgt ein radikaler Rationalismus: grundsätzlich kann alles vom menschlichen Geist oder Bewußtsein erkannt werden. Der Gegensatz von Subjektivem und Objektivem, zu dem es im Verlauf der Entwicklung des Erkennens kommt, ist nur vorläufig, vorübergehend. Durch die Entwicklung der Erkenntnis in ihrer Einheit mit der Praxis kommt es immer mehr zum Zusammenfallen beider Bereiche in der absoluten Wahrheit.

Eine Kritik der hier genannten hegelianischen und diamatischen Thesen kann unserer Meinung nach am wirksamsten aus dem Geist und mit den Argumenten der aristotelisch-thomistischen Tradition erfolgen. Sie kennt die hier behandelten Probleme, behandelt sie in einem notwendigen systematischen Zusammenhang und bietet entgegengesetzte Lösungen. Es ist kein Zufall, daß die Mehrheit der philosophischen Kritiker des Marxismus-Leninismus aus dieser Tradition kommen oder ihr nahe stehen[4], und daß die sowjetische Philosophie den Thomismus als einen ihrer Hauptgegner begreift.

(a) Im Gegensatz zum *dialektischen Relationalismus* vertritt die aristotelisch-thomistische Tradition die Lehre von der Priorität der *Substanz*. In der Wirklichkeit gibt es viele Substanzen, d.h. seinsmäßig eigenständige Seiende, welche durch Relationen miteinander verbunden sind. Die Tradition hat eine weit ausgebaute Relationenlehre. Nach dieser setzt eine reale Relation immer zwei real verschiedene Träger der Beziehung voraus. Die reale Relation kommt entweder als Akzidenz zu Substanzen hinzu, dann wird sie prädikamentale Relation genannt. Oder sie bezieht zwei Seiende wesentlich aufeinander, dann ist sie konstitutive oder transzendentale Relation. Als konstitutive besteht die transzendentale Relation nicht zwischen zwei Substanzen, sondern vor allem zwischen

Seinsprinzipien (etwa Akt–Potenz), aber auch zwischen einem Vermögen und seinem Objekt (etwa Verstand–Objekt). Die transzendentale Relation ist nie gegenseitig, die beiden Beziehungspole konstituieren sich nicht wechselseitig in ihrem Wesen. Wenn die transzendentale Relation als wechselseitig konstituierend gedacht wird, so ist das eine teilweise Gedankenrelation. Gedankenrelationen als solchen entspricht nichts in der objektiven Wirklichkeit. Typische Gedankenrelationen sind die Allgemeinheit und die Negation. Die Negation kann niemals reale – akzidentelle oder konstitutive – Relation sein.

Diese Lehren der Tradition widersprechen im Wesentlichen dem dialektischen Relationalismus. Die Wirklichkeit besteht aus verschiedenen Substanzen, die nur akzidentell, nicht konstitutiv aufeinander bezogen sind. Konstitutive Relationen sind nicht wechselseitig konstitutiv. Die Negation ist eine reine Gedankenrelation. Es ist also falsch zu sagen, daß alle Seienden wechselseitig konstitutiv aufeinander bezogen seien, und daß die dialektische Negation eine bzw. *die* reale konstitutive Beziehung sei. Der Negation diese Rolle zukommen zu lassen, ist eine illegitime Übertragung der gedanklichen Ordnung auf die Wirklichkeit.

Aus dem allgemeinen Substanzialismus folgt für die Erkenntnistheorie: nicht ein konkretes Allgemeines oder gesellschaftliches Bewußtsein, sondern das einzelne Subjekt ist Träger der Erkenntnis. Der einzelne Erkenntnisakt, genauer das einzelne Urteil, und nicht das Erkennen oder Wissen der Gesellschaft bzw. der Menschheit als solcher ist wahr (oder falsch). Nur einzelne Aussagen, nicht darüber hinaus ein System von Aussagen oder Sätzen als solches kann wahr (oder falsch) sein.

(b) Auch gegenüber dem *dialektischen Evolutionismus* bezieht die aristotelisch-thomistische Tradition eine gegensätzliche Position. Obwohl die Philosophie dieser Tradition, d.h. Aristoteles selbst, die erste rationelle Erklärung der Bewegung und Veränderung verdankt, geht diese Tradition davon aus, daß Bewegung und Veränderung die spezifische Seinsweise einer bestimmten Wirklichkeit, der materiellen Wirklichkeit ist, aber keineswegs dem geistigen Sein und dem Grund alles Seins, Gott zukommt. Bewegung, Veränderung und Entwicklung gehören daher nicht zum Sein als solchem.

Das Erkennen ist der spezifische Akt des Geistes und daher gehört die Veränderung auch nicht zum Erkennen als solchem. Freilich gehört zum menschlichen Geist notwendig die Materie und die Veränderung, ebenso

auch zum menschlichen Erkennen. Aber gerade im Akt der Vollendung
der Erkenntnis, im wahren Urteil, transzendiert das menschliche Erkennen die Materie und die Veränderung. Die Veränderung gehört nicht zur
Wahrheit als solcher. Jede wahre Erkenntnis ist absolut wahr, d.h. endgültig und unveränderlich. Von einer Entwicklung der Wahrheit – durch
relative Wahrheiten zur absoluten Wahrheit – zu sprechen, ist falsch.

(c) Gegenüber dem *Monismus* Hegels und des Diamat vertritt die
aristotelisch-thomistische Tradition einen *Pluralismus* der Seienden und
der Seinsarten. Im Menschen selbst zeigt sich der grundsätzliche Dualismus von Geist und Materie. Materie und Geist sind (gegen den Relationalismus) nicht wechselseitig konstitutiv aufeinander bezogen; der Geist
ist der Materie gegenüber ein Absolutes. Der Geist läßt sich auch nicht
(gegen den Evolutionismus) als innere Möglichkeit oder inneres Ziel der
Idee oder Materie erklären, welches auf Grund deren Selbstverwirklichung und Selbstentwicklung entstanden wäre; der Geist transzendiert
die Materie grundsätzlich. Der Pluralismus der Seienden und der Seinsarten hat für die aristotelisch-thomistische Tradition seinen letzten Grund
in Gott, der allem Relativen gegenüber absolut ist und alle Veränderung
transzendiert.

Der Dualismus von Geist und Materie hat auch für die Erkenntnistheorie große Bedeutung. Zwischen dem menschlichen Erkennen und
seinem spezifischen Objekt, der materiellen Wirklichkeit, besteht eine
grundsätzliche Verschiedenheit. Nur unter dem Aspekt des Seins, welches
Materie und Geist als Gemeinsames verbindet, kann die durch die Sinne
aufgenommene materielle Wirklichkeit vom Geist erkannt werden. In der
Immanenz des Erkenntnissubjekts wird die materielle Wirklichkeit umgeformt und besteht nach den Gesetzen des Denkens, die keineswegs
Widerspiegelungen der materiellen Wirklichkeit sind. Es ist das Wesentlichste für den erkenntnistheoretischen Realismus, daß die Denkgesetze
und die Gesetze der materiellen Wirklichkeit nicht identisch sind. Den
Gedankenrelationen als solchen entspricht nichts in der materiellen Wirklichkeit.

Aus dem so verstandenen menschlichen Erkennen folgt auch eine
Einschränkung des *Rationalismus*: der menschliche Geist erkennt auf eine
bestimmte Weise, die nicht die Seinsweise der materiellen Wirklichkeit
ist. Deshalb kann er diese Wirklichkeit – gerade in ihrer Materialität und
Individualität – nur sehr annähernd erfassen. Auch wenn er sein Erkennen

durch die Praxis ergänzt, kann der menschliche Geist nicht zu einer vollkommenen Einheit mit der materiellen Wirklichkeit kommen. Er kann
zwar, was er erkennt, absolut wahr erkennen, aber es kann nie zu einem
'Zusammenfallen' der Bereiche des Geistes und der Materie, des Subjektiven und des Objektiven kommen. Eine weitere Einschränkung des Rationalismus hat ihren Grund darin, daß der menschliche Geist in seiner
Beschränktheit nie die Fülle des Seins und des Absoluten erfassen kann.

Wenn also gesagt wird: daß die Erkenntnis aus einer Eigenschaft entsteht, die zur Idee oder Materie als solcher gehört; daß zwischen dem
menschlichen Erkennen und seinem Objekt, zwischen den Gesetzen des
Denkens und der objektiven Wirklichkeit eine grundsätzliche Einheit oder
Identität besteht; daß alles vom menschlichen Erkennen oder Bewußtsein
erkannt werden kann; daß der Gegensatz zwischen Subjektivem und Objektivem nur vorläufig und vorübergehend ist und es durch die Entwicklung der Erkenntnis in ihrer Einheit mit der Praxis zum vollkommenen
Zusammenfallen beider Bereiche kommt – so muß die aristotelisch-thomistische Tradition diese Thesen als falsch bezeichnen.

Wir haben die Thesen der aristotelisch-thomistischen Tradition, die
den entsprechenden Thesen Hegels und des Diamat widersprechen, hier
unbewiesen, vereinfacht und problemlos dargestellt. Wir sind der Ansicht, daß diese Thesen weitgehend vertretbar sind und in der Geschichte
dieser Tradition mit den nötigen Unterscheidungen und viel Problembewußtsein behandelt wurden. Dies nachzuweisen ist hier nicht der Ort.
Mit dieser kurzen Darstellung sollten nur Wege aufgezeigt werden, auf
denen eine eingehende systematische Kritik sich bewegen müßte.

In einer systematischen Beurteilung der sowjetischen Erkenntnismetaphysik müssen aber auch die positiven Aspekte hervorgehoben werden.
Wenn man diese Erkenntnismetaphysik auch in ihren Grundlagen ablehnen muß, so besitzt sie dennoch durchaus positive Seiten. Wir wollen
kurz überlegen, welche positiven Aspekte in einer relationalistischen und
evolutionistischen Erklärung der Erkenntnis liegen können

In einer relationalistischen und evolutionistischen Betrachtungsweise
wird die Erkenntnis in einen gesellschaftlichen und historischen Zusammenhang gestellt. Das bedeutet, wie wir gesehen haben, unter anderem,
daß man nicht das einzelne Erkenntnissubjekt in seiner Beziehung zum
Objekt, sondern das Subjekt innerhalb einer Menge gesellschaftlicher Bestimmungen und Bedingungen betrachtet, und daß man das Erkennen

eines Subjekts als Stufe in der Geschichte des Menschheitswissens ansieht.

Die erkenntnistheoretische Bedeutung dieser Betrachtungsweise ist leicht einzusehen. Tatsächlich befindet sich der einzelne Erkennende immer in einem gesellschaftlichen Zusammenhang oder Milieu. Für die Erkenntnis ist dieses Milieu insofern wichtig, als der Einzelne dadurch immer allgemein anerkannte Meinungen, einen bestimmten Stand des Wissens, aber auch bestimmte Interessen und Bedürfnisse vorfindet, welche die seiner menschlichen Umwelt sind. Durch all dies wird das Erkennen des Einzelnen beeinflußt und in bestimmte Richtungen gelenkt. Die objektive Wirklichkeit erscheint ihm dadurch in einem ganz bestimmten Licht. Die Erkenntnisbeziehung zwischen Subjekt und Objekt macht gleichsam den Umweg über diese gesellschaftlich bedingten Vorgegebenheiten.

Tatsächlich befindet sich jedes erkennende Individuum auch innerhalb einer bestimmten Tradition. Die vorausgehende Geschichte des Wissens ist notwendige Bedingung für sein eigenes Wissen. Auch der historische Zusammenhang beeinflußt somit die Beziehung zwischen Erkennendem und Erkanntem.

Die dialektische Erklärung der Erkenntnis scheint auch insofern recht zu haben, als man tatsächlich von dem Wissen einer Gruppe und heute vielleicht sogar mit mehr Berechtigung denn je von einem Wissen der Menschheit sprechen kann. Dieses Wissen hat auch seine Geschichte und seinen Fortschritt. Die erkenntnistheoretische Bedeutung dieser Tatsache hängt davon ab, ob dieses Wissen in irgendeiner Form (Büchern, Katalogen, elektronischen 'Speichern', usw.) objektiviert ist und zwar auf differenzierte, zentralisierte und brauchbare Weise. Denn es muß differenziert sein, um viele einzelne Informationen zu enthalten. Es muß zentralisiert sein, d.h. in einer gewissen Einheit und Ordnung, damit man überhaupt von einem Menschheitswissen sprechen kann. Es muß brauchbar sein, d.h. der einzelne Erkennende oder Forschende muß es erreichen können.

Wenn diese Voraussetzungen gegeben sind – und heute ist viel davon verwirklicht, bzw. auf dem besten Wege dazu – so wird die Beziehung von Erkenntnissubjekt und Objekt dadurch sehr betroffen. Das Erkennen des Einzelnen erscheint dann mehr als das Resultat der Erfahrungen und des Denkens vorausgehender Generationen von Denkern, als das Ergebnis persönlicher Erfahrungen. Das Erkennen des Einzelnen wird direkt mehr auf dieses 'System wissenschaftlichen Wissens' bezogen sein, als auf die zu erkennende Wirklichkeit. Das Individuum wird, wie V. A. Lektorskij sagt, das Wissen seiner Zeit mit der objektiven Wirklichkeit identifizieren. Die persönliche, erkenntnismäßig bedeutsame Begegnung mit der Wirklichkeit wird nur dann erfolgen, wenn der augenblickliche Stand des Wissens (auf einem bestimmten Gebiet) einmal angeeignet ist. Die eigentliche Begegnung mit der Wirklichkeit bleibt denen vorbehalten, die in der vordersten Front der wissenschaftlichen Arbeit stehen. Sogar in der Praxis ist die eigentliche Erfahrung der Wirklichkeit beschränkt, denn der Mensch bewegt sich und arbeitet immer mehr in einer künstlichen und vermenschlichten Welt.

An solchen Überlegungen ist viel Wahres oder wenigstens Interessantes das weiter untersucht werden sollte. Auch an der Idee des Fortschritts in der Geschichte des menschlichen Wissens ist natürlich viel Wahres. Jede Erkenntnistätigkeit hat die Intention des Fortschritts in der Erkenntnis. In neuerer Zeit, vor allem seit dem letzten Jahrhundert, ist diese Intention in einem weltgeschichtlichen Rahmen bewußt geworden. Seither hat man viele technische Mittel entwickelt, um diesen Fortschritt in einem weltweiten Zusammenhang zu planen und voranzutreiben. Ohne in diese Problematik weiter einzugehen, muß doch bemerkt werden, daß es sicher ganz unberechtigt ist, die gesamte Geschichte des menschlichen Wissens, die Philosophie inbegriffen, als aufsteigende Linie zu beschreiben und Aussagen über die zukünftige Entwicklung zu machen. Das ist sicher eine grobe Vereinfachung, bzw. – was die sichere Voraussicht der Zukunft betrifft – grundsätzlich unmöglich.

Die Behauptung, daß der Entwicklungsprozeß des Menschheitswissens den Gesetzen der Dialektik folgt, ist banal oder absurd. Sicher kam es in der Geschichte des Wissens oft zu sich widersprechenden Theorien, zum plötzlichen Entstehen einer neuen Erklärung, die vielleicht die zwei sich widersprechenden Theorien auf einer höheren Ebene versöhnte. Darin einen Beweis für das allgemeine Wirken der Gesetze der Dialektik zu sehen, ist nicht überzeugend.

Dennoch muß abschließend gesagt werden, daß es interessant und positiv ist, die gesellschaftlichen und historischen Seiten der Erkenntnis zu untersuchen. Die Erkenntnismetaphysik der aristotelisch-thomistischen Tradition hat diese Aspekte kaum beachtet. Ihre Absicht war fast immer – auch auf anderen Gebieten der Philosophie – die Prinzipien herauszuarbeiten, wobei die Frage, wie diese Prinzipien im Einzelnen verwirklicht sind, etwas vernachlässigt wurde. Die Untersuchung der gesellschaftlichen und historischen Seiten der Erkenntnis würde daher sicher eine Bereicherung dieser Tradition bedeuten, eine positive Ergänzung zu ihrer herkömmlichen *'principial'nost'*.

Dabei darf nicht vergessen werden, daß man damit nur die notwendigen Bedingungen des Entstehens und Bestehens der Erkenntnis aufzeigt, nicht ihr Wesen. Das Gesellschaftliche und Historische konstituiert nicht das Wesen der Erkenntnis. Eine solche Auffassung würde zu einer grundsätzlichen Modifizierung des erkenntnistheoretischen Realismus und letztlich zu Hegels dialektischer Erkenntnismetaphysik führen.

ANMERKUNGEN

[1] Die methodologische Kritik wurde besonders von J. M. Bocheński angewandt und ausgebaut. – Die immanente inhaltliche Kritik finden wir bei den westlichen (und östlichen) Revisionisten. Auf eine nicht revisionistische (weil kritischere) Weise bemüht sich auch z.B. H. Fleischer um eine Weiterentwicklung der sowjetischen Philosophie aus ihren eigenen Prinzipien. Allerdings läßt er keineswegs alle dieser Prinzipien gelten. – Die historische Kritik findet sich andeutungsweise bei vielen westlichen Kritikern, allerdings wurde von keinem die Betonung speziell auf diesen Aspekt gelegt. – Die systematische Kritik betrieb vor allem G. A. Wetter, der die sowjetische Philosophie vom Standpunkt des Thomismus aus kritisierte.

[2] J. M. Bocheński, *Der sowjetrussische dialektische Materialismus*, 3. Aufl., Bern 1960, SS. 118–119. – G. A. Wetter, *Der dialektische Materialismus*, 4. Aufl., Wien 1958, SS. 629–630, 632–633.

[3] F. H. Bradley, *Appearance and Reality. A Metaphysical Essay*, 7th impression, London 1920, vor allem SS. 142–143, 228, 364, 392, 574.

[4] Zu den Kritikern der sowjetischen Philosophie, welche der aristotelisch-thomistischen Tradition nahestehen, gehören z.B.: T. J. Blakeley, J. M. Bocheński, H. Dahm, H. Falk, N. Lobkowicz, G. Planty-Bonjour, J. de Vries, und G. A. Wetter.

NAMENVERZEICHNIS

Abdil'din, Z. 167
Adler, M. 105
Afanas'ev, V.G. 166
Ahlberg, R. 111
Ak'selrod, L. 108
Aleksandrov, G.F. 112, 122, 127, 165
Alekseev, M.N. 131f, 134, 136, 167
Alekseev, N.G. 166, 168
Anan'ev, V.G. 124, 166
Andreev, I.D. 126, 166, 169f
Anoxin, P.K. 166
Antoni, C. 94
Aristoteles 12, 13, 22, 40, 43, 45, 82, 149, 180
Asmus, V.F. 148, 169
Avenarius, R. 80

Bakanidze, M. 167
Bakradze, K.S. 112, 133, 148, 169
Bakunin, M. 107, 110
Basin, E.Ja. 128, 166
Batiščev, G.S. 150, 157, 160, 165, 169, 170f
Bazarov, V.A. 80
Bazenov, L.B. 170
Bekker, K. 94
Belinski, V.G. 107
Bibler, V.S. 167
Blakeley, T.J. 5, 94, 135, 166, 168
Bocheński, J.M. V, 94, 167, 175
Boeselager, W.F. V, 170
Bogdanov, A. 80
Bradley, F.H. 177
Brunner, A. 95
Brutjan, G. 170
Bucharin, N.I. 108
Bueva, L.P. 138, 168

Čagin, B.A. 165
Calvez, J.Y. 95
Čerkesov, V.I. 130, 148, 164, 167, 170

Černyševskij, N.G. 80, 107
Čičerin, B.N. 107
Čičevskij, D. 95, 106
Coreth, E. 43
Čueva, I.P. 165
Cunningham, G.W. 41, 43
Čupaxin, I.Ja. 170

Dahm, H. 167
Deborin, A.M. 108, 110, 113
Diderot, D. 79f

Efimov, S.F. 168f
El'meev, V.Ja. 171f
Engels, F. 1, 3, 52, 55, 65–79, 81, 84, 87, 90, 92, 94, 108f, 111, 113, 118–120, 140f
Evčuk, V.I. 170

Fetscher, I. 95, 97, 101, 105, 111
Feuerbach, L. 55, 57, 62, 66, 82
Fichte, J.G. 7, 11, 39
Fleischer, H. 5, 102, 111, 116–120, 123, 124, 165f, 171, 185
Frank, S. 107
Fromm, E. 101

Gabriel'jan, G.G. 130, 164, 167
Gaj'dukov, Ju.G. 171
Gak, G.M. 137f, 168
Georgiev, F.I. 169
Gorskij, D.P. 148, 164, 169, 171
Gortari, Eli de 167
Granovskij, T.N. 107
Grégoire, F. 14, 37, 40, 42f, 46, 50, 95
Grigor'ev, G.S. 141, 157, 165, 168, 171
Gropp, R.O. 116
Gulian, K.I. 169

Haeckel, E. 79
Harrich, W. 116

Hartmann, N. 19, 22, 25f, 33, 40, 42f, 45–50
Hegel, G.F.W. 6–50
Herzen, A. 107, 115
Hommes, J. 94
Hook, S. 95
Hyppolite, J. 44, 50

Il'enkov, E.V. 112, 116, 130, 164, 167f
Iliadi, A.N. 158f
Il'in, I.A. 107
Iovčuk, M.T. 166

Joravskij, D. 115
Judin, E.G. 136, 166, 168
Judin, P.F. 117

Kant, I. 2, 6, 7, 39, 42, 75
Kasakov, A.P. 170f
Kasymžanov, A.X. 137, f 167f
Kedrov, B.M. 112, 116, 130–132, 134, 138, 145f, 152f, 164, 166–169, 171
Kireevskij, I. 106
Klaus, G. 156, 171
Kline, G.L. 112, 116f
Knyšov, F.G. 152, 170
Kojère, A. 50
Kolbanovskij, V.N. 122, 127, 165
Kondakov, N.I. 133
Kopnin, P.V. 130, 134, 140, 145f, 152, 164, 167–170
Kremjanskij, V.I. 166
Kreschnak, H. 157, 171
Kroner, R. 50
Kr'ukov, D. 106
Krymskij, S.B. 167
Kuiper, V.M. 32, 39, 43, 48, 50
Kuz'min, E.S. 167

Lafargue, P. 101
Lakebrink, B. 42
Landgrebe, L. 95, 97, 101
Lasson, G. 12, 16, 40, 42f, 45, 50
Lektorskij, V.A. 138f, 142, 160, 165, 168, 171, 184
Lenin 4, 52, 77, 107–109, 111–113, 119f, 123f, 128, 131, 139f, 142, 147, 150, 152, 155, 159, 177
Lerche, W. 157, 171

Lieber, H.-J. 95
Lobkowicz, N. 123, 165, 185
Losev, A.F. 107
Losskij, N.O. 107
Lukacs, G. 50, 98, 104, 116

Mach, E. 80
Makarov, A.D. 126, 166, 169f
Mal'cev, V.I. 130, 167f
Malinin, V.A. 166
Maneev, A.K. 168
Marx, K. 51–67, 69, 75–78, 81f, 87, 90, 92–94, 108–110, 153, 155
Medvedev, N.V. 166
Meyers, H.A. 39
Minin, O. 107, 115
Morgan, L. 80
Mure, G.R.G. 28, 42–47, 50

Narskij, I.S. 170
Naumenko, L. 167
Neubauer, F. 101
Nevolin, K. 106

Ojzerman, T.I. 128, 165f, 169
Ovsjannikov, M.F. 169

Philipov, A. 167
Philippe, M.D.V
Piaget, J. 137
Piontkovskij, A.A. 169
Planty-Bonjour, G. 185
Plechanov, G.V. 80, 107f
Plenge, J. 95

Redkin, P. 106
Reznikov, L.O. 148f, 164, 170f
Rozental, M.M. 117, 130f, 140
Rožin, V.P. 129, 141, 164–168, 170
Rubel, M. 95
Rubinstejn, S.L. 137, 142, 168
Russell, B. 159
Rutkevič, M.N. 126, 156, 164, 166, 171

Šaff, A. 148, 169
Samorskij, V.A. 169
Sarab'janov, V.N. 108
Schelling, F.W. 11
Šeptulin, A.P. 145, 165, 169

Sieber, M.I. 107
Šinkaruk, V.I. 170
Skvorcov-Stepanov, I.I. 108
Smirnov, V.A. 170
Sokolov, V.V. 169
Spinoza, B. 6, 10, 39, 45, 85, 108
Spirkin, A.G. 124, 140, 142, 155, 166, 168, 171
Stalin 4, 106, 109–114, 119, 123, 132
Stankevič 107
Stoljarov, V.I. 145, 169
Strachov, N.N. 107
Štraks, G.M. 139

Tavanec, P.V. 148, 169
Timirjazev, A.K. 108
Tixomirov, O.K. 137, 168

Tjuxtin, V.S. 124, 166
Trubnikov, M.N. 171
Tugarinov, V.P. 164, 167
Turgenev, I.S. 107

Uemov, A.I. 164, 171

Vartapetjan, K.B. 170
Vigotskij, L.S. 137
Vojšvillo, E.K. 167
Vorob'ev, M.F. 123, 126, 165f
Vries, J. de 94, 185

Wahl, J. 50
Wetter, G.A. 94, 112, 115f, 121, 126, 165, 167, 175, 185
Wittich, D. 156, 171